거꾸로 읽는

세계사

거꾸로 읽는 세계사

유시민 지음

2021년 10월 29일 초판 1쇄 발행
2024년 12월 27일 초판 26쇄 발행

펴낸이	한철희
펴낸곳	돌베개
등록	1979년 8월 25일 제406-2003-000018호
주소	(10881) 경기도 파주시 회동길 77-20 (문발동)
전화	(031) 955-5020
팩스	(031) 955-5050
홈페이지	www.dolbegae.co.kr
전자우편	book@dolbegae.co.kr
블로그	blog.naver.com/imdol79
트위터	@dolbegae79
페이스북	/dolbegae

편집	윤현아
표지디자인	민진기
본문디자인	민진기 · 이연경
지도	임근선
마케팅	심찬식 · 고운성 · 한광재
제작 · 관리	윤국중 · 이수민 · 한누리
인쇄 · 제본	영신사

ISBN 979-11-91438-40-6 (03900)

전면 개정

거꾸로 읽는 세계사

유시민

돌베개

일러두기

1. 이 책은 1988년에 처음 출간된 유시민의 『거꾸로 읽는 세계사』(푸른나무)를 전면 수정하고 보완한 전면개정판이다.

2. 맞춤법과 외래어 표기법은 국립국어원의 용례를 따랐다. 다만 국내에서 이미 굳어진 인명과 지명의 경우에는 익숙한 표기를 썼다.

3. 단행본·정기간행물·신문에는 겹낫표(『』)를, 소설·시·논문·신문기사·법률명에는 홑낫표(「」)를, 방송프로그램·영화에는 홑화살괄호(〈 〉)를 표기했다.

4. 인명과 지명의 원어는 문맥을 파악하는 데 도움이 된다고 판단한 경우 병기했다.

5. 참고한 자료를 발췌 요약 및 수정해서 인용한 경우 각주에 해당 쪽수를 밝혔다.

오래된 책을 다시 펴내며

이 책은 20세기 세계사의 열한 가지 큰 사건을 다룬 보고서다. '큰' 사건은 '작은' 사건의 집합이므로 사실상 수백 가지 사건을 다뤘다고 할 수 있다. 하필 왜 이 사건들을 선택했는가? 세계를 지금 모습으로 만든 결정적인 장면이기 때문이다. 20세기가 끝나고 20년 넘는 세월이 흘렀으니 그런 사건을 고르는 데 필요한 최소한의 시간적 거리는 생겼다고 본다.

　나는 아날로그 시대 사람이다. 21세기가 열릴 때 마흔한 살이었다. 20세기에 배우고 익히고 경험한 것을 토대로 가치관을 형성하고 삶의 방식을 선택했다. 마음을 열어 세상의 변화를 껴안으려고 노력했지만 디지털 시대에 적응하기가 늘 수월하지는 않았다.

　내 인생의 절반은 냉전 시대였다. 전직 장군들이 양복을 입고 우리나라를 지배했다. 말할 자유가 없었다. 말을 해도 통하지 않았다. 가난한 사람이 많았고 사는 게 고르지 않았다. 기껏 학교·군대·회사를 가릴 것 없이 사회 전체에 폭력이 난무했다. 나머지 절반의 인생은 모든 것이 웬만큼은 달라지는 모습을 보며 살았다. 크게 바뀐 것도 있고 아직 달라지지 않은 것도 있다. 이 책을 다시 쓰면서 내가 '20세기 인간'임을 새삼 확인했다. 20세기의 사건을 들여다보면서 가슴이 울렁거리는 느낌이 들었으니 '20세기 인간'이라고 할 수밖에 없다.

역사를 안다고 해서 무슨 쓸모가 있을까마는, 나는 그저 아는 것 자체가 좋아서 다른 나라 역사를 공부했다. 나와 같은 사람이 더 있으리라 믿고 책을 낸다. 심오한 역사철학이나 역사이론은 없다. 역사의 사실, 사실 사이의 관계에 관한 정보뿐이다. 해석은 가끔씩만 덧붙였다. 새로운 책도 아니다. 1988년에 초판을 출간했고 1995년에 개정했다가 여러 해 전에 절판한 『거꾸로 읽는 세계사』를 다시 썼을 뿐이다. 그렇지만 내용을 보충하고 문장을 수정하는 데 그치지 않았다. 말 그대로 '다시 썼다.' 다룬 사건은 거의 같지만 그대로 둔 문장은 하나도 없다. 정보량을 늘렸고, 해석을 더러 바꿨으며, 각주를 꼼꼼하게 달았다.

초판 원고를 쓰던 1987년, 스물여덟 살이었던 나는 최루탄 가루 날리는 거리에서 낮을 보내고 구로공단 근처의 '벌집' 자취방에 돌아가 밤새 볼펜으로 원고지에 글을 썼다. 그때 세계는 냉전의 막바지에 있었고 대한민국 국민은 독재의 담벼락을 무너뜨렸다. 나는 독재자가 국정교과서와 신문 방송을 동원해 국민에게 주입한 역사 해석과 싸우려고 그 책을 썼다. 반공주의와 친미주의라는 이념의 색안경을 벗지 않고는 문명의 변화를 직시하지 못한다고 생각했다. 그래서 초판의 문장은 거칠었고 시선은 공격적이었다. 논증 없는 주장도 적잖이 늘어놓았다. 1995년 개정판에서 소련·동유럽 사회주의체제 붕괴, 독일 통일, 팔레스타인해방기구(PLO)와 이스라엘 정부의 평화협정 체결 같은 사건을 반영해 내용을 보충하고 이오덕 선생이 『우리 글 바로쓰기』에서 제안한 방법으로 문장을 바로잡았다. 그렇지만 초판보다 크게 나아진 건 없었다.

1998년 출범한 김대중 정부가 출판에 대한 검열과 규제를 폐지하자 수준 있는 세계사 책이 서점에 나오기 시작했고 나는 민망해졌다. '1980년대 지식 청년의 지적 반항'이라는 평을 들은 『거꾸로 읽는 세계사』에는 예전의 내가 있었다. 열정은 넘치지만 공부는 모자란, 열심히 배우지만 사유의 폭은 좁은, 의욕이 지나쳐 논리적 비약을 일삼는, 공감하기보다는 주장하는 데 급급한, 현학적 문장을 지성의 표현으로 여기는, 글쓰기의 기초가 약한 젊은이가 보였다. 그런 모습으로 누구의 서가에 놓이는 것을 더는 감당하기 어려워서 책을 거두어들였다.

두 가지 이유 때문에 그 책을 다시 썼다. 재출간을 요청하는 전자우편을 제법 받았다. 공공 도서관의 대출도 이어지고 있었다. 온라인 헌책방에 책이 나오기도 했다. '시장의 수요'가 있다는 뜻이었다. 개인적인 욕심도 작용했다. 33년 전보다 나은 보고서를 다시 제출하고 싶었다. 『거꾸로 읽는 세계사』가 독자의 관심을 끈 이유는 사건 자체가 지닌 '이야기의 힘' 때문이었다. 드레퓌스 사건부터 독일 통일과 소련 해체까지 모든 사건이 극적이었다. 등장인물의 삶과 죽음은 인간의 본성과 인생의 의미를 생각하는 기회가 됐다. 다시 살펴봤지만 꼭 추가해야 할 다른 사건을 찾지 못했다. 다만 몇 꼭지는 빼거나 합쳤다. 4·19혁명은 졸저 『나의 한국현대사 1959-2020』(돌베개, 2021)에 상세하게 서술했다는 점을 고려해 덜어냈다. 일본의 역사왜곡은 세계사의 중대 사건으로 볼 만한 가치가 없다고 판단했다. 러시아혁명은 두 꼭지를 하나로 합쳤다.

오래된 책을 다시 쓰면서 세상과 나의 변화를 돌아보았다. 달라진 세상을 대하는 소회는 「에필로그」에 적었으니 여기에서는 '나의 변화'만 이야기한다. 나는 역사의 발전을 예전처럼 확신하지 않는다. 사회적 불의와 불평등을 집단적 의지와 실천으로 극복할 수 있다고 믿지만 한 번의 사회혁명으로 모든 것을 바꿀 수 있다고 믿지는 않는다. 인간 이성의 힘을 신뢰하지만 생물학적 본능의 한계로 인해 호모사피엔스가 스스로 절멸할 가능성도 배제할 수는 없다고 생각한다. '반항하는 청년'이 '초로(初老)의 남자'가 됐기 때문만은 아니다. 과학자들 덕분에 인간의 물리적 실체와 생물학적 본성에 관해 더 많이 알게 되어 그러는지도 모른다.

20세기 세계사의 위대한 성취인 민주주의와 디지털혁명의 혜택을 한껏 누리며 글을 썼다. 1987년에는 자료가 많지 않았다. 정부가 출판을 검열하고 판매를 통제했다. 어떤 책이 있는지 몰랐고 아는 책도 구하기 어려웠다. 초판 참고자료 중에는 소지한 사실이 발각되면 국가보안법 위반 혐의로 구속당할 만한 것도 있었다. 이번에는 그와 정반대로 정보의 바다에서 시간을 허비하지 않으려고 애써야 했다. 구할 수 없는 책은 거의 없었다. 필요한 세부정보는 무엇이든 검색엔진으로 금방 찾아낼 수 있었다. 민주화에 미력이라도 보탠 게 뿌듯했고 컴퓨터·인터넷·웹브라우저·검색엔진·스마트폰을 만든 과학자·엔지니어·기업인이 고마웠다.

교과서와 언론이 한쪽으로 기울어지게 그린 그림을 바로잡으려다 보니 초판은 반대편으로 치우친 면이 있었다. 그런 부분을 힘 닿는 만큼 고쳤다. 그러나 '거꾸로 읽는' 자세를 전부 버리지는 않았다. 반공주의와 친미주의가 힘을 다하진 않았기 때문이다. 공산주의에 반대한다고 해서 반공주의를 받아들여야 하는 것은 아니다. 미국을 우방이라 여긴다고 해서 친미주의자가 되어야 하는 것도 아니다. 나는 공산주의에 반대하지만 반공주의자는 아니다. 한미 우호관계를 중시하지만 친미주의자가 아니다. 어떤 특정한 이념이나 정책을 놓고 사람마다 다른 판단을 내릴 수 있고 때로는 판단을 바꾸기도 한다. 그러니 그런 것을 신념체계로 만들어 세상을 보는 잣대로 삼을 필요는 없다. 그런데도 우리나라의 언론은 여전히 이념의 색안경을 걸치고 세상사를 보도한다. 나는 교과서와 언론이 소홀하게 취급하는 몇몇 사건을 비중 있게 다뤘고 어떤 사건은 다른 시각으로 서술했다. 그래서 책 제목을 바꾸지 않았다.

오늘의 '지구촌'이 어떤 역사의 곡절을 품고 있는지 알고자 하는 시민들에게 가벼운 읽을거리가 되기를 바란다. 이 책을 다시 쓰게끔 격려를 아끼지 않은 돌베개출판사의 한철희 대표, 실무적 지원을 제공하고 초고 검토 작업을 맡아준 윤현아 님과 김미경 님, 국회도서관의 자료 대출을 기꺼이 도와준 송정아 님, '매니저' 역할을 해준 이관희 님에게 감사의 마음을 전한다.

2021년 10월
자유인의 서재에서
유시민

차례

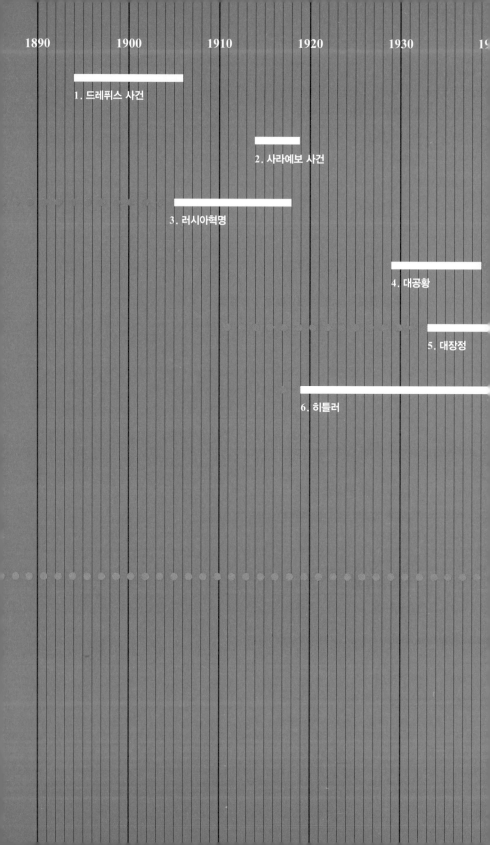

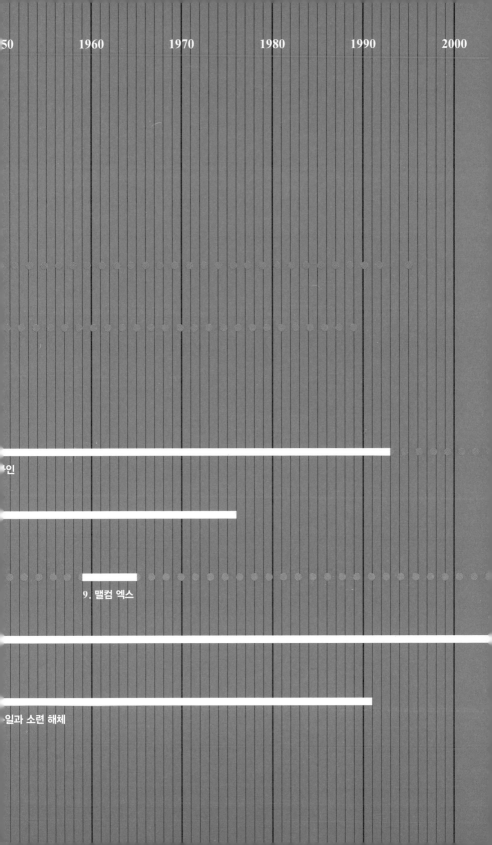

50   **1960**   **1970**   **1980**   **1990**   **2000**

인

9. 맬컴 엑스

일과 소련 해체

드레퓌스 사건

20세기의 개막

1894   1895

9월 24일
익명의 '명세서'
프랑스 육군 참모본부
정보부와 앙리 소령이
기밀문서가 담긴
'명세서' 관련 조사를
시작했다.

12월 22일
드레퓌스 재판
군사법원이 육군 대위
알프레드 드레퓌스를
용의자로 특정한 후
군적 박탈과 종신형을
선고했고, 1895년
2월 21일 악마섬으로
유배했다.

7월 1일
**피카르 중령이 참모본부
정보부장에 임명**

알프레드 드레퓌스
Alfred Dreyfus,
1859~1935

1898

1899

1906

1월 13일
「나는 고발한다」
에밀 졸라가 무고한
이에게 죄를 씌우고
사건을 은폐 및
조작했다는 내용을
담은 공개서한을
『로로르』에 발표했다.

8월 31일
자백과 자살
드레퓌스 사건의 진범
에스테라지와
공범이었던 앙리
소령이 자백 후
자살했다. 이로써
사건의 전말이 밝혀질
수 있었다.

9월 9일
재심
드레퓌스는 다시
10년 형을
선고받았고, 10일
후인 9월 19일에
에밀 루베 대통령의
특별사면으로
석방됐다.

7월 12~13일
2차 재심
드레퓌스의 무죄가
확정되면서 지위도
복권됐다.

에밀 졸라
Émile Zola,
1840~1902

반역자 드레퓌스

1894년 9월 24일, 프랑스 육군 참모본부 정보부의 위베르 앙리 (Hubert Henry) 소령은 파리 주재 독일대사관에서 정보원이 빼낸 익명의 편지를 조사하기 시작했다.[■] 그는 독일대사관 무관(武官) 막시밀리안 폰 슈바르츠코펜(Maximilian von Schwartzkoppen) 대령과 이탈리아대사관 무관을 밀착 감시하면서 군사기밀을 누설한 내부자를 적발하려고 노력하는 중이었다. 타이프 용지에 손으로 쓴 편지는 프랑스군의 120밀리 신형대포와 국경수비대에 관한 기밀 문서 목록과 함께 원할 경우 사본을 제공하겠다는 제안을 담고 있었다. 정보부는 이 문서를 '명세서'라고 했다.

참모본부는 포병 대위 알프레드 드레퓌스(Alfred Dreyfus)를 체포했다. 명세서의 정보가 참모본부 요원이 아니면 알기 어려운 것이어서 근무자 전원의 필적을 조사했고, 드레퓌스 대위의 필체가 명세서와 같다고 판단해 용의자로 특정했다. 예나 지금이나 스파이 사건은 대중의 관심을 끈다. '반역죄를 저지른 장교'에 관한 첫 신문기사가 나오고 언론의 보도 경쟁에 불이 붙었다. 파리의 신문들은 용의자의 실명을 보도했으며, 참모본부가 알 수 없

[■] 드레퓌스 사건의 줄거리는 『나는 고발한다』(니홀라스 할라스 지음, 황의방 옮김, 한길사, 2015)와 『다시 읽는 드레퓌스 사건』(아르망 이스라엘 지음, 이은진 옮김, 자인, 2002)을 참고했다. 할라스는 당시 프랑스의 정치·사회적 상황과 연관 지어 사건의 맥락을 짚은 반면, 이스라엘은 사건 자체에 초점을 두고 관련 문서와 증언 등 사료를 검토해 육군 정보부가 처음부터 드레퓌스를 표적으로 삼아 음모를 꾸몄다는 가설을 제시했다.

는 이유로 사건의 전모와 반역자의 정체를 숨겼다고 비판했다. 신문들은 용의자의 신분을 '프랑스군 장교'가 아닌 '유대인 대위'라 썼고, 재판을 하기도 전에 '반역자'로 규정했다.

군사법원은 신속히 비공개 재판을 진행해 12월 22일 드레퓌스에게 군적 박탈과 종신형을 선고했다. 1848년 헌법의 '정치범 사형 금지' 조항이 없었다면 사형을 선고했을 것이다. 피고인의 변호사 에드가 드망주는 유능한 법률가로 정평이 나 있었지만 군사재판은 경험이 없었다. 육군이 군적 박탈 행사를 열어 반역자의 군복 단추와 계급장을 뜯어내고 군도를 부러뜨린 사관학교 연병장에는 사람이 구름처럼 모여들었다. 죄인 드레퓌스는 가는 곳마다 성난 군중의 욕설과 주먹질과 돌팔매를 받으면서 남아메리카 기아나의 악마섬(Île du Diable)에 갇혔다. 예전에 한센병 감염자를 수용하던 섬이었다.

아무도 판결의 정당성을 의심하지 않았다. 비공개 재판 절차에 흠결이 있다고 지적하거나 언론의 반유대주의 선동과 군중의 폭력행위를 개탄한 사람이 극소수 있었을 뿐이다. 시간이 흐르자 대중은 '반역죄를 저지른 유대인 장교'를 잊었다. 그 사건 때문에 정당과 국회, 언론과 시민사회, 국민 전체가 두 진영으로 갈라져 내전을 방불케 하는 정치적 투쟁을 벌이리라고는 아무도 상상하지 못했다.

드레퓌스 사건에는 여느 스파이 사건과 다른 점이 있었다. 범인의 태도였다. 드레퓌스는 단 한 번도 혐의를 시인하지 않았다. 용의자일 때도 그랬고, 피고인으로 법정에 섰을 때도 그랬으며, 유죄선고를 받고 죄수가 된 뒤에도 마찬가지였다. 정보부는 유죄선고를 끌어내는 데 성공했지만 범죄 동기를 밝히지는 못했다. 객관적으로 볼 때 드레퓌스 대위는 그런 일을 할 만한 까닭이 전혀 없었다.

드레퓌스는 방직공장 자본가의 아들로 태어나 남부럽지 않은 교육을 받은 사람이었다. 열한 살이던 1871년에 고향 알자스 지방을 독일이 합병하는 것을 보고 정치가 민중의 삶을 바꾼다는 사실을 깨달았다. 어린 드레퓌스가 군인이 되어 프랑스에 봉사하겠다는 결심을 말하자 부모와 형들은 기뻐하며 격려했다. 그는 매사에 진지하고 말수가 적었다. 학교와 군대에서 인종차별을 겪었지만 프랑스를 조국으로 여기는 마음은 굳건했다. 서른한 살에 대위로 진급한 드레퓌스는 유대인 뤼시 아다마르와 혼인했다. 뤼시는 딸과 아들을 하나씩 낳았고 남편을 사랑했다. 군사법원의 유죄선고는 드레퓌스 가족을 지옥에 빠뜨렸다.

드레퓌스는 담장을 두 겹 두른 돌감옥에 갇혔다. 낮에는 간수가 붙었고 밤에는 발목에 족쇄를 찼다. 그러나 그는 기회가 주어질 때마다 결백을 주장했고, 4년 넘게 적도의 무더위와 비인간적인 처우를 견디며 목숨을 지켰다. 그것이 그가 한 일의 전부였다. 달리 할 수 있는 일도 없었다. '드레퓌스 사건'이라는 드라마의 주연과 조연은 다른 사람들이었다. 그러나 드레퓌스가 진실을 붙들고 있지 않았다면 그 드라마는 없었을 것이다. 허위자백을 거부하고 악마섬의 고통을 견뎌냄으로써 그는 반전의 불씨를 지켰다. 군적을 박탈당한 직후 아내에게 보낸 편지에 쓴 그대로 행동했다.■

■ 니콜라스 할라스 지음, 황의방 옮김, 『나는 고발한다』, 한길사, 2015, 122쪽. 아래 뤼시의 편지는 126쪽.

어떤 악마가 정직한 우리 가정에 이런 불운과 불명예를 던져놓았을까? 그러나 내 용기는 아직 꺾이지 않고 있소. 내가 항상 명예와 정의를 지켜왔으며 의무를 다른 무엇보다 앞세워왔다는 사실을 당신도 알 거요. 이것이 바로 내가 살아야 하는 이유요. 나는 온 세상을 향해 내 무죄를 외치고 싶소. 내 숨이 끊어질 때까지, 내 피의 마지막 한 방울이 남을 때까지 나는 쉬지 않고 매일 무죄임을 외칠 것이오.

뤼시는 남편을 믿었다. 세상이 아무리 손가락질을 해도 흔들리지 않았다. 드망주 변호사와 함께 결백을 입증하는 자료를 모았다. 뤼시는 편지에 이렇게 썼다.

당신의 아내임이 자랑스러워요. 우리가 겪은 고통을 우리 외에는 아무도 겪은 사람이 없다고 할지라도, 이 무서운 불운이 우리를 덮치기까지 우리가 누렸던 그 완전하고 깨끗한 기쁨을 맛본 사람은 몇 없을 거라고 생각합니다. 그 행복한 생활을 되찾느냐 못 찾느냐는 우리에게 달려 있습니다. 그러려면 이 무서운 수수께끼를 밝히는 것 말고는 다른 길이 없겠지요. 나는 절대로 믿어요. 내 믿음은 흔들리지 않아요.

당국은 서신 왕래를 금지했다. 악마섬에 살게 해달라는 뤼시의 청원도 기각했다. 드레퓌스에게는 자살하거나 병들어 죽는 것 말고 다른 길이 없는 듯했다. 그런데 드레퓌스와 특별한 친분도 없는 사람이 믿기 어려운 일을 한 덕에 사건이 다시 세간의 이목을 끌었다. 조르주 피카르(Georges Picquart) 중령이었다. 우연히 진실을 발견한 그는 그 진실을 세상에 드러냄으로써 드레퓌스 사건 전체에서 가장 중요한 역할을 했다.

피카르 중령이 찾은 진실

피카르 중령은 드레퓌스 재판이 끝나고 반년이 지난 1895년 7월 참모본부 정보부장에 취임했다. 그는 드레퓌스에게 별다른 관심이 없었을뿐더러 군사법원의 판결을 의심하지도 않았다. 그런데 1896년 봄, 우연히 진실과 마주쳤다. 다른 스파이 사건 관련 문서를 조사하다가 '명세서'와 같은 필체를 본 것이다. 신중하게 조사한 끝에 그는 무고한 장교를 반역자로 몰았다는 확신을 얻고 8월 5일 참모본부 사령관에게 보고했다. 그러나 사령관은 새로 드러난 반역자를 조용히 처리하되 드레퓌스 사건은 들추지 말라고 지시했다.

피카르 중령은 명예를 중시하는 '직진형 인간'이었다. 정보부 비밀금고에 있던 드레퓌스 사건 기밀문서를 샅샅이 뒤져 '명세서' 작성자가 제74 보병연대 소속 페르디낭 에스테라지(Ferdi-nand Esterhazy) 소령임을 확인했다. 합참본부와 군사법원이 드레퓌스에게 유죄선고를 내리게 하려고 소송 절차를 위반하면서 배심원에게 미확인 정보를 제공했다는 사실도 파악했다. 피카르 중령은 참모본부를 건너뛰어 국방부 장관에게 보고했다. 그러나 장관도 한통속이었다. 입을 다물라고 명령했고 대통령에게 그 사실을 보고하지 않았다. 피카르 중령은 참모본부 부사령관에게 경고했다.∎

"그 유대 놈이 악마섬에 있는 것이 대체 자네랑 무슨 상관인가!"

"그는 무죄입니다!"

"자네만 아무 말 않는다면 아무도 모를걸세."

"장군님, 그 말씀은 정말 가증스럽습니다. 제가 어떻게 해야 할지 아직 모르지만, 적어도 이 비밀을 무덤까지 끌고 가진 않겠습니다."

드레퓌스 사건의 전모는 훗날 상세하게 밝혀졌다. 드레퓌스·에스테라지·슈바르츠코펜 등 관련자의 수기와 회고록, 에밀 졸라를 비롯한 지식인들의 저서, 언론인의 취재기, 학자들의 연구서 등 천 권 넘는 책이 나왔다. 합참본부의 기밀문서와 소송 서류도 대부분 공개됐다. 국방부와 합참본부 장군들이 피카르의 보고를 제대로 처리했다면 드레퓌스는 1896년 여름에 풀려났을 것이다. 그러나 실제 상황은 전혀 다르게 흘렀다. 일단 그 시점까지 일어난 일부터 간추려보자.

에스테라지는 1894년 7월 20일 독일대사관을 찾아가 슈바르츠코펜을 만났다. 슈바르츠코펜은 돈과 정보를 바꾸자고 제안한 에스테라지를 경멸했지만 본국의 지시에 따라 접촉을 유지하면서 기밀문서를 받고 5만 프랑을 지급했다. 앙리 소령은 드레퓌스의 집을 뒤졌지만 증거를 단 하나도 찾지 못했다. 드레퓌스의 글씨는 사실 명세서의 필체와 비슷하지 않았다. 그런데도 앙리 소령과 참모본부는 법정에 허위 필적 감정서를 제출하고 가짜 증인을 내세웠다. 이탈리아 무관이 본국 정부에 보낸 전보를 정반대로 번역해 드레퓌스의 유죄를 입증하는 증거로 삼았고, 소송

■   아르망 이스라엘 지음, 이은진 옮김, 『다시 읽는 드레퓌스 사건』, 자인, 2002, 223쪽.

절차를 위반하면서 군사법원 판사와 배심원들에게 조작한 문서를 보여줬다. 변호인이 증거를 공개하라고 요구하자, 중대한 국가 기밀이기 때문에 공개했다가는 독일과 전쟁을 벌일 우려가 있다면서 거부했다. 앙리 소령은 반유대주의 신문에 드레퓌스의 개인 정보를 제공했다. 독일대사관은 드레퓌스와 어떤 관계도 맺은 바 없다는 공식 입장을 내놓았지만 아무도 믿지 않았다.

문제는 드레퓌스의 글씨가 아니라 그가 유대인이라는 점이었다. 프랑스는 유럽에서 가장 먼저 유대인에 대한 법적 차별을 폐지했지만 천 년 넘게 이어진 종교적 차별의 악습은 여전했다. 유난히 보수적인 군 수뇌부가 유대인의 진입을 막은 탓에 유대계 군인은 프랑스군 전체에서 300여 명뿐이었다. 다수 시민들이 반유대주의 정서를 지니고 있었기 때문에 언론은 상업적인 목적으로 공공연히 반유대주의를 선동했다. 피카르 중령의 분투는 외부에 알려지지 않았다. 드레퓌스에게는 아무 희망이 없었다.

드레퓌스의 형 마티외는 동생의 이름을 다시 세상에 불러내려고 할 수 있는 모든 일을 했다. 첫 결실을 본 것은 1896년 9월 3일이었다. '반역자 드레퓌스가 헌터 대령의 도움을 받아 함선을 타고 악마섬을 탈출했다'는 가짜뉴스를 퍼뜨려 지방 신문 하나를 낚은 것이다. 첫 보도가 나오자 파리의 큰 신문들이 진위를 확인하지도 않고 앞다투어 대서특필했다. 열흘 뒤에는 다른 신문이 미끼를 물었다. '반역자 드레퓌스의 유죄를 의심할 여지없이 증명하는 비밀자료를 군사법원 배심원들이 봤다'는 사실을 보도하고 국익을 위해 그 자료를 공개하라고 요구했다. 명백히 드레퓌스를 공격하려고 낸 기사였지만, 도리어 군사법원의 소송 절차 위반 사실을 시민들에게 알리는 결과를 냈다. 뤼시는 재빨리 재심을 청구했다.

그때 반유대주의를 극렬하게 선동했던 신문 『르 마탱』이 대형 폭탄을 터뜨렸다. 11월 10일 신문 1면에 '반역죄의 움직일 수 없는 증거'를 공개한 것이다. 허위 감정서를 썼던 필적 전문가에게 돈을 주고 입수한 명세서 복사본이었다. 법치주의와 인권의 가치를 소중히 여긴 프랑스 지식인과 시민들은 경악했다. 현역 장교에게 반역죄를 선고한 증거가 고작 필체의 유사성이었다는 말인가! 드레퓌스 사건은 정치문제로 비화했다. 군부의 전횡을 비판하고 사법제도의 결함을 지적하는 여론이 고개를 들었다.

에밀 졸라의 고발

'명세서' 사본을 본 사건 관련자들은 분주히 움직였다. 슈바르츠코펜은 명세서의 글씨를 단박에 알아봤지만 스파이의 정체를 알려줄 수는 없어서 입을 닫았다. 자기네의 위신을 세우는 것이 국가안보를 지키는 일이라고 확신한 참모본부 장군들은 피카르 중령을 아프리카 튀니지로 내쫓았다. 생명의 위협을 느낀 피카르 중령은 1897년 봄 자기가 아는 모든 사실을 유언장에 적고, 친구 루이 르블루아 변호사와 셰레르 케스트네르 상원 부의장에게 사건의 전모를 알렸다. 케스트네르가 7월 14일 대혁명 기념일 행사에 참석한 상원의원들과 정보를 공유하자 며칠 지나지 않아 파리의 정치인과 지식인 대다수가 그 소식을 들었다.

진범이 따로 있다는 소문이 걷잡을 수 없이 퍼져나가자 참모본부는 마지못해 비공개 조사에 착수했다. 그러나 에스테라지는 순순히 조사에 응할 사람이 아니었다. 백작의 후예를 사칭하면서 과부를 꼬드겨 뜯어낸 돈과 적국에 군사기밀을 넘겨주고 받은 돈으로 방탕하게 살던 그는 죄를 감추려고 끝없이 음모를 꾸몄다. 참모본부 장군들은 에스테라지가 자살하거나 외국으로 도망치지는 않을까 걱정하면서 적당히 장단을 맞췄다. 에스테라지는 드레퓌스가 진범이라고 뤼시에게 말하지 않으면 외교분쟁을 일으키겠다며 슈바르츠코펜을 협박했다. 펠릭스 포르 대통령에게 편지를 보내 기밀을 누설한 사람을 처벌하고 자기를 보호해주지 않으면 '에스테라지 가문'의 수장인 독일 황제에게 구명을 청원하겠다는 황당한 협박도 했다. 참모본부와 국방부 장관에게 피카르 중령을 처벌하라고 요구했고, 앙리 소령과 함께 피카르 중령을 모함하는 가짜 문서를 만들었다.

에스테라지를 잘 아는 증권 브로커가 명세서 글씨의 주인에 관한 정보를 마티외에게 귀띔했다. 마티외는 1897년 11월 15일 에스테라지를 반역죄로 고발했다. 드레퓌스가 체포당한 지 3년이 넘은 시점이었다. 국방부가 공식 수사를 시작하자 '여론전쟁'이 터졌다. 신문은 대부분 참모본부를 편들었다. 드레퓌스 재심 요구는 군부와 국가를 파멸시키려는 유대인 국제조직의 음모이기 때문에 무슨 일이 있어도 군의 위신과 사기를 꺾어서는 안 되며, 군대와 관청의 유대인을 모두 축출해 국가안보를 확고히 하라고 주장했다. 『르 피가로』가 에스테라지를 진범으로 지목하고 재심을 요구하는 기사를 내보냈지만 재심 요구파의 세력은 보잘것없었다. 에스테라지는 신문사에 들어앉아 존재하지도 않는 유대인 국제조직을 비난하는 허위정보를 날조했고 국회의원들은 군부에 대한 국민의 신뢰를 해치는 악질 선동꾼들을 뿌리 뽑으라고 정부에 요구했다.

국방부 조사단은 에스테라지는 무고하며 피카르 중령이 기밀누설죄를 저질렀다는 보고서를 장관에게 제출했다. 1898년 1월 11일 군사법원은 에스테라지에게 무죄를 선고했다. 에스테라지는 군중의 환영을 받으며 법정을 나왔고 반유대주의 신문들은 환호성을 질렀다. 국방부 조사단은 피카르 중령을 기소하겠다는 방침을 밝혔다. 드레퓌스 가족은 다시 절망에 빠졌다. 그러나 에스테라지에 대한 무죄선고는 또 한 번 사건의 흐름을 바꿨다.

대혁명의 나라 프랑스가 국제사회의 조롱거리로 전락했다. 세계 각국의 내로라하는 신문들이 야유를 보냈다. 사기꾼들이 사기를 예찬하고 협잡꾼들이 협잡 기념비를 세웠다는 개탄이 쏟아졌다. 프랑스 국민은 둘로 갈라섰다. 왕정복고파, 옛 귀족, 군부, 가톨릭 사제와 신도들, 보수 성향 정치인, 군국주의자 그리고 무엇보다 대부분의 신문이 재심에 반대했다. 소수의 저명한 지식인과 법률가, 공화주의자와 진보 성향 정치인, 몇 안 되는 신문이 재심을 요구했다. '유산계급의 집안싸움'에 지나지 않는다면서 강 건너 불구경하듯 지켜보던 사회주의자와 노동조합이 재심 요구파에 합류했고 미국과 유럽의 지식인들이 열렬한 성원을 보냈다. 그러나 재심 요구파의 힘은 여전히 미약했다.

그때 작가 에밀 졸라(Émile Zola)가 참전해 전황을 단숨에 바꿨다. 그는 에스테라지에 대한 무죄선고가 나오고 이틀이 지난 1898년 1월 13일 대통령에게 보내는 공개서한을 발표했다. 「나는 고발한다」였다. 하룻밤 하루 낮 그리고 또 하룻밤을 꼬박 새우며 쓴 글에서 졸라는 에스테라지를 진범으로 볼 수밖에 없는 이유를 하나하나 밝히고 참모본부의 장군들과 세 명의 필적 감정가, 국방부, 드레퓌스에게 유죄를 선고한 첫 번째 군사재판과 에스테라지에게 무죄를 선고한 두 번째 군사재판을 호되게 꾸짖은 다음 이렇게 선언했다.■

나는 최후의 승리를 추호도 의심하지 않습니다. 더욱 강한 확신으로 거듭 말씀드립니다. 진실이 전진하고 있으며, 아무것도 그 발걸음을 멈추게 하지 못할 것입니다. 진실이 땅속에 묻히면 조금씩 자라나 엄청난 폭발력을 획득하며, 마침내 그것이 터지는 날 세상 모든 것을 날려버릴 것입니다. 오늘 나의 행위는 진실과 정의의 폭발을 앞당기기 위한 혁명적 수단일 뿐입니다. 나의 불타는 항의는 영혼의 외침입니다. 부디 나를 중죄 재판소로 소환해 푸른 하늘 아래에서 조사하기를 바랍니다. 기다리겠습니다.

글을 게재한 『로로르』는 1897년에 창간한 신문으로, 당시 조르주 클레망소(Georges Clemenceau)가 운영했다. 1906년 총리가 되어 8시간 노동제를 비롯한 사회개혁정책을 추진하고 제1차 세계대전의 불바다를 헤쳐나갔던 사람이다. 창간 직후부터 드레퓌스 사건의 진상을 끈질기게 추적한 『로로르』의 판매부수는 평소의 열 배인 30만 부를 넘겼다. 세계 각지에서 3만 통이 넘는 격려 편지와 전보가 신문사에 쇄도했다.

그 무렵 프랑스의 정기간행물은 파리에 2,401개, 지방에 3,386개 있었는데 대부분 신문이었다. 재심을 지지한 신문은 얼마 없었고 발행부수도 많아야 3만 부 정도였다. 나머지 신문은

■ 에밀 졸라 지음, 유기환 옮김, 『나는 고발한다』, 책세상, 2005, 106·108쪽.

거의 다 재심에 반대했는데, 파리의 유명한 신문들은 발행부수가 10만이 넘었고 어떤 지방신문은 100만 부 넘게 발행했다.[■] 그러나 졸라가 글을 발표한 뒤 재심 반대를 표방하던 신문들 중 일부가 찬성으로 돌아섰으며, 따로따로 활동하던 재심 요구파가 하나로 결집했다.

드레퓌스의 결백을 증명하는 사실이 속속 드러나자 재심 반대파는 폭동을 일으켰다. 그들은 사실이 아니라 믿고 싶은 것을 믿었다. "졸라를 죽여라!" "유대인을 죽이자!" "군대 만세!" 같은 구호를 외치면서 유대인을 폭행하고 유대인 상점을 부쉈으며 졸라의 집에 돌을 던졌다. 재심 요구파는 말과 글로 싸웠다. 지식인들은 재심 지지 성명을 발표했고 평범한 시민들은 일상생활 공간에서 재심 반대파에 맞섰다. 프랑스 국민은 책 읽기를 그만두었고 극장에도 가지 않았다. 신문을 읽고 언쟁을 벌이다가 주먹다짐과 결투를 했다. 당시 프랑스 군대는 규칙을 지키기만 하면 권총 결투를 허용했으며 법원도 개입하지 않았다. 1898년에만 드레퓌스 사건 관련 결투가 30여 건 벌어졌다.

국방부는 피카르 중령을 감금하고 퇴역 명령을 내렸다. 법원은 군대를 비방했다는 죄로 졸라에게 벌금형을 선고했다. 군부와 대학은 재심 요구에 동조한 군인과 교수를 해고했다. 하원 선거에서 재심 반대파가 압승해 내각을 장악했고 재심 요구파 의원들은 거의 다 낙선했다. 졸라는 영국으로 망명했다. 법원은 궐석재판을 열어 그에게 명예훼손죄로 구류 1년 형을 내렸다. 프랑스

■   당시 프랑스 신문시장의 상황은 『전진하는 진실』(에밀 졸라 지음, 박명숙 편역, 은행나무, 2014), 66~79쪽을 참고해 서술했다.

사회는 재심 반대파의 손아귀에 들어갔다. 그러나 싸움은 끝나지
않았다.

법률적 종결

1898년 8월 31일, 드레퓌스 사건의 가장 유력한 증인이었던 참모
본부의 앙리 소령이 다시 무대에 올랐다. 여러 건의 소송 때문에
드레퓌스 관련 문서의 진위를 계속 조사하던 국방부 조사단이 조
작 문서를 발견했다. 앙리 소령이 에스테라지와 짜고 문서를 날
조했다는 사실을 자백하자 국방부는 그를 군교도소에 구금했다.
그런데 세 시간 뒤, 교도관이 앙리 소령의 시신을 발견했다. 목에
면도칼로 두 번 그은 자국이 있었고 주변 정황도 타살 의혹을 일
으켰다. 국방부는 자살로 결론짓고 신속하게 현장을 치운 다음
서둘러 시신을 매장했다. 그러나 앙리의 자살은 증거 조작과 허
위 증언을 인정한 행위로 받아들여졌다. 뤼시는 또다시 재심 요
구서를 냈다. 내각은 재심을 검토하라고 요구했지만 국방부가 완
강히 반대했다. 그런데 이번에는 에스테라지가 국방부와 재심 반
대파의 명분을 무너뜨렸다.
　　에스테라지는 군국주의자와 반유대주의자의 영웅이 됐지만
신변에 위험을 느끼고 영국으로 달아났는데, 출판사에서 거금을
받고 낸 책에 엉뚱한 자백을 했다. 이중스파이로 독일의 기밀을
캐내려고 슈바르츠코펜에게 접근했다고 주장한 것이다. 영국 신
문 『더 옵저버』 기자에게는 상부의 지시에 따라 자기가 문제의
'명세서'를 작성했다고 말했다. 국방부와 참모본부 장군들은 황

말을 잃었다. 파리의 신문들은 일제히 참모본부를 비난했다. 내각은 드레퓌스 재심을 의결했고 재심 반대파는 폭력 행사를 멈췄다.

재심 의결 사실을 알리는 뤼시의 편지를 받은 드레퓌스는 눈을 의심했다. 세상 사람들이 자기 이름조차 기억하지 못하리라 생각했던 그에게 기적과도 같은 소식이었다. 길고 복잡한 조사와 재심 절차 관련 입법이 끝나자 법원은 재심을 개시했다. 1899년 6월 30일 드레퓌스는 악마섬을 떠나 프랑스 서부 도시 렌의 군교도소에서 가족과 변호사를 만났다. 졸라가 영국에서 돌아왔고 피카르 중령도 풀려났다.

렌 군사법원이 심리를 시작했다. 모두가 무죄선고를 기대했다. 그런데 아무도 상상하지 못한 일이 벌어졌다. 드레퓌스는 결백하다는 것 말고는 아무 할 말이 없었다. 참모본부의 상관들은 1894년 군사재판 때와 똑같은 거짓 증언을 했다. 드망주 변호사와 함께 드레퓌스를 변론하던 라보리 변호사는 법원으로 가는 도중 등에 총을 맞았다. 목숨은 건졌지만 재판정에는 갈 수 없었다. 1899년 9월 9일, 렌 군사법원은 놀랍게도 1894년과 똑같은 판결을 내렸다. 재판관들은 모든 사실을 무시하고 5 대 2로 유죄를 선고했다. 드레퓌스가 외국 첩보요원과 내통해 '명세서'의 자료를 넘겨줌으로써 프랑스에 대한 적대행위 또는 전쟁을 유발하게 했다는 취지였다. 다만 '정상을 참작해' 형량을 10년으로 줄여줬다. 더 놀라운 것은 드레퓌스의 태도였다. 그는 스물네 시간의 항소 시한을 그대로 넘겨 유죄판결과 형량이 확정되게 했다. 반(反)드레퓌스 진영조차 당혹감을 표시한 그 판결을 졸라는 9월 12일 『로로르』에 실은 글 「제5막」에서 다음과 같이 평가했다.■

훗날 렌의 재판에 관한 상세한 기록이 세상에 공개되면 인간의 파렴치함을 가장 잘 보여주는 최악의 걸작으로서 손색이 없을 것이다. 무지, 어리석음, 광기, 잔인함, 거짓말, 범죄행위 등의 모든 비행이 너무도 뻔뻔하게 저질러진 터라 다음 세대들이 수치심으로 전율하게 될 것이다. 그것은 전 인류로 하여금 얼굴을 붉히게 할, 우리의 비열함에 대한 고백록인 셈이다.

정말로 온 인류가 얼굴을 붉혔다. 유럽과 아메리카 여러 나라의 시민들이 프랑스대사관 앞에서 규탄집회를 열었다. 지식인들은 1900년 파리 세계박람회를 보이콧하라고 정부를 압박했다. 신문들은 드레퓌스가 아니라 프랑스가 범죄자라는 사설을 실었다. 클레망소와 장 조레(Jean Jaurès)를 비롯한 정치가들은 대통령과 정부를 매섭게 비판했다. 열흘이 지난 9월 19일, 에밀 루베 대통령은 국방부 장관에게 드레퓌스의 잔여 형량을 면제하고 군적 박탈을 취소하라는 명령을 내렸다. 특별사면이었다.

특별사면을 받아들이려면 죄를 인정해야 앞뒤가 맞다. 그런데 드레퓌스는 결백을 주장하면서도 사면을 받아들였다. 진실과 정의를 위해 싸우던 드레퓌스 진영의 지식인과 언론인들은 실망하고 개탄했다. 그들은 렌 군사재판의 유죄선고와 대통령의 특별사면이 각본에 따라 실행한 연극이라는 사실을 몰랐다. 연출자는 피에르 발데크 루소(Pierre Waldeck-Rousseau) 총리였다. 그는 드망주 변호사를 통해 마티외와 협의했다. 루소 총리는 파리 세계박람회를 앞두고 몇 년째 이어진 정치적 내전을 수습할 목적으로 유죄

■ 에밀 졸라 지음, 박명숙 편역, 『진실하는 진실』, 은행나무, 2014, 293~294쪽.

선고와 특별사면을 결합하는 아이디어를 냈다. 드레퓌스는 군사재판의 결과를 낙관하기 어렵다고 판단해 제안을 받아들였다.

루소 총리는 큰 그림을 그렸다. 드레퓌스를 풀어준다고 해서 '드레퓌스 사건'이 끝나는 게 아님을 그는 잘 알고 있었다. 졸라와 피카르 중령뿐 아니라 드레퓌스 사건을 조작하고 진실을 은폐했던 국방부와 참모본부의 장군들도 소송에 휘말렸고, 그 소송하나하나가 저마다 만만치 않은 정치적 폭발력을 지니고 있었다. 루소 총리는 드레퓌스 사건을 완전히 종결하는 일반사면 법안을 공개 제안했다. 드레퓌스 사건과 연관된 모든 소송의 모든 범죄 사실에 대해 일괄 사면하는 법률을 제정해 민사·형사 소송을 전면 봉쇄하는 방안이었다. 그는 지칠 대로 지친 프랑스 국민의 심리를 꿰뚫어봤다. 일반사면 법안에 반대한 드레퓌스파 후보들은 1900년 1월 상원의원 선거에서 참패했다. 다섯 달 후 하원과 상원은 압도적인 찬성으로 일반사면 법안을 의결했다. 결백한 드레퓌스와 그를 반역자로 조작한 범죄자들을 똑같이 사면한 것이다. 드레퓌스 사건은 그렇게 법률적으로 마침표를 찍었다.

정치적 해결

사태를 완전히 정리하는 데는 더 긴 시간이 걸렸다. 베스트셀러가 된 드레퓌스의 수기 『악마섬 일기』와 졸라의 소설 『진실』을 비롯해 수많은 책이 나왔지만 어떤 책도 실제 사건보다 극적이지는 않았다. 졸라는 특별사면을 받아들인 드레퓌스를 비난하지 않았다. 『로로르』에 발표한 공개서한에서 '도를 넘어선 불의로 인

해 확실하게 죽어가는 조국 프랑스의 복권을 위해' 투쟁을 이어
나가겠다고 하면서 뤼시에게 따뜻한 축하를 보냈다.▪

우리는 당신에게 죄 없는 자, 순교자를 돌려보냅니다. 제일 먼저
떠오르는 것은, 기나긴 고통 끝에 마침내 함께 모일 수 있게 된 행
복한 가족의 모습입니다. 기쁨의 눈물에 흠뻑 젖은 이 달콤한 순간
을, 죽음에서 소생하듯 무덤에서 자유로운 몸으로 되돌아온 그를
품 안에 안는 이 순간을, 나 또한 당신과 함께 음미하고자 합니다.
우리는 바로 이런 순간이 오기만을 바랐던 것입니다.

빼어난 글과 용감한 행동으로 '인류의 양심'이라는 찬사를 받
던 졸라는 완전한 결말을 보지 못한 채 1902년 9월 29일 밤 숨을
거뒀다. 경찰은 침실 벽난로의 환기구가 막혀 일어난 질식 사고로
판단했지만 시중에는 암살설이 파다했다. 드레퓌스는 1903년
11월 렌 군사재판에 대한 재심을 신청했다. 법원은 시간을 끌다
가 1906년 7월 12일 렌 군사재판의 선고를 무효화하고 드레퓌스
에게 무죄를 선고했다. 참모본부가 공개할 경우 독일과 전쟁을
해야 한다고 주장했던 기밀문서 따위는 존재하지 않았다. 진실을
감추려고 날조한 가짜 증거들만 역사의 뒤안길에 쓰레기로 남았
다.

7월 21일, 국방부는 사관학교 연병장에서 드레퓌스의 육군
소령 복귀식을 열고 레지옹 도뇌르 훈장을 수여했다. 형 마티외
와 아들 피에르를 양쪽에 세우고 지붕 없는 차에 오른 그가 연병

▪ 같은 책, 310~312쪽.

장을 나서자 20만 군중이 모자를 벗어 들고 손을 흔들어 축하했다. 드레퓌스는 두 팔을 번쩍 들고 외쳤다. 프랑스군 만세! 진실 만세! 시민들이 화답했다. 공화국 만세! 정의 만세! 드레퓌스 사건은 그렇게 끝이 났다.

클레망소는 총리가 되어 피카르 중령을 국방부 장관으로 발탁했다. 드레퓌스는 1907년 현역에서 은퇴했다. 1908년 6월 4일 프랑스 정부는 대통령과 총리가 참석한 가운데 졸라의 관을 파리 팡테옹에 안장했다. 그 행사장에서 극렬 반유대주의자가 쏜 총에 드레퓌스는 팔과 손을 다쳤다. 법원은 암살 미수범을 무죄로 풀어줬다. 제1차 세계대전이 터지자 드레퓌스는 현역으로 복귀해 참전했고 중령으로 진급했다. 에스테라지는 영국에서도 백작을 사칭하며 살다가 1923년 사망했다.

1930년 6월 슈바르츠코펜의 아내가 드레퓌스에게 책 한 권을 보냈다. 1917년 숨을 거두기 직전 "드레퓌스에게는 티끌만 한 잘못도 없다"고 했던 슈바르츠코펜의 일기 『드레퓌스에 관한 진실』이었다. 그는 동봉한 편지에 이렇게 적었다. "남편은 당신을 희생의 제물로 만든 그 괴상한 재판에 늘 유감을 품고 있었습니다. 그러나 일기에 적은 대로, 여러 가지 이유 때문에 재판에 나가 증언할 수 없었습니다." 드레퓌스는 긴 투병생활을 하다가 1935년 7월 11일 마지막 숨을 내쉬었다.

지식인의 시대

19세기 막바지에 프랑스에서 벌어진 사건이 왜 지금도 사람의 마음을 끌까? 여러 이유가 있겠지만 첫 번째 이유는 '인간적 요소'일 것이다. 드레퓌스 가족은 서로 믿고 사랑했다. 그 사랑과 믿음으로 참혹한 불운과 시련을 이겨냈다. 반전을 거듭한 드라마의 주인공들, 알지도 못하고 만난 적도 없는 사람의 누명을 벗기려고 부당한 비난과 박해를 감수하며 싸운 사람들의 이야기는 문학의 향기를 풍긴다. 모든 것을 걸고 진실을 드러낸 피카르 중령, 지성과 열정의 화신 졸라, 끝까지 책임을 다한 클레망소, 언론의 선동과 반유대주의자의 집단 광란을 이성의 힘으로 이겨낸 시민들, 프랑스의 민주주의가 허물어지는 것을 안타까워하며 재심 요구파를 지지하고 응원하고 연대한 세계의 지식인들, 그들은 인간이 어리석고 때로 기괴하지만 지적 재능과 선한 본성을 지닌 존재임을 증명했다.

드레퓌스 사건을 오래 기억하는 까닭은 민주주의 시대의 도래를 알린 사건이었기 때문이기도 하다. 20세기는 전쟁과 사회혁명의 시대였다고 한다. 세계대전이 두 차례 일어났고 사회주의혁명의 파도가 유럽과 아시아를 집어삼켰으니 그렇게 말할 수 있다. 그러나 오늘의 시점에서 돌아보면 20세기는 민주주의를 문명의 대세로 만든 100년이었다. 1945년 이후에는 세계전쟁이 일어나지 않았다. 혁명으로 탄생한 소련과 동유럽 사회주의체제는 20세기가 끝나기 전에 사라졌다. 중국의 사회주의도 말뿐이다. 민주주의는 20세기를 거치면서 더 넓게 퍼졌고 더욱 공고해졌다.

거듭 말하지만 드레퓌스가 한 일은 별로 없다. 에스테라지의 존재도 딱히 중요하지 않다. 누명을 쓴 유대인 장교와 군사기밀을 팔아먹은 반역자가 반드시 드레퓌스와 에스테라지였어야 할 이유도 없다. 중요한 것은 재심 요구파와 재심 반대파를 움직이 동기와 사상이다. 공화정을 거부한 왕정복고주의자, 군부의 위신을 지키는 데 필요하다면 진실을 은폐하고 인권을 탄압해도 된다고 믿은 군국주의자, 존재하지도 않는 유대인 국제조직을 들먹이며 대중을 선동한 인종주의자와 기독교 맹신자, 사회혼란은 어떤 것이든 경제발전을 저해한다고 생각한 자본가들이 재심 반대파를 형성했다. 대혁명의 정신에 따라 시민의 자유와 권리를 보호해야 국가안보를 지킬 가치가 있다고 믿은 공화주의자, 인종차별에 반대한 휴머니스트, 사실과 진실에 의거해 생각하고 판단한 지식인, 투명하고 공정한 재판 절차 없이는 정의를 실현할 수 없다고 본 법률가, 모든 종류의 차별과 불평등을 거부한 사회주의자들이 재심 요구파의 주축이었다.

그때 프랑스 민주주의는 불완전하고 미숙했다. 제도는 이미 훌륭했지만 의식과 문화는 민주주의와 거리가 멀었다. 1789년의 대혁명으로 들어선 첫 번째 공화정은 몇 년 지나지 않아 무너졌고 프랑스는 나폴레옹 황제 시대를 거쳐 왕정으로 복귀했다. 1848년 혁명으로 세운 두 번째 공화정은 루이 보나파르트 대통령의 쿠데타와 나폴레옹 3세의 황제 즉위로 짧은 생애를 마쳤다. 1870년 다시 혁명을 일으켜 세 번째 공화정을 수립했지만 군부를 비롯한 권력기관은 예전 그대로였다.

드레퓌스 사건을 겪으면서 프랑스 국민은 민주주의와 인권의 가치를 깊이 체득했다. 재심 요구파가 싸움을 시작한 이유는 처음부터 드레퓌스의 결백을 믿었기 때문이 아니다. 군사법원이 합법적이고 공정한 절차를 위반하면서 유죄를 선고한 것이 발단이었다. 올바른 절차에 따라 재판을 하고 확실한 증거를 근거로 판결했다면 드레퓌스는 1894년 첫 번째 군사재판에서 풀려났을

것이다. 드레퓌스파 또는 재심 요구파가 싸움에서 이긴 것도 아
니었다. 첫 번째보다 더 터무니없는 두 번째 군사법원 판결, 드레
퓌스의 항소 포기와 특별사면 수용, 1900년 1월 상원의원 선거
참패 등 드레퓌스파는 '전투'에서 한 번도 이기지 못했다. 그러나
시간이 흐르면서 그들은 '전쟁'의 승자가 됐다. 드레퓌스는 무죄
판결을 받고 현역에 복귀했다. 클레망소는 총리가 됐다. 프랑스
는 두 차례 세계대전을 거치면서 확고한 민주공화국으로 발전했
으며 국민이 선출한 대통령이 군을 통제하는 문민우위(文民優位)
의 전통을 확립했다.

　드레퓌스 사건은 '지식인과 언론의 시대'가 열렸음을 알렸
다. 졸라가 「나는 고발한다」를 발표한 직후 『로로르』는 '1894년
재판의 법률 위반과 에스테라지 의혹에 항의하며 재심을 요구한
다'는 취지의 항의문과 수백 명의 지지서명을 실었다. 아나톨 프
랑스(Anatole France), 마르셀 프루스트(Marcel Proust), 앙드레 지드
(André Gide)를 비롯해 작가·예술가·건축가·변호사 등 전문직업인
도 있었지만 서명자 가운데 대다수는 이름에 학위를 병기한 교수
와 대학생들이었다. 클레망소는 그들을 가리켜 '한 가지 이념을
위해 사방에서 몰려든 지식인들'이라 했다.■

　어떤 사람을 지식인이라고 해야 할지 명확하게 선을 긋기는
어렵지만, 보통은 고등교육을 받고 학위를 취득해 연구·교육·창
작·정보유통 등의 분야에서 활동하며 말과 글로 대중의 생각에
영향을 주는 사람을 지식인이라고 한다. 드레퓌스 사건 때 재심

■　파스칼 오리, 장 - 프랑수아 시리넬리 지음, 한택수 옮김, 『지식인의 탄생』, 당대, 2005,
6~7쪽.

요구파에만 지식인이 있었던 게 아니다. 한때 수십만 회원을 이끌고 재심 반대운동을 펼친 '프랑스조국연맹'의 지도자는 작가 모리스 바레스(Maurice Barrès)였으며 시인·문예비평가·교수·대학생·교사·예술가들이 그 연맹의 중심을 이뤘다.■

    지식인 집단은 민주주의와 과학혁명의 산물이었다. 산업혁명 이후 유럽의 대학은 귀족가문 청년들의 놀이터에서 학문 연구와 고등교육의 공간으로 바뀌었다. 유럽 전역의 대학에서 자연과학과 전통적 인문학이 다양한 갈래를 이루며 발전했다. 고등교육을 받은 지식인들은 국가와 민중 사이에 시민사회를 형성했다. 정치인과 정당이 선거에 이기려면 시민사회의 다수 의견이나 여론을 존중해야 했다. 지식인이 말과 글로 여론을 움직여 권력의 향배를 좌우하는 시대가 온 것이다. 프랑스만 그랬던 게 아니다. 영국과 미국을 비롯한 민주주의 국가는 물론이요 독일·오스트리아·러시아·중국 같은 전제국가에서도 지식인들이 정당을 결성하고 대중을 움직여 혁명을 일으켰다.

    언론은 입법부·행정부·사법부 못지않은 권력을 행사하는 '제4부'가 됐다. 언론사는 개인기업 또는 주식회사 형태의 사기업이지만 정보를 유통하는 공적 기능을 담당했다. 정보 유통에 큰 비용이 들었기 때문에 지식인은 언론을 통하지 않고서는 대중과 접촉하기가 어려웠다. 정보유통망을 장악한 신문·잡지·방송 종사자도 지식인 집단의 일원이 됐다. 드레퓌스 사건에서 봤듯이, 언론이 보도하지 않는 사실은 존재하지 않는 것이나 마찬가지였고 언론이 크게 꾸준히 보도하면 사실이 아닌 것도 사실이

■   같은 책, 35~36쪽.

됐다. 지식인과 신문·잡지·방송의 시대는 컴퓨터를 활용한 네트워크혁명이 일어난 20세기 말까지 이어졌다. 그것은 20세기 특유의 현상이었다.

드레퓌스 사건은 유럽의 불편한 진실을 적나라하게 드러냈다. 유럽 기독교 세계는 천 년 넘는 세월 동안 종교·정치·법률·경제·문화 등 모든 영역에서 유대인을 차별했다. 1895년 1월 5일 군적 박탈 행사를 보려고 사관학교 연병장에 모인 군중은 드레퓌스 개인을 비난하는 데 그치지 않고 "유대인을 죽이자"고 소리질렀다. 거기에 오스트리아 빈에서 온 신문사 특파원 테오도어 헤르츨(Theodor Herzl)이 있었다. 그는 신실한 유대교인이 아니었지만, 인권 선진국이라는 프랑스에도 반유대주의가 매우 넓고 깊게 퍼져 있다는 사실에 적잖이 실망하고 있다가 군적 박탈 행사를 보고 경악했다. 7장에서 자세히 이야기하겠지만, 헤르츨은 유대인의 국가를 세우자는 시온주의(Zionism) 운동을 일으켜 팔레스타인을 참극의 땅으로 만들었다.

끝으로, 드레퓌스 사건이 제1차 세계대전의 징후를 드러냈다는 점을 지적해둔다. 드레퓌스 대위는 '적국 독일'에 군사기밀을 넘겨줬다는 누명을 썼다. 프랑스는 1870년 프로이센에 패전해 50억 프랑의 배상금을 물고 접경지 알자스-로렌을 빼앗겼다. 프로이센 왕 프리드리히 빌헬름은 군대를 이끌고 샹젤리제 거리를 행진했으며 베르사유궁전에서 독일 최초의 통일국가 '독일제국'의 황제 대관식을 치렀다. 프랑스인이라면 복수심을 품을 수밖에 없었다. 게다가 프랑스는 아프리카 식민지를 두고 영국과 대립하고 있었다. 대통령과 내각은 군부를 통제하지 못했다. 프랑스뿐만 아니라 유럽의 국민국가 모두가 그랬다. 강력한 군사력을 보유한 국민국가들이 국경을 맞댄 채 서로를 향해 적대감을 불태우는 상황에서는 작은 불씨만 튀어도 전면전이 터질 수 있다. 1914년 여름, 그 일이 실제로 일어났다.

광야를 태운 한 점의 불씨

6월 28일
사라예보 사건
세르비아계 청년 가브릴로
프린치프가 오스트리아–
헝가리 제국의 황태자
부부를 살해했다.

7월 28일
제1차 세계대전 개전
오스트리아가 세르비아에
선전 포고한 것을 시작으로
유럽의 내전이 시작됐다.

9월 6일
제1차 마른 전투
파리 센강 지류인 마른강
근처에서 연합국이 독일군을
극적으로 격퇴한 전투로
일주일간 이어졌으며,
이곳을 기점으로 이후
연합국과 동맹국은 약 4년간
전쟁을 벌였다.

4월 6일
최초의 세계전쟁
미국 대통령 토머스 우드로
윌슨이 참전을 선언하면서
유럽을 넘어 세계전쟁으로
확대됐다.

1월 8일
평화원칙 14개 조항
윌슨이 미국 의회에서
발표한 것으로, 전쟁 종결을
위한 14개조 평화원칙을
담고 있다.

11월 11일
제1차 세계대전 종전

6월 28일
베르사유조약
전쟁에서 연합국이
승리했다는 내용으로,
이로 인해 동맹국이 막대한
전쟁배상금을 떠안았다.

사라예보의 총성

1914년 6월 28일 일요일, 쨍하게 맑은 사라예보 거리에 총성이 몇 발 울렸다. 지붕을 연 호화로운 승용차가 시내 한복판 밀랴츠카강의 '라틴 다리'에 천천히 진입했을 때였다. 근처 카페에서 뛰어나온 남자가 뒷좌석에 탄 두 사람을 권총으로 쏘았다. 경찰은 범인을 현장에서 체포하고 피해자를 병원으로 후송했다. 저격범은 열아홉 살의 세르비아계 청년 가브릴로 프린치프(Gavrilo Princip), 피해자는 오스트리아-헝가리제국의 황태자 부부였다. 황태자비 조피는 즉사하고 황태자 프란츠 페르디난트(Franz Ferdinand)는 병원에서 사망했다. 이 암살사건을 '사라예보 사건'이라고 한다.

사라예보는 이에리사·정현숙·김순옥·박미라 선수가 여자탁구 세계선수권대회 단체전에서 한국 스포츠 최초의 구기 종목 세계대회 금메달을 딴 1973년 우리나라에 널리 알려졌다. 지금은 보스니아-헤르체고비나 공화국의 수도이지만 그때는 유고슬라비아 사회주의연방 소속 보스니아 공화국의 수도였다. 그러나 1914년 6월의 사라예보는 오스트리아-헝가리제국이 지배하던 변방의 작은 도시에 지나지 않았다.

페르디난트 황태자는 황제의 조카였는데 제국 안팎으로 인기가 없었다. 그는 프란츠 요제프 황제와 엘리자베트 황후의 외아들 루돌프가 아버지와 사사건건 다투다가 권총으로 자살한 후에 황태자 지명을 받았다. 요제프 황제는 유럽을 휩쓴 1848년 민중혁명의 혼돈 속에서 취임해 오랫동안 제국을 그런대로 잘 다스렸지만, 1898년에 황후가 제네바에서 아나키스트의 칼에 찔려 죽은 뒤 눈에 띄게 쇠약해졌다.■ 젊고 총명한 시절의 그였다면 보스니아-헤르체고비나를 합병하지는 않았을지 모른다.

황태자는 근처에서 열린 육군 훈련을 참관하고 사라예보에 들렀다. 오스트리아 정보부는 무장 테러범이 세르비아의 수도 베오그라드에서 사라예보로 이동한다는 첩보를 입수하고 대책을 강구했다. 페르디난트는 보고를 받았지만 위험을 과소평가했고 운도 나빴다. 6월 28일은 세르비아의 국치일(國恥日)이었다. 남슬라브족의 갈래인 세르비아인은 7세기에 발칸반도에 들어와 동방정교를 받아들였으며 부족연합 국가를 세워 반도의 서부 내륙에 정착했다. 그러나 그들의 왕국은 1389년 6월 28일 코소보 전투에서 오스만튀르크에 참혹한 패배를 당했다. 오스만제국의 발아래에 놓였던 500년 동안 그들은 대를 이어가며 왕이 전사한 그날의 패배를 되씹었다.

보스니아·헤르체고비나·크로아티아 등으로 흩어진 세르비아 민족은 오스만제국의 세력이 약해진 19세기 초에 무장 독립 투쟁을 시작했고, 러시아와 오스만제국이 부딪친 두 차례의 '발칸전쟁'에서 러시아 편에 서서 싸운 끝에 1882년 국제사회의 승인을 얻어 세르비아왕국을 수립했다. 그런데 1908년 요제프 황제는 세르비아계가 주민의 절반을 차지하는 보스니아-헤르체고

■　오스트리아-헝가리제국과 합스부르크 황실의 명멸은 『제국의 종말』(타임라이프 북스 지음, 김훈 옮김, 가람기획, 2005)을 참고해 서술했다. 타임라이프 세계사 시리즈 중 하나인 이 책은 19세기 후반 빈의 귀족 문화와 도시의 재탄생 과정을 흥미롭게 묘사했다.

비나를 합병했다. 세르비아계 주민들이 황태자를 반길 이유가 없었다. 더욱이 황태자는 아내 조피를 대동했다. 그는 신분이 낮아 안 된다고 황제가 말리는데도 혼인했을 정도로 아내를 사랑했지만 빈의 귀족들에게 사랑 따위는 그리 중요하지 않았다. 그들이 조피를 황태자비로 예우하지 않는다는 소문은 제국의 변방까지 퍼졌다. 빈에서 대접받지 못하는 여자를 사라예보에 버젓이 데리고 오다니, 우리를 무시하는 거야! 오늘의 기준으로 보면 우습지만, 그때 보스니아 민중은 그렇게 화를 냈다.

프린치프는 보스니아 서부 시골 마을에서 무슬림 지주의 땅을 소작하는 세르비아계 빈농의 아들로 태어났다.[**] 사라예보의 상업학교에 다니면서 민족주의자들과 어울렸고, 폐결핵으로 건강이 나빠지자 병으로 죽기보다는 독립투쟁에 목숨을 바치는 편이 의미 있겠다고 생각했다. 보스니아에서 태어나 오스트리아 국적을 강요받은 세르비아계 청년이 테러리스트가 되기로 마음먹은 것이다. 베오그라드의 비밀결사에 가입해 훈련을 받은 그는 페르디난트의 사라예보 방문 소식을 듣고 여러 조직원과 함께 세르비아 테러조직이 제공한 폭탄과 권총을 들고 사라예보에 잠입했다.

동료들이 폭탄을 던졌지만 황태자의 승용차를 맞히지는 못하고 수행원만 다쳤다. 페르디난트는 안전한 곳에 피신했다가 폭탄테러 피해자를 위문하려고 병원으로 향했다. 그런데 운전사가 길을 잘못 들었고, 진로를 바꾸기 위해 저속으로 라틴 다리에 진

[**] 가브릴로 프린치프의 생애는 『가브릴로 프린치프』(헨리크 레르 지음, 오숙은 옮김, 문학동네, 2014)를 참조했다.

입했다. 프린치프는 '표적'이 그때 그곳에 나타나리라는 것을 몰랐다. 근처 카페에서 우연히 '표적'이 나타난 것을 보고 뛰쳐나와 총을 쏘았다.

세르비아 사람들은 프린치프를 '민족영웅'으로 받아들였다. 조선 민중이 하얼빈역에서 일본 내각 총리대신 이토 히로부미를 사살한 안중근 의사를 영웅으로 여겼듯이 말이다. 그런데 프린치프의 행위는 안중근 의사와는 차원이 다른 후폭풍을 일으켰다. 그가 쏜 총알은 바싹 마른 들판에 던진 불씨였다. 그때까지 본 적 없는 화염을 일으켜 유럽을 불태우고 세계를 피바다로 만들었다. 그런 참극을 불러들인 암살 사건은 전에도 후에도 없었다.

유럽의 내전

페르디난트 부부는 죽어서도 푸대접을 받았다. 황제는 물론이고 가까운 친척들조차 장례식에 나타나지 않았다. 부모를 잃고 호프부르크왕궁의 후미진 방에서 소리 죽여 우는 세 남매를 품어준 이도 없었다. 빈 사람들은 제국이 머지않아 수명을 다하리라고 예감했다. 황제는 늙었고 황태자 자리는 또 비었다. 이제 누가 제국을 통치할 것인가! 요제프 황제는 프린치프가 던진 불씨를 화염으로 키워 유럽 전역에 뿌렸고, 자신이 일으킨 전쟁의 포연 속에서 제국의 종말이 임박했던 1916년 11월 세상을 떠났다.

사라예보 사건 당시 유럽은 두 진영으로 나뉘어 대립하면서 발칸반도에서 특히 날카로운 마찰을 일으켰다. 발칸반도는 아드리아해를 사이에 두고 이탈리아반도와 나란히 지중해로 뻗어 있

지도1 오늘의 발칸반도

다. 북에서 남으로 슬로베니아·크로아티아·보스니아-헤르체고
비나·세르비아·루마니아·몬테네그로·코소보·불가리아·북마케
도니아·알바니아·그리스까지 수많은 나라가 있는데, 현재의 국
경선은 20세기 막바지에 그어졌다. 북쪽은 오스트리아·헝가리·
우크라이나, 동쪽은 흑해와 터키, 남쪽은 지중해로 열려 있는 발
칸반도는 민족·종교·문화의 다양성과 주변 강국의 대립으로 인
해 '유럽의 화약고'가 됐다.

　4세기 이후 발칸 지역은 동로마제국(비잔틴제국)의 수도 콘스
탄티노플(지금의 이스탄불)에 본부를 둔 정교회의 영향권에 들었다.

세르비아인과 여러 갈래의 남슬라브 민족이 이주해왔지만 큰 문제는 없었다. 역사의 진로를 바꾼 사건은 1453년 5월에 일어났다. 끈질기게 서진하면서 발칸 지역을 장악한 오스만튀르크의 청년 왕 메메트 2세가 난공불락이라던 테오도시우스 성벽을 무너뜨리고 콘스탄티노플을 정복했다. 그는 콘스탄티노플을 이스탄불로 개명해 수도로 삼았고, 오스만제국은 서아시아·동유럽·남유럽·북아프리카에 걸친 거대국가로 성장했다. '발칸(산악)'이라는 오스만어 지명이 그때 생겼다. 오스만제국 시대에 형성된 민족과 종교의 다양성은 19세기 들어 사회적·정치적 대립 요인이 됐다. 발칸반도 곳곳에서 무력 충돌이 일어나고 소규모 학살 사건이 벌어졌다.

사라예보 사건은 여러 단계를 거쳐 '국제전'으로 번졌다.■ 보스니아-헤르체고비나 지역을 포함하는 민족국가 건설을 원한 세르비아 언론은 프린치프를 찬양했지만, 전쟁을 피하고 싶었던 세르비아 정부는 암살 행위를 공개적으로 개탄하고 희생자를 애도했다. 7월 23일 오스트리아는 세르비아 정부 안팎의 민족주의자를 배후로 지목한 경찰의 조사결과를 근거로 민족주의 단체를 해산하고 반오스트리아 출판물을 금지하며 오스트리아에 적대적인 관리를 파면하라는 등 열 가지 요구사항을 담은 최후통첩을 보내고 48시간의 시한을 두었다. 세르비아 정부는 암살사건 방조자에 대한 수사와 재판에 오스트리아 정부 대표를 참여시키라는 것 하나를 제외하고 모든 요구를 받아들였다. 그런데도 오스트리

■ 제1차 세계대전의 확전 원인과 과정은 『1차 세계대전의 기원』(박상섭 지음, 아카넷, 2014) 제4장 「사라예보 사건 직후 각국의 외교와 참전과정」을 참고해 서술했다.

아는 세르비아에 선전포고를 했다. 사라예보의 불씨는 작은 불꽃이 됐다.

합스부르크제국은 정복전쟁이 아니라 정략결혼과 상속으로 영토를 넓힌 특이한 국가였다.** 전쟁을 자주 하지는 않았고 시원하게 이긴 전쟁이 하나도 없었다. 1867년에는 헝가리 독립투쟁을 제어하지 못해 헝가리왕국 수립을 허용하고 황제가 오스트리아와 헝가리의 왕을 겸하는 이중제국을 형성했다. 그런데도 요제프 황제와 빈의 장군들은 신성로마제국 황제 자리를 대물림하면서 동유럽 일대를 지배했던 중세의 영광에 집착했으며, 발칸반도를 차지할 욕심으로 보스니아-헤르체고비나를 합병하고 러시아와 맞섰다.

슬라브 민족의 맏형 러시아는 남유럽 슬라브계를 규합해 발칸반도를 장악하려는 야심을 품고 세르비아를 엄호했다. 러시아도 전쟁을 할 형편은 아니었다. 3장에서 자세히 살펴보겠지만, 1905년 '피의 일요일' 사건으로 차르***는 민중의 신뢰를 잃었고 정부는 파업과 폭동에 흔들렸다. 하지만 오스트리아-헝가리제국을 제압할 정도의 능력은 있었다. 그런데도 오스트리아는 독일의 지원을 믿고 허세를 부렸다. 프로이센 왕 프리드리히 빌헬름 1세는 독일제국 황제가 된 후 군사력을 더욱더 증강했다. 절대 권력과 유럽 최강의 군대를 상속받은 빌헬름 2세는 사라예보 사건을 보고받고 크게 화를 냈다. 독일 내각 요인들은 전적으로

■■ '합스부르크제국'은 중세 이후 합스부르크 가문이 빈에 거주지를 두고 수백 년 동안 지배한 국가를 통칭한다. 이 글에서는 맥락에 따라 합스부르크제국, 오스트리아-헝가리제국 또는 오스트리아라는 국명을 사용했다.

■■■ 제정러시아 때 황제를 일컫는 이름. 1905년 당시 차르는 니콜라이 2세였다.

지원하겠다면서 오스트리아의 허세를 부추겼다. 유럽의 패권을 노리던 빌헬름 2세는 오스트리아와 세르비아의 전쟁이 국제전으로 비화하리라는 것을 잘 알고 있었다.

러시아 정부는 오스트리아가 세르비아에 선전포고를 하기도 전에 먼저 병력을 움직였다. 독일은 러시아를 비난하면서 상응조처를 예고했다. 7월 29일, 오스트리아-헝가리제국 군대가 세르비아 수도 베오그라드를 포격하자 니콜라이 2세는 바로 러시아군 동원령을 내렸다. 이틀 뒤 독일이 러시아에 교전을 통보했다. 프랑스와 영국 정부는 끼어들지 않으려 했다. 프랑스 국민은 사라예보 사건에 큰 관심이 없었고 레몽 푸앵카레(Raymond Poincaré) 대통령은 여론을 존중했다. 국방부 장군들이 영국·러시아와 동맹을 맺고 있다는 이유를 들어 참전을 건의했지만 내가은 거부했다. 그런데 프랑스더러 중립을 지키면서 동부의 요새를 제공하라고 요구하던 독일이 룩셈부르크와 벨기에를 전격 침공한 데 이어 8월 3일 개전을 선포했다. 영국 정부는 아일랜드 독립을 거부하고 영국령으로 남겠다며 무장반란을 일으킨 북아일랜드 신교도들 때문에 밖으로 눈을 돌릴 여유가 없었지만, 프랑스와 러시아의 강력한 요청에 못 이겨 8월 4일 개전을 통보했다. 두 나라는 본의 아니게 전쟁에 휘말려들었다.

유럽의 내전이 시작됐다. 지식인들은 기원전 5세기 고대 그리스 세계를 몰락에 빠뜨렸던 펠로폰네소스전쟁을 떠올렸다. 아테네와 스파르타는 그리스 세계를 두 진영으로 쪼개 모든 것을 걸고 패권투쟁을 벌였다. 30년 동안 기력을 소진한 그리스 도시국가들은 승자와 패자 모두 마케도니아의 알렉산드로스에게 정복당한 데 이어 로마제국의 속주로 전락했다. 제1차 세계대전은 그 전쟁과 닮은 점이 많았다. 유럽은 두 편으로 나뉘어 서로를 죽였고 세계의 패권은 대서양 너머 미국으로 넘어갔다.

전쟁에 반대한 세력이 없지는 않았다. 1889년 '제2인터내셔널'이라는 국제조직을 만든 유럽의 사회주의 정당들은 식민지 쟁탈에 혈안이 된 '부르주아 정부'들이 '제국주의 전쟁'을 벌일 것이라고 전망하면서, 전쟁이 터지면 모든 나라의 노동자와 사회주의자가 궐기해 혁명을 일으키자고 결의했다. 오스트리아가 세르비아에 최후통첩을 보낸 7월 23일, 사회주의자들은 파리·빈·런던·베를린을 포함한 대도시에서 일제히 대규모 반전 집회와 시위를 벌였다. 독일 사회민주당 지도부는 7월 25일 발행한 기관지 『전진』호외에 '오스트리아 폭군의 권력욕과 제국주의적 탐욕을 위해 독일 병사의 피 한 방울도 흘려서는 안 된다'고 주장하는 특별성명을 실었다.■

그러나 반전 결의와 호소는 아무 소용이 없었다. 독일 사회민주당 소속 국회의원들은 당 지도부의 견해와 달리 정부가 빚을 내서 전쟁비용을 대는 법률안에 '400만 노동자의 이름으로' 찬성표를 던졌다. 프랑스 사회주의자들은 '침략국 독일의 사회주의자'에게 절교를 선언했다. 러시아 좌익노동자당 알렉산드르 케렌스키(Alexandr Kerensky)는 "위대한 러시아는 적의 공격을 단호하게 물리칠 것임을 확신한다"고 연설했다. 영국 노동당 당원들은 너나없이 입대했다. 사회주의자들의 주장과 달리 프롤레타리아에게도 조국이 있었다. 전쟁은 부르주아 정부가 아니라 사회주의

■　특별성명 전문은 프리드리히 에베르트 재단의 사회민주주의아카이브(www.fes.de/archiv-der-sozialen-demokratie)에서 확인할 수 있나.

국제조직을 먼저 날려버렸다. 대중은 프롤레타리아 국제주의가 아니라 민족주의에 마음을 줬다. 전쟁을 혁명으로 전환하자던 '제2인터내셔널'의 결의를 실행한 세력은 러시아의 볼셰비키뿐이었다.

최초의 세계전쟁

유럽의 강대국들은 증기선에 군인과 총을 싣고 다니며 세계를 폭력으로 정복했다. 유럽 바깥에는 문명이 없다고 주장하면서 아시아·아프리카·라틴아메리카의 자원과 노동력을 착취했다. 그러나 20세기 야만의 본진은 유럽이었다. 유럽인은 최신 기술을 구현한 신무기로 서로 학살했다.

　1914년 9월 초, 파리 근교 센강 지류인 마른강 근처에서 벌어진 '제1차 마른 전투'는 현대적 야만의 실상을 충격적으로 드러냈다.■ 서부전선에 결집한 독일의 75만 주력군은 여러 전투에서 이기며 파리를 향해 전진하다가 마른강에 이르렀다. 후퇴를 거듭하던 프랑스군과 영국군도 그곳에 비슷한 규모의 병력을 배치했다. 러일전쟁 동안 러시아와 일본 군대가 쓴 것과 맞먹는 양의 포탄과 총알을 닷새 만에 서로에게 퍼부은 전투에서 독일군은 22만, 연합군은 26만 명의 사상자를 냈다. 참전 병력 셋 가운데 하나 꼴로 죽거나 다친 셈이었다.

■　제1차 세계대전의 주요 전투는 『제1차 세계대전』(피터 심킨스 외 지음, 강민수 옮김, 플래닛미디어, 2008)과 『지도와 사진으로 보는 제1차 세계대전』(A. J. P. 테일러 지음, 유영수 옮김, 페이퍼로드, 2020)을 참조해 서술했다.

동부전선도 다르지 않았다. 러시아 주력군은 독일이 서부전선에 화력을 집중한 틈을 타 독일 북동쪽 국경을 넘어 베를린으로 진격했다. 8월 27일부터 나흘 동안 독일군은 프로이센 동부 타넨베르크(지금의 폴란드 그룬벨트) 근처에서 러시아군을 물리쳤다. 러시아군은 1만 8천 명이 전사하고 12만 명이 부상을 입거나 포로가 됐다. 승리한 독일군도 1만 2천여 명의 사상자를 냈다.

독일을 중심으로 한 진영을 '동맹국'이라 하고 영국·프랑스 쪽을 '연합국'이라 하자. 개전 초기에 두 진영은 엄청난 인명 손실을 기록하며 싸웠지만 어느 쪽도 상대방을 압도하지는 못했다. 전선이 한없이 길어진 가운데 겨울이 닥치자 전투 양상은 전선을 따라 참호를 파고 대치하면서 간헐적으로 공격을 주고받는 장기전으로 바뀌었고, 그사이에 전쟁의 불길은 밖으로 번져나갔다. 흑해 지배권을 두고 러시아와 대립하던 오스만제국은 동맹국에 가담했다. 이탈리아는 평소 독일과 가까웠지만 오랜 세월 영토 다툼을 한 오스트리아가 싫어서 연합국 진영에 참여했다. 발칸반도 동부의 불가리아가 마케도니아를 차지할 욕심에 독일과 손잡자 불가리아와 앙숙이던 그리스는 연합국과 제휴했다. 중립을 표방하던 루마니아는 연합국 편에 섰다가 동맹국 군대에 국토 전체가 짓밟혔다.

사라예보 사건과는 아무 관련 없는 국가와 민족도 전쟁에 뛰어들거나 휘말렸다. 오스만제국이 지배하던 아라비아반도에서는 '메카의 수호자'로 아랍 민중의 존경을 받던 후세인 빈 알리(Hussein bin Ali)와 아들 파이잘(Faisal I)이 아랍 국가를 승인하겠다는 영국 정부의 약속을 믿고 유목민 전사들을 불러 모아 오스만제국 군대와 싸웠다. 아랍 전문 고고학자로 후세인의 전적인 신뢰를 받으며 게릴라전을 이끈 영국군 정보장교 토머스 로런스 (Thomas Lawrence)는 훗날 소설과 영화의 주인공이 됐다. 영국 정부가 독립을 지원하겠다고 하자 인도의 민족주의자 수십만 명도 전선에 뛰어들어 전투 지원 활동에 참여했다.

아시아와 태평양·대서양도 영향권에 들었다. 러시아를 꺾고 조선을 집어삼킨 일본은 중국 대륙에 손을 뻗쳤다. 영국과 동맹을 맺었다는 명분을 내세워 독일의 아시아 함대에 치명적인 타격을 입히고 중국 칭다오(青島)와 남태평양의 이권을 빼앗았다. 영국 외무장관 아서 밸푸어(Arthur Balfour)는 팔레스타인에 유대인 국가를 세울 수 있게끔 지원하겠다면서 미국의 유대인들을 설득했다. 아랍 민중과 유대 민족 양쪽에게 독립국가 수립을 약속한 것이다.

'명예로운 고립' 노선을 지키던 미국을 움직인 이들은 독일군이었다. 1915년 5월 독일 잠수함이 영국 상선 루시타니아호를 격침했을 때 미국인 수백 명이 사망했는데도 미국 정부는 참전을 망설였다. 그러나 독일이 연합국의 민간선박을 공격하는 '무제한 잠수함 작전'에 들어가자 토머스 우드로 윌슨(Thomas Woodrow Wilson) 대통령은 1917년 4월 6일 참전을 선언했다. 전쟁은 '유럽의 내전'에서 '세계전쟁'으로 비화했다. 미국은 해군만 막강했다. 육군과 공군은 병력이 많지 않았고 전차와 전투기도 없었으며 대포와 소총 생산 능력도 초라했다. 그러나 미국은 국가재정이 넉넉해 유럽의 연합국에 무제한 차관을 제공했고 선박을 비롯한 전쟁물자를 대량생산했다. 20세기의 전쟁은 군인들끼리만 하는 게 아니라 국가의 자원과 국민의 노동력까지 쏟아붓는 총력전이었다. 미국은 안전한 군수품 생산기지 역할을 함으로써 연합국의 승리를 뒷받침했다.

연합국은 1919년 6월 28일 베르사유조약을 비롯한 여러 국제조약을 통해 승리를 확정했다. 패전한 동맹국들은 체제가 무너졌고 막대한 전쟁배상금을 떠안았다. 인류 역사에서 그토록 많은 사람이 죽고 다친 전쟁은 없었다. 과학혁명은 축복이 아니라 재앙이었다. 두 진영의 군인들은 탱크·전투기·잠수함·독가스·곡사포·기관총을 비롯한 신무기를 동원해 전에 없던 대량살상을 저질렀다.

7천만 명이 넘었던 참전군인 가운데 독일 200만, 러시아 170만, 프랑스 136만, 오스트리아-헝가리 120만 등 940만 명이 전사하고 3,200만 명이 다쳤다. 인도인을 비롯해 지원 임무를 수행하다 살상당한 민간인과 아라비아사막의 유목민 게릴라는 정확한 사상자 통계가 없다. 굶주림과 추위를 견디지 못해 사망한 각국의 민간인, 혁명과 내전의 소용돌이에서 목숨을 잃은 러시아 민중, 수천만 명의 1918년 신종인플루엔자(소위 '스페인독감') 사망자 중에도 전쟁 피해자로 보아야 마땅한 경우가 적지 않았다.

세계는 크게 달라졌다. 극심한 군사적 경쟁체제에서 발전한 근대국가는 제1차 세계대전을 거치면서 새로운 단계로 도약했다.[■] 제1차 세계대전은 '제국들의 무덤'이었다. 마지막까지 살아남았던 제국을 무너뜨리고 국민국가의 시대를 열었다. 세르비아에 최초의 선전포고를 했던 오스트리아-헝가리제국은 해체되고 독일어를 쓰는 주민이 다수인 지역만 남아 오스트리아 제1공화국이 됐다. 러시아 황제의 궁전에는 붉은 깃발이 올랐다. 세계제

■ 박상섭 지음, 「제1차 세계대전의 기원」, 아카넷, 2014, 371쪽.

패를 꿈꿨던 독일제국의 빌헬름 2세는 권좌에서 떨어졌고 독일 민중은 '바이마르공화국'을 세웠다. 400년 넘게 존속한 오스만제국도 사라졌다. 제국의 장군이었던 케말 파샤(Kemal Pasha)가 터키어를 쓰는 주민이 다수인 지역을 묶어 터키공화국을 수립했다.

세계 최대 채무국이었던 미합중국은 세계 최대 채권국이자 최강의 군사대국으로 면모를 일신했다. 윌슨 대통령은 1918년 1월 8일 상하 양원 합동회의에서 전후 세계질서를 새로 구축하는 데 적용할 '평화원칙 14개 조항'을 발표했는데, 주요 내용은 다음과 같다.

① 공해의 자유 항해권 보장, 평등한 국제무역 체제 수립
② 군비축소
③ 식민지 문제의 공정한 해결
④ 러시아 내정에 대한 불간섭
⑤ 벨기에 주권 회복, 알자스-로렌의 프랑스 귀속, 폴란드 독립 보장
⑥ 민족적 자립 원칙에 의거한 이탈리아 국경 재조정과 오스트리아-헝가리제국의 민족문제 해결
⑦ 발칸 지역의 민족적 독립
⑧ 오스만제국의 튀르크인 영토주권 존중과 여러 민족의 자치 보장
⑨ 국제연맹 창설

유럽은 윌슨 대통령의 제안을 대부분 받아들였다. 패전국은 군비를 축소했고 사회주의 러시아는 자기의 길을 갔다. 쓰러진 제국의 폐허에 민족국가 또는 국민국가가 우후죽순으로 솟아났다. 선박은 공해를 자유롭게 항해했고 국제무역은 활발해졌으며

국제연맹이 출범해 평화를 유지했다. 그러나 미국과 유럽을 제외
한 세계는 달라진 게 없었다. 오스만제국의 지배에서 벗어났지만
분할통치 전략에 휘둘린 아랍은 요르단과 시리아 등 여러 나라로
갈라져 미국의 영향력 아래 들어갔다. 영국은 인도의 독립운동을
더 무자비하게 탄압했다. 일본은 3·1독립투쟁을 총칼로 짓밟았
고 중국 대륙을 조금씩 먹어 들어갔다.

　아시아·아프리카·라틴아메리카 식민지의 민족주의자들은
윌슨 대통령의 말을 오해했다. 그가 거론한 '식민지 문제의 공정
한 해결'은 식민지와 종속국의 자주권을 존중하거나 보장한다는
뜻이 아니라 패전국의 식민지를 적절하게 재분배하자는 말이었
다. '민족자결주의'는 다양한 민족과 종교를 포용한 오스만제국
과 오스트리아-헝가리제국의 옛 영토를 처리하는 원칙이었을 뿐
이다. 제국주의 식민지 쟁탈전은 끝나지 않았고, 더 무서운 전쟁
이 인류를 기다리고 있었다.

　달도 삼켰을 제국주의

프린치프와 공범 두 사람은 미성년이라는 이유로 사형이 아니라
징역 20년 형을 받았지만 결핵과 영양실조 등으로 감옥에서 죽
었다. 프린치프의 절친 다닐로 일리치를 포함한 다른 공범 셋은
사라예보의 사형장에서 최후를 맞았다. 몇몇은 배후에서 범행을
지원한 혐의로 징역형을 받았지만 몇몇은 끝내 붙잡히지 않았고,
훗날 유고슬라비아사회주의공화국연방의 장관이 된 사람도 있
었다. 보스니아는 제2차 세계대전 때 나치 독일에 짓밟혔지만 전

후에는 1980년대까지 유고슬라비아사회주의공화국연방의 일부로 안정과 평화를 누렸다. 그러나 사회주의체제가 무너진 뒤에 잔혹한 '인종청소'를 동반한 내전을 겪었다.

사라예보 사건이 제1차 세계대전으로 이어졌다는 점은 분명하다. 그렇다면 그 사건이 제1차 전쟁의 원인이었다고 할 수 있을까? 프린치프가 오스트리아 황태자를 쏘지 않았다면 전쟁이 일어나지 않았을까? 그렇게 단언할 수는 없다.

전쟁의 원인은 다른 데 있었다. 20세기까지 살아남았던 역사의 괴물, 갈 수만 있었다면 '달도 삼켰을 제국주의'였다. 군사력으로 다른 지역의 다른 인간집단을 정복하고 지배한 행위는 인류 역사에 늘 있었다. 그러나 근대의 제국주의는 알렉산드로스·카이사르·칭기즈칸의 정복전쟁과 달랐다. 거대한 식민지를 거느린 영국과 프랑스는 단순한 군사대국이 아니라 산업혁명을 이룬 자본주의 강국이었다. 한발 늦게 식민지 쟁탈전에 뛰어든 독일·일본·미국도 마찬가지였다. 제1차 세계대전 당시의 제국주의는 자본주의의 발전과 관련이 있었다.

19세기가 끝날 무렵, 엄청난 자본을 축적한 거대한 기업이 출현했다. 그 기업들이 대량으로 생산한 상품을 전부 소화하기에는 국내 소비시장이 너무 작았다. 대량생산을 뒷받침할 원료를 나라 안에서 다 구할 수도 없었다. 그래서 산업국가의 자본가들은 더 넓은 시장과 더 값싸고 풍부한 원료를 찾아 나라 밖 세계 곳곳으로 달려갔다. 그들은 돈의 힘으로 정부를 쥐락펴락했고 정부는 '부국강병' 경쟁에서 뒤질세라 최선을 다해 그들을 도왔다. 식민지를 둘러싼 자본주의 열강의 충돌은 필연적이었다. '경제적 결정론'을 신봉한 사회주의자들은 제1차 세계대전의 원인을 그렇게 진단했다. 하지만 그것이 그리 단순한 현상은 아니었다.

　1902년에 출간한 책 『제국주의론(Imperialism: A Study)』에서 영국 경제학계의 이단아 존 홉슨(John Hobson)은 자본주의적 제국주의를 다각도로 분석했다. 영국이 민주적 복지국가로 나아가야 한다고 믿으면서 평생 사회개혁운동과 반전운동을 펼친 그는 제국주의가 국익을 해친다고 판단했다.■ 홉슨의 주장을 간략하게 요약해보자. 침략적 제국주의는 제조업자와 무역업자에게 도움이 되지 않으며 세금을 낭비하고 국민을 위험에 빠뜨린다. 막대한 군비지출, 파멸적인 전쟁, 외교적 술수로 이익을 보는 것은 해외에서도 안전하게 투자할 수 있어야 한다고 주장하는 극소수 투자자뿐이다. 모든 선진국의 투자자는 외국과 식민지에 막대한 자본을 투자해 본국에서보다 높은 수익을 올린다. 제국주의는 소수의 이익을 위해 국민의 이익을 해치지만 원시적 종족 본능인 맹목적 애국주의를 자극해 대중의 지지를 받는다. '기독교 정신'이나 '문명의 사명'이라는 이데올로기로 대중을 자기도취에 빠뜨려 민주주의와 사회개혁이 아니라 영토 확장과 전쟁에 열광하게 만든다. 다른 국가와 지역을 폭력으로 지배하는 행위는 국민경제를 해칠 뿐만 아니라 윤리적으로도 옳지 않다.

　홉슨은 총수요 부족으로 경제공황이 생긴다고 주장했다가 주류 경제학자들의 손가락질을 받고 대학 강의를 빼앗겼지만 강연과 글로 제국주의 정책을 비판하는 활동을 꾸준히 이어갔다. 그러나 정부의 대외정책을 바꾸지는 못했다. 영국 기업은 아프리

■　홉슨의 이론은 『바르게 본 홉슨의 제국주의론』(서정훈 지음, 울산대학교출판부, 2005), 144~209쪽을 참고해 서술했다. 이 책은 홉슨의 이론에 대한 분석을 토대로 레닌이 『제국주의론』에서 홉슨의 논지를 왜곡해 인용했다는 사실을 밝힌 탁월한 연구서다.

카와 아시아의 오지까지 진출했고 정부는 기업을 보호한다는 명분으로 지구 반대쪽까지 군대를 보냈다. 복종하지 않는 원주민을 죽이고 다른 나라 군대의 진입을 막았다. 동인도회사 같은 조직을 만들어 식민지의 토지와 자원을 장악했다. 인도·이집트·수단·홍콩·캐나다·호주·뉴질랜드·남아프리카를 차지해 '해가 지지 않는 제국'이 됐다.

프랑스는 베트남 등 인도차이나반도와 알제리를 포함한 북아프리카를 선점했다. 독일은 아프리카 남서부와 동부를 동시에 잠식했고, 벨기에는 콩고를, 네덜란드는 인도네시아를 지배했다. 러시아는 발칸반도의 얼지 않는 항구를 손에 넣으려 애썼지만 큰 성과를 얻지 못했고, 아시아의 신흥 제국주의 일본은 조선을 병합하고 중국 대륙을 노렸다. 한때 지구에서 가장 수준 높은 문명을 이뤘던 중국은 여러 제국주의 국가들이 영토와 이권을 뜯어먹는 반(半)식민지로 전락했다. 국토가 워낙 넓은 탓에 한동안은 서부개척을 내세우며 원주민이 살던 땅을 빼앗는 데 몰두했던 미국의 백인들은 멕시코의 땅을 빼앗고 라틴아메리카에 손을 뻗쳤다. 그러나 너무 늦게 나선 탓에 1898년 스페인한테서 필리핀을 빼앗은 것 말고는 이렇다 할 식민지를 확보하지 못했다.

지구상에 '임자 없는 땅'이 사라지자 다른 나라에서 빼앗는 방법 말고는 식민지를 획득할 길이 없어졌다. 식민지 쟁탈전은 '제로섬 게임'이 됐다. 특히 뒤늦게 산업화를 시작한 독일과 일본이 군사력을 적극 확장했다. 제국주의 국가들은 그때그때 이해관계에 따라 동맹을 맺고 싸움을 벌일 기회를 노렸다.

사라예보 사건은 그런 상황에서 일어났다. 프린치프의 총알은 폭발의 계기였을 뿐 원인은 아니었다. 그날이 반드시 1914년

6월 28일이어야 할 필요도 없었고 황태자가 죽어야만 했던 것도 아니다. 장군들의 자존심을 전쟁의 원인으로 지목하는 견해도 있지만 그들의 자존심이 1914년 여름에 유독 강했다고 볼 근거는 없다. 전쟁을 처음 시작한 나라가 꼭 오스트리아여야 했을 필연성도 없다. 자본주의 강국들이 남의 것을 빼앗지 않고는 식민지를 넓힐 방법이 없었다는 점을 전쟁의 원인으로 보는 견해는 충분한 설득력이 있다. 그런 측면에서 제1차 세계대전은 어느 정도 '필연적인 사건'이었다고 할 수 있다.

제1차 세계대전은 돈과 권력을 향한 탐욕이 과학혁명의 날개를 달고 벌인 참극이었다. 그런 일을 겪고도 인류는 무력행사를 절제하는 능력을 기르지 못하고 겨우 20여 년 뒤에 더 끔찍한 전쟁을 또 벌였다. '위대한 조국'을 들먹이며 민중을 현혹해 싸움터로 내모는 권력자와 정치인은 지금도 있다. "과학기술은 발전하지만 인간정신은 진보하지 않는다." 독일 역사가 레오폴트 폰 랑케(Leopold von Ranke)의 말은 진리가 아니어도 경청할 만한 가치가 있다.

————————————————— **아름다운 이상의 무모한 폭주**

1825

1905

1911

12월 14일
데카브리스트 반란
서유럽의 자유주의
사상에 심취한 러시아
청년 장교들이 투쟁을
일으켰다.

1월 22일
피의 일요일
페테르부르크의 겨울궁전
광장에 모여든 20만 명이
넘는 노동자와 가족에게
차르의 경찰이 총상을 가해
500명 넘게 목숨을 잃었다.

6월 27일
포템킨호 반란 사건

9월 18일
내각 수상 표트르
암살

_1914_ _1917_ _1918_

6월 28일
사라예보 사건

3월 8일
2월혁명
노동자와 병사들이 제정을 무너뜨린
혁명이다. 3월에 일어났으나
러시아력에 따르면 2월이어서
'2월혁명'이라 쓴다.

4월 17일
「4월 테제」
레닌이 발표한 글로, 모든 권력을
소비에트로 모으고 임시정부에 대한
지원을 중단하며, 러시아
사회민주노동당의 이름을
'공산당'으로 바꾸자고 제안하는
내용이 담겼다.

11월 7일
10월혁명(볼셰비키혁명)
소비에트의 '붉은 군대'와
페트로그라트 수비대가 수도를
장악했고, 총사령관 레온 트로츠키가
1920년 가을 반혁명 연합군을
제압했다.

레닌Lenin
(블라디미르 일리치
울리아노프Vladimir
Ilich Ulyanov),
1870~1924

레온 트로츠키
Leon Trotsky,
1879~1940

1월 3일
소비에트사회주의공화국연방
탄생

핀란드역에서

1917년 4월 16일 밤, 핀란드선 철도의 러시아 종점인 페트로그라드[■] 교외 '핀란드역'에 열차가 들어왔다. 잠시 뒤 수염을 짧게 기른 중년 남자가 단추를 푼 코트 차림으로 장미 꽃다발을 안고 나타나자, 붉은 깃발이 나부끼는 광장에 군악대가 연주하는 프랑스대혁명의 노래가 울리고 노동자와 군인들은 환호성을 질렀다. 연단에 오른 남자는 모자를 벗어 들고 짧은 연설을 했다.[■■]

여러분이 임시정부의 약속을 다 믿는지는 모르겠지만, 저들이 달콤한 말로 많은 것을 약속하면서 민중을 속이고 있다는 것만은 확신합니다. 민중은 평화를 원합니다. 민중은 빵을 원합니다. 민중은 또한 땅을 원합니다. 그런데 저들은 전쟁과 굶주림만 줄 뿐 빵을 주지 않습니다. 지주계급은 여전히 건재합니다. 우리는 사회주의 혁명을 위해 싸워야 합니다. 프롤레타리아가 완전한 승리를 거둘 때까지 싸워야 합니다. 세계 사회주의혁명 만세!

[■] 페트로그라드의 본래 이름은 페테르부르크였다. 18세기 초 표트르 1세가 네바강 하구 저지대를 매립해 만든 제정러시아의 수도였는데, 제1차 세계대전 때 적국인 독일식 이름을 버리고 페트로그라드로 바꿨다. 사회주의 시대에는 레닌그라드라고 했지만, 소비에트사회주의공화국연방(소련)을 해체한 러시아공화국 정부가 페테르부르크로 되돌렸다.

[■■] 레닌의 러시아 귀환 과정과 핀란드역 연설은 『핀란드역까지』(에드먼드 윌슨 지음, 김정민·정승진 옮김, 실천문학사, 1987), 407~425쪽을 참고해 서술했다.

흥분한 군중이 연단으로 몰려들었고 군인들은 총을 들어 예를 갖췄다. 시베리아 유배지에서 온 혁명가들은 눈물을 흘리며 남자의 이름을 외쳤다. 레닌이었다. 본명이 블라디미르 일리치 울리야노프(Vladimir Ilich Ulyanov)인 그는 '2월혁명'이 일어났을 때[*] 아내 나데즈다 크룹스카야(Nadezhda Krupskaya)와 함께 스위스 취리히에 있었다. 독일 정부는 레닌이 적국 러시아를 완전한 혼란에 빠뜨려주기를 기대하면서 30여 명의 망명 혁명가들과 함께 자국 영토를 남에서 북으로 가로질러 가게끔 '봉인열차' 객실을 제공했다. 북부 해안에서 바다를 건너 스웨덴에 상륙한 레닌은 열차로 러시아령 핀란드를 거쳐 페트로그라드의 핀란드역에 도착했다.

레닌은 '대중의 지도자'가 아니라 '정파의 우두머리'였으며 자기 손으로 낡은 체제를 타도하지도 않았다. 그를 아는 러시아인은 극소수였다. 그랬던 사람이 여섯 달 뒤 인류 역사 최초의 사회주의혁명을 일으켜 20세기 세계사의 경로를 바꿨다. 레닌을 빼고는 볼셰비키혁명이 성공한 경위를 설명할 수 없다. 제정러시아는 자본주의가 발전하지 않은 농업사회였다. 사회주의혁명의 필연성을 주장한 칼 마르크스의 이론이 옳다고 해도 그 혁명이 러시아에서 가장 먼저 일어났어야 할 이유는 없다. 레닌이 없었다면 러시아는 입헌군주국이나 왕이 없는 공화국으로 나아갔을 것이다. 한 사람의 기질과 의지와 목표의식이 역사에 그토록 크고 깊은 각인을 남긴 경우는 흔치 않다.[**]

■ 노동자·병사들이 제정을 무너뜨린 혁명은 1917년 3월에 일어났지만 러시아력으로는 2월이어서 '2월혁명'이라고 한다.

러시아혁명의 첫 기운은 19세기 초에 일어났다. 당시 러시아 인구 3천만 명 가운데 2천만 명이 농노였다. 농노는 귀족의 땅에서 농사를 지어 농산물과 돈을 바치고 귀족 집의 궂은일을 도맡아 처리했다. 가축과 한 공간에서 먹고 자면서 아이를 낳아 길렀다. 그들이 생산한 부로 귀족은 안락하고 호화로운 인생을 즐겼다. 아무도 여기에 이의를 제기하지 않았다. 그런데 1812년 6월 나폴레옹이 러시아를 침공하면서 문제가 생겼다. 프랑스군은 석달 만에 모스크바를 점령했지만 혹독한 추위와 보급품 부족을 견디지 못하고 철수했다. 퇴각하는 적을 추격해 서유럽까지 간 러시아의 귀족 장교들은 그곳에 흘러넘치는 자유주의 사상과 발전한 문화를 목격하고 큰 충격을 받았다. 그들은 러시아를 그처럼 자유롭고 평등한 사회로 만들고 싶었지만 아무것도 할 수 없었다. 러시아 민중은 무지했고 지배층은 완고했다. 사회를 바꿔야 한다고 생각하는 사람은 극소수에 지나지 않았다.

차르 니콜라이 1세가 즉위한 1825년 겨울, 자유주의 사상에 심취한 청년 장교들이 궁정에서 반란을 일으켰다. 러시아력으로 12월이어서 '데카브리스트(12월) 반란'이라고 한다. 그들은 혁명을 어떻게 해야 하는지 몰랐고 권력을 장악할 의지도 없었다. 사람들이 보드카와 빵을 가져다주며 응원하는데도 싸움 한 번 하지 못하고 굶주림과 추위에 떨다가 무릎을 꿇었다. 600여 명이 재판에 회부됐는데, 주동자 다섯은 교수형을 당하고 나머지는 시베리아를 비롯한 변방 유배지로 쫓겨났다. 한겨울에 날아든 제비처럼

■■ 러시아혁명의 전개과정은 『러시아 혁명사』(김학준 지음, 문학과지성사, 1999)와 『러시아 혁명사』(레온 트로츠키 지음, 볼셰비키그룹 옮김, 이고리, 2017)를 참고했다.

그들은 러시아의 동토에서 얼어 죽었다.

니콜라이 1세는 30년 동안 무자비한 통치로 일관했다. 그러나 자유주의 사상은 지식인 사회에 더욱 널리 퍼졌고 굶주림과 압제를 견디지 못한 농민들은 폭동과 반란을 일으켰다. 모든 황제가 어리석고 잔인하지는 않았다. 니콜라이 1세의 뒤를 이은 알렉산드르 2세는 사태의 심각성을 알고 정치 개혁과 산업 발전을 추진했다. 1861년 농노제도를 법적으로 폐지한 데 이어 지방자치의회인 젬스트보(zemstvo)를 설치했으며 사법제도를 정비하고 징병제도를 개혁했다. 민중의 삶이 단번에 나아지지는 않았지만 러시아 사회는 전환의 기회를 맞았다. 정부는 서유럽에서 차관을 들여와 산업화를 추진했고 신분제의 속박에서 풀려난 농민들은 도시의 공장으로 밀려들었다. 자본주의적 기업과 임금노동자 집단이 출현했다.

알렉산드르 2세의 개혁정치는 1881년 사회혁명당의 폭탄테러로 갑자기 끝이 났다. 후임자 알렉산드르 3세와 니콜라이 2세는 '해방자 황제'가 열어준 언론·출판·집회·결사의 자유를 다시 봉쇄하고 자유주의 사상을 탄압했으며 대학의 자치권을 박탈하고 젬스트보의 활동을 정지했다. 그렇지만 러시아 사회가 멈춘 것은 아니었다. 연평균 산업 성장률이 8% 수준을 기록한 19세기의 마지막 20년 동안 제조업이 빠르게 성장했고 시베리아 횡단철도가 물류의 혁명을 일으켰으며 대도시에는 직원 500명이 넘는 대공장이 속속 들어섰다.■

그런데 노동자들은 농노 시절보다 더 비참하게 살았다. 좁고

■   테다 스코치폴 지음, 한창수·김현택 옮김, 『국가와 사회혁명』, 까치, 1981, 104~107쪽.

더러운 방에서 남녀노소가 함께 밥을 먹고 잠을 잤다. 티푸스와 콜레라를 비롯한 전염병이 돌 때마다 무더기로 목숨을 잃었다. 하루 12시간 넘게 일했지만 고용주들은 주고 싶을 때 주고 싶은 만큼만 임금을 줬다. 산업재해를 당하거나 직업병에 걸려도 아무 보상을 받지 못했다. 노동자들은 보드카를 마시며 울분을 달래다 가 도저히 참을 수 없을 때는 희망 없는 폭동을 일으켰다. 여전히 압도적 다수였던 농민의 처지도 다르지 않았다. 농노제는 없어졌 지만 삶이 나아지지는 않았다. 견디다 못해 일으킨 폭동은 차르 의 군대에 짓밟혔다.

차르와 정부는 무능했지만 혁명세력은 자기네끼리 패를 갈 라 싸우는 탓에 큰 위협이 되지 않았다. 현상을 유지할 수도 없고 무엇을 바꾸지도 못하는 상황에서 '나로드니키'가 독보적인 활 약을 펼쳤다. 농민은 타고난 무정부주의자여서 단 하나의 불꽃만 던져도 혁명의 에너지를 터뜨릴 수 있다고 한 미하일 바쿠닌 (Mikhail Bakunin)의 말이 그들의 지침이 됐다. 그들은 '나로드(인 민)'가 사는 농촌에 들어가 사회악의 근원인 사유재산 제도를 없 애는 혁명을 일으키자고 선동했다. 그러나 농민들의 소원은 사유 재산 폐지가 아니라 자기 땅을 갖는 것이었다. 그래서 괴상한 주 장을 하는 청년들을 마을에서 내쫓거나 붙들어 경찰에 넘겨주기 도 했다. '브나로드(인민 속으로) 운동'이 허망한 실패로 끝나자 나 로드니키는 사회혁명당을 비롯한 여러 정치단체와 비밀결사를 만들어 정부 요인에 대한 테러를 감행했다. 계몽군주 알렉산드르 2세를 죽인 것도 그들이었다.

사회주의자는 그다지 존재감이 없었다. 게오르기 플레하노 프(Georgii Plekhanov)를 비롯한 초기 마르크스주의자들이 공장노동자에게 사회주의 사상을 전파하면서 나로드니키를 비판하는 데 열을 올렸기 때문에 경찰은 내심 반가워하면서 사회주의 서적 유통을 묵인했다. 1898년 러시아 사회민주노동당을 결성했지만 당원이 많지도 않았고 그나마 경찰이 손을 대자 핵심 인물이 모두 외국으로 달아나버렸다. 일부 귀족과 자본가들이 입헌군주제를 수립하자고 주장하면서 온건 개혁파를 형성했지만, 대다수 귀족과 지주는 전제정치를 옹호했고 민중은 황제를 아버지 같은 존재로 여겼다.

피의 일요일과 포템킨호 반란

1905년 1월 22일(러시아력 1월 9일) 일요일, 모든 것이 달라졌다. 그날 페테르부르크의 겨울궁전 광장에는 20만 명 넘는 노동자와 가족이 모였다. 여자와 노인과 어린이도 많았다. 러시아 정교회의 젊은 신부 조지 가폰(Georgii Gapon)이 차르의 초상화를 들고 찬송가를 부르는 군중을 이끌었다. 가폰은 톨스토이를 좋아한 휴머니스트였다. 성경 말씀대로 살게끔 노동자를 이끌고 싶었다. 노동자를 사회주의 선동에서 보호하는 일은 교회가 더 잘할 수 있다고 당국을 설득해 여러 '건전한 사업'을 펼쳤다. 술과 도박을 끊고 신앙심과 애국심을 품도록 노동자를 교육했으며, 근로조건과 생활 개선을 목적으로 내세우고 조직한 공장노동자동맹에 페테르부르크 기계공업 종사자 대부분을 가입시켰다.

노동자들이 고용주와 싸우면서도 차르를 찬양하는 노래를 부르게 했던 '친정부 조직운동가' 가폰은 광장에 그렇게 많은 사람이 모일 줄 몰랐다. '자비로운 아버지 차르'에게 데려가달라는 기관차공장 해고 노동자들의 부탁을 받아 차르에게 편지를 보냈을 때 사회주의자와 나로드니키 혁명가들은 적에게 승리를 구걸하느냐며 비웃었다. 그러나 여러 공장의 노동자들이 소문을 듣고 몰려들었다. 가폰 신부는 이렇게 기도했다.[■]

> 폐하, 저희 노동자와 처자식, 늙은 부모들이 진리와 보호를 구하려고 폐하께 갑니다. 저희들은 거지가 됐으며 억눌려 살아왔으며 숨이 넘어가고 있나이다. 저희가 바라는 것은 지극히 작은 것이나이다. 일하는 시간을 하루 여덟 시간으로 줄이고 하루 임금을 1루블만이라도 달라는 것, 규정시간을 넘어 일하는 것을 없애달라는 것이 고작이나이다. 저희들은 최후의 구원을 구하고 있나이다. 폐하께서 우리의 기도에 응답하지 않는다면 저희들은 궁전 앞의 이 광장에서 죽을 것입니다.

경찰은 교통을 통제하며 행진을 보호했고 시민들은 차르의 초상화를 보며 가슴에 십자가를 그었다. 그런데 겨울궁전 광장에는 차르가 아니라 무장 병력이 기다리고 있었다. 그들은 행진을 멈추라고 했지만, 선두에 선 노동자들은 뒤에서 사람이 끝없이 밀려와 멈출 수가 없었다. 총성이 울렸고 군중은 흩어졌다. 죽고 다친 사람의 피가 눈 덮인 광장을 적셨다. 대학생들이 달려와 야유를 퍼붓자 또 총탄이 쏟아졌다. 500명 넘는 사람이 목숨을 잃

■   Bertram D. Wolfe, *Three Who Made a Revolution: A Biographical History*, rev. ed.(New York: Dell Publishing Co., 1964), pp. 164~167; 김학준, 앞의 책, 406~407쪽에서 재인용.

었고 수천 명이 총상을 입었다. '피의 일요일' 사건이었다.

모든 정파의 혁명가들이 무기를 들었다. '자비로우신 아버지 차르'라는 환상은 산산조각 났다. 가폰 신부는 영국으로 달아나면서 모든 존칭을 생략한 편지를 남겼다. "노동자와 가족의 순결한 피는 영혼의 파괴자인 그대와 민중 사이에 영원히 놓여 있을 것이다. 흘러야 할 그 모든 피가 살인자인 당신과 당신의 가족에게 흘러 떨어지리라." 니콜라이 2세는 마음의 고통을 일기에 적었다. "슬픈 날이다. 질서가 파괴되는 중대한 사태가 일어나 군대가 총을 쏘아야만 했다. 주님, 이 얼마나 슬프고 가슴 아픈 일입니까!"

영국 언론은 혁명이라고는 꿈도 꾸지 않았던 가폰 신부를 혁명가로 대접했다. 그래서인지 그는 러시아의 망명 혁명가들에게 무장봉기를 일으키자고 호소했으며 무기를 구해 러시아에 반입하려 했다. 하지만 어떤 일도 잘 풀리지 않았고 그는 어디로 사라졌다. 가폰은 이듬해 4월 러시아 시골 마을에서 목을 맨 시신으로 나타났다. 몰래 귀국해 다시 경찰과 손잡은 '배신자'를 사회혁명당 당원들이 '처단'한 것이다.

1905년 5월, 조선 지배권을 두고 일본 해군과 맞섰던 러시아의 발트함대가 전멸하자 차르의 위신은 땅에 떨어졌다. 그러나 러시아 정부는 여전히 건재했다. 온건 개혁주의자들은 말로만 정부를 비판했고 러시아 사회민주노동당은 내분에 빠져 있었다.

어떤 정파는 노동자의 수가 적고 사회주의 사상을 이해하는 노동자는 더 적으니 지금은 차르 정부와 싸우는 자본가계급과 민주주의자들을 지원하는 게 옳다고 주장했다. 일단 민주주의혁명을 완수해 정치적 자유를 확보한 다음 사회주의 사상을 널리 퍼

뜨리고 노동자를 조직하자는 단계론을 편 것이다. 다른 정파는
자본가계급의 권력도 차르 체제와 다를 바 없는 소수자의 독재이
니 당장 권력을 장악해 민주주의혁명과 사회주의혁명을 한꺼번
에 해치우자고 했다. 이 정파의 우두머리가 레닌이었다. 레닌은
차르 정부를 타도하고 세울 정부를 '노동자와 농민의 혁명적 민
주주의' 또는 '절대다수의 소수에 대한 독재'라고 했다. 레닌 그
룹은 볼셰비키(Bolsheviki, 다수파)를 자처하면서 반대파를 멘셰비키
(Mensheviki, 소수파)라 했다. 두 정파는 1905년 4월 런던에서 연 제3
차 당대회 때 완전히 갈라섰고 1917년에는 총을 들고 서로를 죽
였다.

　노동자들이 군대와 경찰을 상대로 전국적인 무장투쟁을 벌
이던 1905년 6월 '포템킨호 반란사건'이 터졌다. 흑해함대의 전
함 포템킨호 병사들은 구더기가 낀 쇠고기로 음식을 만든 데 항
의하면서 아침 급식을 거부했다. 장교들이 총을 겨누며 먹기를
강요하자 그들은 장교 여럿을 사살하고 함선을 장악했다. 연료와
보급품을 구하려고 들어간 오데사 항에서는 무장반란을 일으킨
노동자들에게 가세해 정부군과 치열한 시가전을 벌였다.▪ 정부
군의 추격을 피해 흑해를 항해하던 반란군은 루마니아 콘스탄차
항구에 배를 버리고 탈출했는데, 대부분 외국으로 도망쳤고 일부
는 처형당했다. 차르에게 남은 유일한 권력이었던 군대도 등을
돌릴 수 있다는 것을 보여준 사건이었다.

　1905년 10월 전국적인 총파업이 벌어졌다. 기관차가 멈추고

▪　전함 포템킨호 반란사건의 경위는 『전함 포템킨』(리처즈 휴 지음, 김성준 옮김, 서해문집,
2005)을 참고해 서술했다.

전기와 수도가 끊겼으며 신문과 라디오 방송도 나오지 않았다. 페테르부르크 공장노동자들은 100명에 한 명꼴로 대표를 뽑아 대의기관이자 집행조직인 '소비에트(평의회)'를 만들었다. 사회주의 정치체제의 최초 형태였다. 페테르부르크 소비에트는 『이즈베스티야(뉴스)』라는 신문을 제작해 어둠에 잠긴 시내에 배포했다. 니콜라이 2세는 입헌군주제 헌법을 제정해 의회를 만들고 언론·출판·집회·결사·사상의 자유를 보장하겠다는 '10월선언'을 발표했다. 혁명가 레온 트로츠키(Leon Trotsky)는 『이즈베스티야』에 기고한 글에서 차르에게 속지 말라고 하면서 상황을 다음과 같이 분석했다.■

> 헌법은 주어졌다. 집회의 자유는 주어졌다. 그러나 군대는 집회를 포위하고 있다. 언론의 자유는 주어졌다. 그러나 검열은 전과 다름없이 존재한다. 인간의 불가침성은 주어졌다. 그러나 감옥은 투옥된 사람으로 넘쳐난다. 헌법이 주어졌다. 그러나 전제정은 남아 있다. 모든 것이 주어졌으며 동시에 아무것도 주어지지 않았다.

트로츠키는 '피의 일요일' 직후 망명지에서 돌아와 불같은 연설과 빛나는 글로 대중의 마음을 사로잡았다. 반면 레닌은 보이지 않는 곳에서 조용히 움직였다. 트로츠키가 사람이 모인 곳을 찾아다니며 연설하는 동안 레닌은 자신을 따르는 동지를 챙겼다. 트로츠키는 어떤 조직에도 복종하지 않았고 스스로 조직을

■   Bertram D. Wolfe, *Three Who Made a Revolution: A Biographical History*, pp. 322~323; 김학준, 앞의 책, 472쪽에서 재인용.

만들지도 않았으며 말과 글로 남을 설득하는 데 집중한 반면, 레닌은 일사불란하게 움직이는 조직을 지휘하며 혁명의 주도권을 장악할 준비를 했다. 트로츠키가 밤하늘의 별처럼 빛나고 있을 때, 레닌은 지상의 권력을 차지할 결정적인 시기를 기다렸다.

트로츠키는 옳았다. '10월선언'은 속임수였다. 노동자들은 일을 해야 굶주리는 아이들을 먹일 수 있었기 때문에 파업에서 대거 이탈했다. 소비에트는 파업을 중단하고 '10월선언'이 약속한 정치범 석방과 사면, 신문 검열 폐지와 출판의 자유, 8시간 노동제를 실현하기 위한 투쟁에 들어갔다. 그러자 정부는 특공대를 전격 투입해 소비에트 간부들을 잡아들였다. 집행위원회 의장 트로츠키는 시베리아 종신 유배형을 받았고 체포를 모면한 혁명가들은 다시 나라 밖으로 달아났다. 차르의 군대는 수천 명을 살상하면서 대도시의 무장봉기를 진압했다. 러시아를 집어삼킬 듯했던 혁명의 파도는 거짓말처럼 가라앉았다.

건전한 독재에서 국정농단과 혁명으로

1906년에 실시한 '두마(입법의회)' 선거에서 전제정치에 반대하는 정당들이 압승했다. 그러자 니콜라이 2세는 두마의 권한을 크게 축소하고 표트르 스톨리핀(Pyotr Stolypin)을 내각 수상에 앉혔다. 스톨리핀은 채찍을 휘두르고 당근을 주어가며 정세를 안정시켰다. '현장 군법회의' 규칙을 제정해 테러 희생자의 장례 절차가 끝나기 전에 범인에 대한 재판과 사형 집행을 마치게 했다. 정부와 왕실에 빌붙어 부정부패를 지지른 자들을 쓸어냈다. 혁명가와 폭력배가 모두 자기를 미워해도 개의치 않았다. 5년 동안 4천여 명을 교수대에 올렸고 수만 명을 유배지로 쫓아냈다. 사람들은 교수대에 올라 '스톨리핀의 넥타이'를 목에 걸고 싶지 않아서 눈을 감고 입을 다물었다.

'유능한 독재자' 스톨리핀은 '건전한 독재'를 했다. 러시아에는 '미르'라는 전통적인 농촌공동체가 있었다. 농노해방령이 내리자 미르는 농민들에게 공동소유 농지의 사용료를 징수하고 주민 수의 변화에 맞게 주기적으로 경작지를 재분배했다. 스톨리핀은 이런 전통 때문에 농민이 공산주의에 쉽게 물든다면서 토지를 개인소유로 전환하는 정책을 시행했다. 농민이 미르에서 탈퇴하고 땅을 사유할 수 있게끔 토지법과 농지자금 대여법을 제정하고 독립한 농민에게 여러 혜택을 줬다.

그러나 러시아의 평온은 오래가지 못했다. 1911년 9월 키예프의 극장에서 대학생 테러리스트가 차르와 함께 오페라를 관람하던 스톨리핀을 쏘았다. 스톨리핀은 며칠 견디지 못하고 사망했다. 유능한 독재자가 사라지자 다시 혼란이 시작됐다. 노동자들은 파업을 재개했고 농민들은 폭동을 일으켰다. 몇 년간 그런 상황이 이어지는 도중에 사라예보 사건이 터졌고, 니콜라이 2세는 러시아를 전쟁의 폭풍우 속으로 밀어 넣었다.

처음에는 분위기가 나쁘지 않았다. 동원령을 내리자 100만 명 넘는 징병 대상자들이 기꺼이 총을 들었다. 그러나 군 지휘부는 무능했고 병사들은 오합지졸이었다. 파울 폰 힌덴부르크(Paul von Hindenburg) 총사령관이 지휘한 독일군에게 연전연패해 첫해에만 전사자 15만 명과 부상자 70만 명이 나왔고 90만 명이 포로가 됐다. 독일군에게 서부 공업지대를 빼앗기자 물자부족 사태가 전국을 덮치고 물가는 천정부지로 치솟았다. 상인들은 팔 물건이 없어 아우성을 쳤고 노동자들은 임금인상을 요구하며 일손을 놓았다. 봄이 왔지만 일할 젊은이가 없어 버려진 들판에서 늙은 농부들은 차르를 원망했다.

영리하고 용감한 사람이라도 제국을 통치하기는 어렵다. 그런데 니콜라이 2세는 보통 사람에게 미치지 못할 만큼 나약하고 우둔했으며, 자신보다 더 어리석은 독일 출신 알렉산드라 황후에게 휘둘렸다. 황후는 아들을 낳게 해주겠다는 사기꾼과 마술사에게 둘러싸여 살았는데, 어렵사리 얻은 황태자 알렉세이가 혈우병을 앓았다. 시베리아 출신 정교회 수도자 그리고리 라스푸틴(Grigorii Rasputin)이 황후의 마음을 사로잡았다. 어떻게 했는지는 몰라도, 그는 여러 차례 황태자의 출혈을 멈추고 열이 내리게 했다.

라스푸틴이 위험인물로 지목당해 수도에서 쫓겨났다가 스톨리핀이 죽은 뒤 궁전에 돌아오자 황후는 병적으로 매달렸다. 라스푸틴은 궁전 안팎에서 성추행·성폭행·공연음란·주취난동 등 온갖 기행을 저질러 언론의 관심을 끌었다. 황후와 동침한다는 소문까지 나돌았다. 라스푸틴의 기행은 그 정도에서 그치지 않았다. 자신을 '죄 없이 박해받는 예언자'로 여긴 황후를 움직여 내각 인사와 군사작전에 개입했다. 총사령관과 장관을 해임하게 하는가 하면 전선에 나간 니콜라이 2세가 작전계획을 수정하게 만들기까지 했다. 인사개입·알선수재·뇌물수수 등의 '국정농단'을 저지른 것이다.

귀족들은 나라가 망하게 생겼다고 탄식하면서 대책을 강구했다. 언론이 보도한 '라스푸틴 스캔들'을 보고 격분한 사람들이 황후를 내쫓으라고 시위를 벌이기도 했다. 그러나 차르와 황후는 꿈쩍도 하지 않았다. 1916년 12월 16일 밤, 황제의 가까운 친척을 비롯한 귀족들이 라스푸틴을 저택의 지하 연회장에 초대했다. 기괴한 인생을 살았던 라스푸틴은 죽을 때도 남달랐다. 청산가리를 넣은 케이크와 포도주를 먹고 마셨는데도 쓰러지지 않았다. 두 시간 넘게 겁에 질린 암살자는 기타를 연주했고 독극물을 마신 라스푸틴은 흥겹게 노래했다. 참다못한 암살자가 권총을 쏘았다. 라스푸틴이 배에 총알을 맞고도 계단을 뛰어올라 정원으로 나가자 이마에 대고 다시 총을 쏘았다. 경찰은 사흘 뒤 네바강의 얼음 밑에서 시신을 발견하고 살인사건의 전모를 밝혀냈다. 차르는 주범에게 가벼운 벌을 주는 정도로 사태를 무마했다.

라스푸틴이 황후에게 보낸 편지 가운데 "내가 죽거나 당신이 나를 버린다면 여섯 달 안에 아들과 제위를 잃을 것"이라고 쓴 편지가 있었다. 누가 그것을 아래와 같이 부풀려 퍼뜨렸다. 분량을 늘리고 내용을 과장했지만 취지는 오롯이 담아낸 그 예언은 두 달 후에 그대로 실현됐다.[■]

나는 1917년 이전에 생을 마감하리라 예감합니다. 내가 평범한 자객들, 러시아의 농민이나 당신이나 차르에게 죽는다면 겁날 게 전혀 없습니다. 차르는 수백 년 동안 러시아를 지배할 것이므로 후손의 미래를 걱정할 필요가 없습니다. 그러나 내가 귀족이나 특권층에게 죽는다면 그들은 러시아를 떠나게 될 것입니다. 러시아의 형

■ 조지프 푸어만 지음, 양병찬 옮김, 『라스푸틴』, 생각의힘, 2017, 364~365쪽. 저자는 문헌과 증언 등 신뢰할 수 있는 자료를 바탕으로 라스푸틴의 생애, 인격적 특성, 국정농단의 실상과 암살의 전모를 정밀하게 재구성했다.

제들이 폭동을 일으켜 서로 미워하며 죽일 것입니다. 만약 당신의 친척이 나를 죽인다면 황실 가문에서 2년 이상 목숨을 부지하는 사람은 단 한 명도 없을 것입니다.

1917년 3월 제정러시아는 썩은 나무처럼 쓰러졌다. 거대한 제국의 권력도 무너질 때는 믿을 수 없을 정도로 쉽게 무너진다. 그해 첫 두 달 동안 파업이 1,300건 일어났고 노동자 70만 명이 참가했다. 페트로그라드는 식량과 연료가 부족해 배급제를 실시했는데, 참전 병사의 아내와 여성 노동자들은 칼바람 속에 줄을 서서 기다리다가 흑빵 한 덩이를 겨우 받았다. 그런데 3월 7일(러시아력 2월 22일) 작은 소동이 일어났다. 배급소의 빵이 떨어져 빈손으로 돌아가게 된 여성들이 식료품점을 턴 것이다. 3월 8일 사회주의 단체들이 '세계 여성의 날'을 선포하고 식량 배급을 요구하는 집회를 열었다. 사태는 하루가 다르게 심각해졌다. 페트로그라드 노동자 40만 가운데 절반이 파업에 참가했다. 그들은 붉은 깃발을 흔들며 차르를 비난하다가 얼어붙은 네바강을 건너 도심으로 진출했다. 페트로그라드 수비대와 경찰은 총을 쏘지 않았다. 장교들은 병사들이 시위에 동조한다는 사실을 알고 발포 명령을 내리지 않았다.

해가 진 뒤 비밀경찰이 시위 주동자를 잡아들였다. 정당의 간부들은 대부분 구금되거나 도망쳤다. 파업과 시위가 3월 11일 아침까지 이어지자 장교들이 발포 명령을 내렸다. 그러나 병사들은 그 명령을 거부했다. 허공에 총을 쏘다가 총구를 뒤로 돌렸다. 장교들은 도망쳤고 병사와 노동자들은 혁명군으로 변신했다. 겨울궁전 꼭대기에 붉은 깃발이 올랐다. 혁명군은 프랑스대혁명 때 파리 시민이 바스티유 감옥을 점령한 것처럼 피터앤드폴 요새 감옥을 장악했다. 내각은 총사퇴를 선언하고 차르에게 새 내각 구성을 건의했다. 두마 의원들이 어찌할 줄 모르고 허둥대고 있었을 때 서른여섯 살의 엘리트 정치가 알렉산드르 케렌스키가 말했다. "장관들을 체포하고 우체국, 전신전화국, 철도역, 정부 청사를 점령하라!"

두마가 임시집행위원회를 만들었다. '노동자·병사 대표 소비에트'도 임시집행위원회를 창설했다. 임시정부와 소비에트라는 두 개의 권력이 동시에 태어났다. 소비에트 임시집행위원회는 1905년의 『이즈베스티야』를 다시 발행했다. 니콜라이 2세는 상황의 심각성을 인식하지 못하고 제위를 동생 미카엘에게 물려준다는 성명을 내놓았다. 혁명군은 차르와 가족을 변방의 시골 마을에 구금했다. '2월혁명'이었다.

레닌, 싸우는 사람

제1차 세계대전이 터지자 러시아의 망명 혁명가들은 어느 나라에서도 안전하지 않았다. 레닌은 1914년 8월 7일 오스트리아 경찰에 붙잡혔다. 오스트리아 사회민주당 창립자 빅토어 아들러가 나서지 않았으면 살아남지 못했을 것이다. 아들러는 내무장관을 설득했다. 레닌을 풀어주라. 그는 러시아의 패전을 원한다. 차르 정부와 싸울 것이다. 우리의 국익에 도움이 된다.

레닌은 스위스로 도망쳤다. 남의 눈에 띄지 않게 살면서 책을 읽고 글을 썼다. 1916년『제국주의: 자본주의의 최고 단계』라는 책을 탈고했는데, 서문에서 홉슨의 『제국주의론』을 '주의 깊게 활용'했다고 밝혔으며 본문 곳곳에 홉슨의 견해를 인용했다. 그런데 그는 국민의 가처분소득을 높이는 경제정책과 민주주의 평화운동으로 제국주의 정책을 극복하자고 한 홉슨을 순진하다며 조롱했다.[■] 차르 정부의 검열을 의식하면서 쓴 그 책의 요지를 간단하게 추리면 이렇다. "자본주의는 높은 발전 단계에서 제국주의가 된다. 제국주의는 금융자본과 산업자본이 융합한 독점 단계의 자본주의로 식민지 없이는 존속할 수 없는 기생적 체제다. 세계를 이미 분할 점령했기 때문에 식민지를 재분할하려면 전쟁을 벌일 수밖에 없다. 제국주의는 본국의 프롤레타리아 상층을 매수하고 포섭해 혁명을 예방한다."

레닌은 러시아가 자본주의 후진국이라 사회주의혁명은 시기상조라는 멘셰비키의 견해를 비판하려고 홉슨의 이론을 써먹었다. 제국주의는 국가재정을 투입해 극소수 투자자와 기업의 이익을 지켜주는 정책이어서 사회적으로 불필요하고 국민경제에 해롭다는 것이 홉슨의 견해였다. 그것이 필연적이라고 주장하지 않았다. 그런데도 레닌은 홉슨의 이론을 비틀어 자신의 주장을 뒷받침하는 논거로 사용했다. 홉슨의 책을 읽지 않은 사람들은 그가 레닌과 같은 이론을 제시했다고 오해했다.

남의 논문을 정확하게 인용하고 해석하는 것은 레닌에게 전혀 중요하지 않았다. 자기가 하고 싶은 말을 하는 게 중요했다. "제국주의는 본국의 프롤레타리아 상층을 매수하고 포섭해 혁명을 예방한다." 레닌은 그 말을 하고 싶었다. 그래서 사회주의혁명

■ 블라디미르 일리치 레닌 지음, 이성인 옮김, 『제국주의』, 아고라, 2017, 184~100쪽.

은 선진 자본주의사회가 아니라 러시아 같은 '자본주의 세계체제의 약한 고리'에서 일어난다. 그게 법칙이다. 러시아 사회주의자는 당장 권력을 장악해야 한다. 패전은 혁명을 촉진한다. 따라서 사회주의자는 조국이 전쟁에 패배하게끔 노력해야 한다. 이것이 레닌의 주장이었다.

레닌은 특이한 사람이었다. 1870년 볼가강 근처 심비르스크에서 태어났는데, 타타르 태생인 할머니의 피를 물려받아 광대뼈가 나오고 콧대가 낮았다. 교육공무원이던 아버지는 그가 열여섯 살 때 과로로 사망했다. 자녀들에게 영어와 프랑스어를 가르친 어머니 마리아는 혁명운동 때문에 적어도 한 번씩은 체포됐던 여섯 남매를 뒷바라지하다가 1916년에 세상을 떠났다. 문학과 과학에 재능이 있던 형 알렉산드르는 1887년 알렉산드르 3세를 암살하려고 폭탄을 만들다가 발각되어 사형당했다. 볼가강 중류의 카잔대학교에서 법학과 정치경제학을 공부한 레닌은 황제 암살 미수범의 동생이라는 사실이 드러나 쫓겨나는 등 우여곡절을 겪은 끝에 법과대학을 졸업했다.

레닌은 법률사무소에서 일하면서 마르크스의 책을 읽고 러시아 정부의 경제 관련 보고서를 챙겨보다가 1892년 가을 페테르부르크에 들어갔다. '볼가 출신의 박식한 마르크스주의자'로 알려진 그는 노동자들에게 글을 가르치던 크룹스카야와 사랑에 빠졌다. 1895년 조그만 비밀결사에 지식 청년과 노동자를 모아 『노동자의 대의』라는 신문을 제작했지만 인쇄소를 덮친 경찰에 빼앗겼다. 별 성과도 없었던 활동 때문에 1년 넘게 구금당하고 3년 유배형을 받은 레닌은 시베리아 유배지에서 크룹스카야와 혼인했다.

레닌은 평생 누군가와 싸웠는데, 싸움 상대는 대부분 적이 아니라 노선이 다른 혁명가였다. 첫 번째는 나로드니키, 다음은 '합법 마르크스주의자'였다. 나로드니키는 테러를 일삼았고 차르를 암살했다. 그런데 마르크스주의자들은 보통 사람이 알아듣지 못하는 말로 그토록 위험한 나로드니키를 공격했다. 별로 위험해 보이지 않아 경찰이 단속을 느슨하게 하자 그 틈을 타 많은 청년들이 마르크스주의를 공부하고 토론했다. 레닌은 그렇게 형성된 '합법 마르크스주의'가 혁명에 반대하는 개량주의를 퍼뜨린다고 봤다.

레닌은 에두아르트 베른슈타인(Eduard Bernstein)을 비롯한 '수정주의자'와도 싸웠다. 독일 사회민주당의 베른슈타인은 자본주의가 파멸한다는 마르크스의 이론을 받아들이지 않았다. 기술이 발달하고 생산력이 높아지면 폭력혁명 없이도 사회주의로 이행할 수 있다고 주장하면서 의회활동을 통해 사회주의적 개혁을 추진하는 사회민주주의를 내세웠다. 공산주의사회를 건설하는 데는 매우 긴 시간이 걸릴 테니 자본주의체제의 붕괴를 기다리지 말고 합법적이고 평화적인 일상 활동으로 사회주의 개혁을 추진하자고 제안했다. 레닌은 유배 중인 혁명가들을 모아 러시아는 당장 혁명을 해야만 하고 또 할 수 있다는 선언문을 발표했다.

레닌은 시베리아 유배에서 풀려난 뒤 망명 사회주의자를 규합해 『이스크라(불꽃)』라는 정치신문을 만들었다. 20세기는 지식인의 시대였고 신문의 시대였다. 레닌은 러시아의 크고 작은 여러 공장에서 벌어진 사건의 정보를 편집부에 모으고 그것을 각지의 마르크스주의 서클과 혁명가들에게 퍼뜨렸다. 정보를 공유함으로써 사상을 통일하고 배포망을 활용해 세력과 조직을 구축하

것이다.

레닌은 민주주의를 경멸했으며 대중의 정서를 따르지 않았다. 무엇이든 노동자가 원하는 대로 하려는 사람들을 '꽁무니주의자'라고 비꼬았다. 민주적으로 운영하는 노동자 대중조직을 만들려고 한 혁명가들을 순진하다고 놀렸다. 노동자들 스스로 사회주의적 혁명 의식을 만들어낼 수 없기 때문에 '강철 같은 규율을 갖춘 혁명적 전위정당'이 그것을 가져다줘야 한다고 주장했다. '국가권력을 당장 장악하려는 목적의식'과 '사회주의혁명가의 전위정당' 없이는 혁명을 할 수 없다고 믿었다. 그는 민주적 대중정당이 아니라 전투적 비밀결사를 원했으며 이를 다음과 같이 표현했다.▪

> 민주주의를 하려면 완벽한 공개성을 확보하고 모든 직책을 선거로 뽑아야 한다. 독일 사회민주당은 당대회를 공개적으로 하니까 그럴 여지가 있다. 그러나 혁명 활동의 모든 분야에서 비밀을 지켜야 하는 조직에서 무슨 민주주의를 하겠는가? 누가 훌륭한 노동자인지 신원조차 모르는데 어떻게 민주적인 선거를 한다는 말인가? 멀리 서구에 망명해 일반론이나 가지고 노는 자들만이 '반민주적 경향'이니 어쩌니 하는 것이다. 전제의 암흑과 비밀경찰의 지배 아래서 당 조직의 '폭넓은 민주주의'란 백해무익한 장난감에 지나지 않는다. 완전한 동지적 상호신뢰가 민주주의보다 훨씬 위대하다.

1902년 겨울, '페라(펜)'라는 필명으로 『이스크라』에 빼어난

▪ 에드먼드 윌슨 지음, 김정민·정승진 옮김, 『핀란드역까지』, 실천문학사, 1987, 345쪽.

글을 보냈던 스물세 살 청년 레프 브론슈타인이 런던에 있는 레닌을 찾아왔다. 1905년에 페테르부르크 소비에트를 이끌고 1917년 '붉은 군대'의 총사령관이 될 사람, 트로츠키였다. 레닌은 그를 『이스크라』 편집진에 들여놓고 1903년 러시아사회민주노동당 제2차 당대회에서 주도권을 잡을 태세를 갖췄다. 벨기에 브뤼셀의 허름한 밀가루 창고에서 연 대회에는 대의원 43명이 의결권 51표를 가지고 참가했다. 레닌파는 22표밖에 없었지만 유대인 동맹 대표들이 자치권을 달라고 요구하다 퇴장하는 등 대의원들이 저마다의 불만을 이유로 대회장을 떠난 탓에 끝까지 남아 다수파가 됐다. 레닌이 자기네를 볼셰비키, 반대파를 멘셰비키라고 이름 붙인 것도 이때였다.

볼셰비키혁명

1917년 봄 러시아는 혼돈에 빠졌다. 두마의 왕당파 의원들은 전쟁을 계속하려 했다. 소비에트를 장악한 멘셰비키는 자유주의자의 권력 장악을 용인했지만 입헌민주당의 자유주의자들은 소비에트를 불편하게 여겼다. 임시정부 수반 케렌스키는 전쟁을 당장 끝내라는 소비에트의 요구를 거부했다. 레닌은 핀란드역에 들어온 이튿날 발표한 「4월 테제」에서 모든 권력을 소비에트로 모으고 임시정부에 대한 지원을 중단하자고 제안했다. 소비에트가 지주의 재산과 땅을 몰수하고 모든 생산시설을 장악해야 한다고 주장했으며 러시아사회민주노동당의 이름을 공산당으로 바꾸자는 제안도 덧붙였다.

레닌은 혼자 혁명을 하려는 사람 같았다. 지지하는 개인이나 조직이 하나도 없어서 「4월 테제」를 개인 이름으로 발표했다. 몇 되지도 않은 볼셰비키 그룹의 동의를 받는 데만 한 달 가까운 시간을 썼다. 멘셰비키는 「4월 테제」를 미친 소리로 간주했고 혁명정부를 지키려면 전쟁을 계속해야 한다는 입장을 견지했다. 페트로그라드 말고는 볼셰비키가 주도하는 소비에트가 하나도 없었다. 6월 초에 개최한 노동자·병사 소비에트 전국대회에서 소속 정파를 밝힌 대의원은 777명이었는데, 볼셰비키는 105명뿐이었고 멘셰비키와 사회혁명당은 각각 248명과 285명이나 됐다.■

소비에트 전국대회는 압도적인 찬성으로 케렌스키의 임시정부를 지지했다. 그런데 임시정부는 스스로 무덤을 팠다. 독일군을 상대로 '6월 대공세'를 펴다가 참패한 것이다. 패잔병이 앞다퉈 전선을 이탈하자 볼셰비키는 임시정부를 무너뜨려 전쟁을 끝내자고 선동했다. 임시정부는 볼셰비키가 독일 정부의 활동자금을 받은 사실을 폭로하고 레닌이 독일 첩자라는 소문을 퍼뜨리면서 반격했다. 볼셰비키는 지하로 숨었고 레닌은 핀란드로 달아났다.

그때 트로츠키가 다시 나타나 전쟁 중단과 소비에트의 권력 장악에 찬성하는 연설을 했다. 임시정부는 트로츠키를 체포했고, 볼셰비키 그룹은 볼셰비키가 아니었던 그를 중앙위원으로 선출했다. 변변한 보급품도 없이 독일군과 싸워야 했던 병사들 사이에서 볼셰비키의 인기가 급등했다. 10월에 개최할 소비에트 전국대회의 대의원을 뽑는 선거에서 노동자들도 볼셰비키에 몰표를

■ 레온 트로츠키 지음, 볼셰비키그룹 옮김, 「러시아 혁명사」, 아고라, 2017, 386쪽.

던졌다. 임시정부 최고사령관 라브르 코르닐로프(Lavr Kornilov)가 전선의 군대를 끌고 와서 일으킨 8월의 쿠데타도 볼셰비키에게 유리하게 작용했다. 케렌스키는 급히 트로츠키를 풀어줬고 트로츠키는 철도노동자를 움직여 열차를 세웠다. 쿠데타군의 수도 진입을 막은 그는 페트로그라드 소비에트 의장이 되어 군사혁명위원회를 설치하고 군대를 창설했다.

트로츠키는 1879년 우크라이나에서 유대계 농민의 아들로 태어나 흑해의 항구 오데사에서 학창시절을 보냈다. 수학과 작문에 재능이 있고 전제정치를 혐오한 그는 나로드니키로 혁명운동을 시작해 마르크스주의자가 됐다. 여러 차례 경찰서를 드나들다 유배형을 받았고 시베리아 유배지에서 여섯 살 연상의 알렉산드라와 혼인했다. 유배지를 탈출해 런던의 레닌을 찾아갔던 그는 볼셰비키와 멘셰비키 진영을 오갔지만 중요한 갈림길에서는 매번 레닌 편에 섰다. 레닌이 케렌스키를 피해 핀란드로 도망가 있는 동안 볼셰비키를 명실상부한 다수파로 키웠고, 귀족·지주·멘셰비키와 사회혁명당 우파가 외국의 지원을 받으며 혁명정부를 공격했을 때는 '붉은 군대'를 지휘해 내전을 승리로 이끌었다.

볼셰비키가 군대를 보유한 거대 세력으로 거듭난 10월, 노동자·병사 소비에트 전국본부는 제정시대 귀족의 딸들이 다니던 네바강 변의 스몰니학원에 있었다. 아래층 큰 홀에서는 남루한 옷을 입은 노동자와 병사들이 싸구려 음식을 게걸스럽게 먹으며 떠들다가 마룻바닥에 쓰러져 잠을 잤다. 낡은 러시아의 밑바닥에서 혼돈에 빠진 권력의 꼭대기로 올라온 사람들이었다. 위층 식당에서는 잘 차려입은 멘셰비키 신사들이 버터 바른 빵을 먹으면서 '아래층 것'들을 험담했다.▪▪ 대의원 선거에서 참패한 멘셰비키는 한 달 가까이 노동자·병사 소비에트 대회를 미루고 있었다.

그런 상황에서 레닌이 페트로그라드에 잠입해 볼셰비키를 불러 모았다. 그들은 무엇을 할지는 나중에 논의하고 일단 권력을 차지하자고 결의했다. 그것은 어려운 일이 아니었다. 11월 7일(러시아력 10월 25일) 새벽, 소비에트의 '붉은 군대'와 페트로그라드 수비대가 수도를 장악했다. 제2차 노동자·병사 소비에트 전국대회는 혁명의 승리를 선포했고 레닌은 '노동자 농민의 정부' 인민위원장이 됐다. 케렌스키는 한동안 숨어 지내다가 서유럽으로 망명했다. 볼셰비키는 손쉽게 권력을 장악했다. 이 사건을 '10월혁명' 또는 '볼셰비키혁명'이라고 한다.

그러나 이 혁명은 아직 성공한 게 아니었다. 왕당파부터 자유주의자와 멘셰비키까지 볼셰비키를 제외한 모든 정치세력이 총을 들고 일어났으며, 서유럽 열강은 '러시아의 불온한 혁명'을 목 조르기 위해 그들에게 무기와 병력을 지원했다.

제정시대의 장교와 귀족, 자본가와 지주들이 가장 먼저 반기를 들었다. 제정시대에 일정한 자치권을 누렸던 돈강과 볼가강 유역 코사크 군인들도 반혁명에 가담했다. 레닌은 1918년 1월 제3차 소비에트 전국대회를 소집해 '자유로운 민족들의 연합에 기초를 둔 노동자·병사·농민 소비에트공화국' 수립을 선포하고 '노동자와 농민의 붉은 군대'를 창설했다. 최초의 사회주의국가 소련(소비에트사회주의공화국연방)이 탄생한 것이다. 전쟁을 벌이던 연합국과 동맹국 진영 모두 소비에트 정부를 적으로 간주했다.

■■　존 리드 지음, 장영덕 옮김, 『세계를 뒤흔든 10일』, 두레, 1986, 56~58쪽. 이 책은 미국인 기자 존 리드가 페테르부르크에서 목격한 볼셰비키혁명의 르포로, 1919년 1월 뉴욕에서 초판이 나왔다.

소비에트 정부가 생존할 가능성은 희박했다. 연합국은 레닌의 전면적 임시 휴전 제안을 거절했다. 레닌이 단독으로 협상에 나서자 독일은 과도한 조건을 내세웠다. 소비에트 간부들은 굴욕적이라며 반대했지만 레닌은 1918년 3월 브레스트리토프스크(지금의 폴란드)에서 독일과 강화조약을 맺었다. 폴란드와 우크라이나를 독일에 넘기고 러시아령 핀란드를 포기하며 거액의 전쟁배상금을 지불한다는 내용이었다. 레닌이 결과를 예측하고 그토록 수치스러운 합의를 했는지는 모르겠지만, 그 조약은 몇 달 지나지 않아 독일의 패전으로 효력을 잃었다.

프랑스와 영국은 혼자 전선에서 빠져나간 러시아의 배신행위를 응징하려고 반혁명군을 은밀하게 지원했다. 볼셰비키와 손잡고 오스트리아와 싸우던 '체코 군단'이 '붉은 군대'와 무력 충돌한 1918년 5월에는 체코인을 구출한다며 내놓고 병력을 파견했다.■■■ 서쪽에는 프랑스와 영국 군대가 들어왔다. 동쪽에서는 일본군이 블라디보스토크에 상륙한 데 이어 영국·프랑스·미국 군대가 진입했다. 반혁명군과 연합국 병력은 우크라이나·중앙아시아·시베리아를 점령하고 소비에트 정부를 포위했다.

이때 트로츠키가 또 문제를 해결했다. 소비에트 정부가 토지를 분배하자 많은 농민이 입대했는데 그들은 군사훈련을 받은 적이 없었다. 총사령관 트로츠키는 제정러시아의 장교들을 발탁했다. 병사들에게 무조건 복종을 요구하고 군기를 위반한 자는 무자비하게 처벌했다. 3만여 명의 제정러시아 장교를 받아들인 500만

■■■ 체코공화국 첫 대통령이 된 마사리크가 이끌었던 체코 군단의 활약과 반란에 관해서는 『세계 속의 러시아혁명』(한정숙 외 지음, 한을아카데미, 2019), 7장을 참고했다.

'붉은 군대'는 곧바로 전세를 뒤집어 1920년 가을까지 반혁명 연합군을 완전히 제압했다.[■] 패전한 독일과 오스트리아는 공화국으로 체제를 전환했고 승전국들도 전쟁 피해를 복구하느라 러시아 내전에 참견할 여유가 없었다. 볼셰비키는 내전을 끝냄으로써 최초의 사회주의혁명을 완결했다.

볼셰비키혁명은 러시아뿐만 아니라 세계 전체를 바꿨다. 소련은 민족자결, 반제국주의, 식민지 해방을 내세워 중국·인도·조선·베트남 등 식민지 종속국의 민족해방투쟁을 북돋웠다. 서유럽과 다른 방식으로 산업화를 추진했고 동유럽을 사회주의세계로 편입했으며 아시아·아프리카·라틴아메리카에 소련 모델을 전파했다.[■■] 사회주의 중국과 함께 국제사회에 50년 냉전체제를 형성하고 세계 최강 미국과 군사력 대결을 벌였다.

이카로스의 추락

16세기 영국인 토머스 모어는 『유토피아』에서 이상적인 사회를 그렸다. 유토피아의 시민들은 재산을 공동으로 소유하고 수공업과 농업에 종사한다. 생산한 물건은 누구나 필요한 만큼 갖다 쓸 수 있고 공무원은 선거로 뽑는다. 인류 문명의 최전선이었던 19세기 서유럽에서 모어의 꿈이 되살아났다. 산업혁명으로 생산력이 빠르게 발전했고 군주제와 신분제를 없앤 자리에 개인의 자유와

■　'붉은 군대'의 성장과 내전 양상은 『러시아혁명』(E. H. 카 지음, 유강은 옮김, 이데아, 2017), 27~40쪽을 참고해 서술했다.
■■　볼셰비키혁명의 국제적 영향에 관해서는 한정숙 외 지음, 앞의 책, 35~49쪽을 참조했다.

인권을 보장하는 민주주의를 수립했다. 그러나 노동자는 중세 농민보다 더한 가난과 고통을 겪었고 거리에는 구걸하는 아이들이 넘쳐났다. 오언·생시몽·푸리에 같은 '공상적 사회주의자'들은 사유재산제도를 사회악의 근본 원인으로 지목했다. 마르크스는 자본주의체제가 자체 모순으로 붕괴하고 공산주의사회가 도래하는 것이 역사의 필연이라고 주장했다. 인간에 대한 인간의 착취가 사라지고 사회가 '자유로운 개인의 자발적인 연합체'가 되는 꿈을 꿨다. 아름다운 꿈이었다.

레닌과 볼셰비키는 말과 글로만 존재하던 꿈을 실현하려고 했다. 그러나 그들이 만든 세상은 꿈과 달랐다. 소련은 유토피아가 아니었다. 예전과는 다른 사람들이 예전과는 다른 명분을 내세워 예전과는 다른 방식으로 인간을 억압하고 착취했다. 소수정파 볼셰비키를 권력의 정점에 올려 세웠던 러시아혁명의 전개과정과 결과는 사회의 기본질서를 완전히 바꾸는 사회혁명에 관해 몇 가지 생각할 거리를 안겨줬다.

첫째, 사회혁명은 구체제가 스스로 무너진 뒤에 일어났다. 기존 권력보다 더 강력한 힘이 혁명을 일으킨 게 아니었다. 러시아는 강력한 군대와 행정조직을 보유한 제국이었다. 알렉산드르 2세와 스톨리핀처럼 영민하고 유능한 권력자가 최소한의 개혁을 실시해 민중의 마음을 붙들었다면 그런 혁명은 없었을 것이다. 니콜라이 2세는 민중의 신뢰와 존경을 스스로 짓밟았고 병사들의 충성심을 자기 발로 걷어찼다. 2월혁명을 이끈 임시정부 수반 케렌스키도 마찬가지였다. 레닌과 볼셰비키는 구체제를 무너뜨리지 않았다. 구체제는 스스로 무너졌고, 주인 없는 권력을 그들이 집어 들었을 뿐이다. 혁명의 적은 탄압이 아니라 개혁이다. 필요한 개혁을 제때 하면 혁명은 일어나지 않는다.

둘째, 사회혁명은 구체제보다 더 강력한 중앙집권 체제를 낳았다. 프랑스대혁명, 러시아혁명, 중국혁명이 모두 그랬다. 소련 공산당 서기장은 차르보다 더 강력한 권력을 행사했고 차르보다 더한 개인숭배를 받았다. 소련의 정치체제는 제정러시아와 비교할 수 없을 만큼 중앙집권적이었다. 공산당은 행정·입법·사법을 장악하고 언론·교육·문화·예술을 비롯한 사회의 모든 영역을 통제했다. 레닌이 창설한 '체카(Cheka)'부터 1954년에 만든 국가보안위원회(KGB)까지, 소련의 비밀경찰 조직은 국민 전체를 감시하면서 공산당의 권력 독점을 비판하는 사람을 모조리 가두고 납치하고 죽였다. 노동조합을 공산당의 하위조직으로 전락시켰고 집단농장을 만들어 농민의 토지 소유권을 빼앗았다. 중화학공업과 군수산업을 발전시키려고 소비자인 노동자와 농민을 착취했다.■

셋째, 사회혁명은 열병과 같아서 사람들은 상상하기 어려울 정도로 잔혹한 행위를 했다. 혁명군은 차르 니콜라이 2세와 가족을 중앙아시아 변방 예카테린부르크의 민가 지하실에서 총살했고 외국으로 탈출하지 않은 귀족을 거의 다 죽였다.

레닌은 1922년 봄에 뇌졸중으로 쓰러져 1924년 초 사망했는데, 마지막 1년은 말을 하지 못했다. 뇌졸중 발작이 오기 직전 이오시프 스탈린(Iosif Stalin)을 후임자로 지명했지만 실수였음을 깨닫고 아량이 넓은 인물로 교체하라고 당부하는 유언장을 썼다.

■ 볼셰비키혁명의 정치적 결과는 『국가와 사회혁명』(테다 스코치폴 지음, 한창수·김현택 옮김, 까치, 1981), 242~250쪽을 참조했다.

조지아 출신 스탈린은 혁명 과정에서 크게 활약한 바 없었지만 공산당 집단지도체제에서 여러 직책을 맡으며 세력 기반을 만들었다. 크룹스카야는 남편이 죽은 직후 공산당 고위간부들에게 유언장을 공개했고 스탈린은 사임 의사를 밝혔지만 간부들이 그를 권좌에 붙잡아두었다.

스탈린은 권력을 공고히 하려고 레닌의 시신을 모독했다. 어머니 무덤 옆에 묻히기를 바란 레닌의 뜻을 무시하고 시신을 방부 처리해 붉은광장 옆 크렘린 성벽의 화강암 묘에 안치했다. 과학자들에게 레닌의 천재성을 연구시킨다며 뇌를 수만 조각으로 잘라 레닌연구소에 보관하게 했다. 트로츠키의 직책을 빼앗고 국외로 추방했다. 1928년부터 농촌을 사회주의 집단농장으로 바꿨는데, 땅을 남보다 많이 가지고 있었다는 이유로 자영농 수백만 명을 죽였다. 피해자들에게는 '인민의 적' '반당분자' '국제 파시스트의 앞잡이' '트로츠키주의자' 따위의 불명예를 씌웠다.

스탈린은 당의 통일성을 이룬다는 명분을 내세우며 1937년과 1938년에 139명의 공산당 중앙위원회 위원 가운데 102명을 총살했다. 고참 혁명가와 당의 간부만 숙청한 게 아니었다. 비밀경찰이 체포한 '반혁명분자' 150만 명 가운데 절반을 총살했고 200만 명을 강제노동수용소에 가뒀다.■■ 터키와 프랑스의 여러 도시를 떠돌며 스탈린 체제를 비판하는 책을 쓰던 트로츠키는 1940년 8월 멕시코의 화가 프리다 칼로(Frida Kahlo)의 집에서 살해당했다. 암벽등반용 곡괭이로 그의 머리를 내리친 바르셀로나

■■ 스탈린의 집권 과정과 대숙청은 『혁명의 러시아 1891~1991』(올랜도 파이지스 지음, 조준래 옮김, 어크로스, 2017), 8장과 13장을 참조했다.

출신 스탈린주의자는 암살의 배후를 말하지 않았고 멕시코 법원은 징역 20년 형을 선고했다. 소련 정부는 형기를 마친 암살자에게 영웅 훈장을 줬다.[■] 볼셰비키혁명의 주역 대부분이 비참한 최후를 맞았다.

1941년 6월 독일군의 침공에 맞서 모습을 드러낸 소련군은 제정러시아의 군과 완전히 달랐다. 처음에는 고전했지만 모스크바 공방전에서 강력한 중화기로 독일군에게 참패를 안겼다. 전쟁이 끝난 뒤에는 이념과 군대의 힘으로 동유럽을 장악했고 핵폭탄을 개발해 미국과 맞섰다. 유인우주선을 미국보다 먼저 지구 궤도에 올렸다. 그러나 그 모든 것은 일시적 성공에 지나지 않았다. 소련 사회 내부에는 오랜 세월 심각한 모순과 부조리가 쌓였다.

볼셰비키는 억압과 불평등이 없는 이상사회를 향한 갈망을 품고 전제정치와 싸웠다. 폭력으로 권력을 장악해 그 이상을 실현하려고 했다. 그러나 그들의 '위대한 실험'은 끔찍하고 허망한 실패로 끝났다.

이유는 둘로 요약할 수 있다. 첫째는 공포정치였다. 그들의 이념적 스승이었던 마르크스는 서유럽 민주주의사회가 내세운 '개인의 자유'를 냉소적으로 비판했지만 자유의 가치를 부정하지는 않았다. 경제적으로 불평등한 사회에서 개인의 자유란 지배계급의 이데올로기에 지나지 않는다고 비판하면서 모든 이가 온전하게 자유를 누리는 사회에 대한 희망을 피력했다. 그런데 레닌이 기초를 닦고 스탈린이 건축한 소련 정치체제는 개인의 자유

■ 박노자 지음, 『러시아 혁명사 강의』, 나무연필, 2018, 75쪽. 혁명 이후 세대인 저자는 이 책 제2강 「레온 트로츠키, 영구적인 세계 혁명을 위하여」에서 트로츠키를 알게 된 과정과 그에 대한 감정을 흥미롭게 서술했다.

그 자체를 말살했다. 둘째는 경제의 비효율이었다. 소련의 중앙
통제 계획경제는 너무나 비효율적이어서 오래도록 지속할 수 없
었다.

　소련의 권력자와 공산당은 혁명의 이상을 스스로 짓밟았다.
레닌 같은 인물이 몇십 년 늦게 태어났다면 솔제니친이나 사하로
프보다 더한 반체제 투사가 됐을지 모른다. 볼셰비키혁명과 소련
의 해체 과정은 이카로스의 신화를 떠오르게 한다. 크레타섬에 미
노타우로스를 가둘 미궁을 만든 다이달로스는 아들 이카로스의
등에 밀랍으로 날개를 붙여주면서 적당한 높이로 날아야 바다의
습기와 태양의 열기를 피할 수 있다고 가르쳤다. 그러나 비상의
쾌락에 취한 이카로스는 너무 높이 올랐다가 밀랍이 녹아 바다에
빠져 죽고 말았다. 밀랍이 태양열을 견디지 못한 것처럼, 볼셰비
키의 이상주의는 권력의 쾌락을 이겨내지 못했다. 사회혁명으로
바꿀 수 없는 생물학적 본성이 호모사피엔스에게 있다는 사실을
그들은 미처 몰랐던 듯하다.

자유방임 시장경제의 파산

1929

1933

1936

1939

10월 24일
끔찍한 목요일
이날 이후 열 달 동안
뉴욕의 주가가 폭락을
거듭하며 8분의 1
수준까지 내려갔고,
1939년까지
지속됐다.
'대공황'이라고도
부른다.

3월
미국 경제 바닥
실업률, 국민총생산,
세계 교역량이 최저로
떨어졌다. 이에
프랭클린 루스벨트
대통령이 국가를
'최후의 보증인'으로
내세워 금융 산업의
혼란을 잠재우는
'대증요법'을 이용해
경제 활력을 되살렸다.

『고용·이자 및 화폐의
일반이론』출간
존 메이너드 케인스의
저서로 고전 경제학
이론의 혁명적 전환을
다룬다. 이에 대한
공로를 인정받아
'케인스혁명'이라고
불린다.

9월 1일
제2차 세계대전

프랭클린 루스벨트
Franklin Roosevelt,
1882~1945

존 메이너드 케인스
John Maynard Keynes,
1883~1946

1946 1947 1995

월 2일
제2차 세계대전 종전

6월 25일
세계은행(IBRD)
개시

3월 1일
국제통화기금(IMF)
출범

1월 1일
세계무역기구(WTO)
출범

뉴욕의 '끔찍한 목요일'

1929년 10월 24일 목요일 아침, 미국 뉴욕 월스트리트 증권거래소가 문을 열었다. 모든 것이 여느 때와 다름없이 평화로웠다. 그날이 '끔찍한 목요일(Black Thursday)'이 될 줄은 아무도 몰랐다. 오전에 주식가격이 일제히 내렸지만, 한 달 전부터 비슷한 일이 여러 차례 있었던 터라 사람들은 크게 놀라지 않았다. 그러나 얼마 지나지 않아 이번은 다르다는 사실이 드러났다. 거의 모든 종목의 주식가격이 떨어졌고 하락 폭은 갈수록 커졌다.[■]

월스트리트의 고층 빌딩 옥상에 어떤 남자가 나타나자 구경꾼이 구름처럼 모였다. 남자는 죽으려고 올라간 게 아니었는데도 사람들은 곧 뛰어내리리라 생각했다. 터무니없는 오해는 아니었다. 파산한 투자자의 자살 사건이 꼬리를 물고 일어났다. 막판에 은행과 투자회사들이 자금을 총동원해 폭락세를 가라앉혔지만 어제까지의 열광적이던 분위기는 완전히 사라졌다. 닷새 뒤 화요일에는 더 강력한 폭락의 파도가 덮쳐 주가지수를 반토막 냈다.

'끔찍한 목요일' 이후 열 달 동안 뉴욕의 주가는 폭락을 거듭하면서 8분의 1 수준까지 내려갔다. 주가 폭락의 파도는 태평양과 대서양을 건너 런던·파리·베를린·도쿄의 증권거래소를 집어삼켰다. 세계 모든 도시와 산업이 곤두박질했다. 자본주의 또

■   프레더릭 루이스 앨런 지음, 신범수 옮김, 『1929, 미국 대공황』, 고려원, 1992, 334~341쪽.

는 시장경제 체제는 19세기부터 여러 차례 심각한 불황을 겪었지만 그토록 길고 파멸적이고 세계적인 불황은 처음이었다. 그래서 그것을 대공황(大恐慌, Great Depression)이라고 한다. 단 한 번 있었던 일이어서 첫 글자를 대문자로 쓴다.

제1차 세계대전 이후 세계는 대체로 평화로웠다. 산업시설이 잿더미가 되고 엄청난 액수의 전쟁배상금까지 짊어진 독일이 최악의 경제난에 허덕이고 아시아·아프리카·라틴아메리카의 식민지·종속국 민중은 제국주의 지배에서 벗어나려 몸부림쳤지만, 미국과 유럽 선진국의 경제는 호황이었다. 강대국들이 군비확장 경쟁을 벌이기는 했어도 당장 전쟁이 날 낌새는 없었다. 세계경제의 주도권을 거머쥔 미국의 기업들은 유럽의 전후 복구사업에 투자해 큰 수익을 얻었다.

미국 사회가 조용했던 것은 아니다. 보수주의자들은 야단스러운 반공 캠페인으로 소련을 향한 대중의 반감을 부추겼고, 백인우월주의 단체 'KKK'가 인종주의 테러를 저질렀다. 알 카포네의 시카고 마피아를 비롯한 갱단이 밀주·마약·성매매 사업의 이권을 두고 살벌한 전쟁을 벌였다. 그렇지만 미국 사회는 전례 없는 번영을 누렸다. 신문과 잡지 산업이 번창했고 라디오가 새로운 미디어로 등장했다. 자동차가 중산층 가정의 필수품이 됐고 대도시 중심에 고층 빌딩 숲이 생겼으며 플로리다를 비롯한 시골 지역에 전원주택 건설 붐이 일었다. 대중은 각종 프로 스포츠와 미인대회에 열광했다.

대공황은 그 모든 기술적 발전과 사회적 진보의 상징인 뉴욕 증권거래소를 가장 먼저 때렸다. 경제위기가 예고 없이 들이닥친다는 사실을 지금은 누구나 안다. 하지만 그때는 세계 최고 수준의 경제학자도 몰랐다. 모든 것이 그러듯 경제도 움직인다. 좋은 때도 있고 나쁜 때도 있다. 좋은 때는 간단히 호황(boom, prosperity)이라 하지만, 나쁜 때를 가리키는 말은 정도에 따라 달라진다. 침체(recession)는 가볍고 불황(depression)은 심각하다. 불황이 갑자기 찾아와 모든 경제주체가 공포에 빠지면 공황(panic)이고, 그런 상태가 오래 이어지면 위기(crisis)라고 한다. 대공황은 이례적으로 깊고 길게 이어진 불황이었다.

자본주의 경제체제는 몇백 년 동안 호황과 불황을 되풀이했으며 지금도 마찬가지다. 그러나 경제학자들은 경기변동의 원인이 무엇인지 합의하지 못했다. 서로 다른 진단과 처방을 내놓고 저마다 자기 의견이 옳다고 주장한다. 앞으로도 영원히 합의하지 못할 것이다. 불경기 또는 공황이 닥칠 것이라고 예측한 이는 있었다. 하지만 그것이 1929년 10월 24일에 시작된다거나 그토록 심각하고 오래 이어지리라고 내다본 사람은 없었다. 대공황이 끝난 뒤에도 원인을 분명하게 밝히지는 못했다. 미국 정부의 금융정책 실패, 여러 우발적 사건의 중첩, 시장경제의 구조 결함 등 여러 일리 있는 분석이 나왔지만 어느 것도 대공황의 원인과 전개과정을 완전하게 설명하지는 못했다. 그러니 이론은 제쳐두고 대공황 이전의 세계경제 상황을 보여주는 데이터와 역사적 사실 몇 가지를 살펴보기로 하자.▪

제1차 세계대전 직후 세계경제는 짧은 호황을 누렸다. 1925년 4월 영국 정부는 파운드화와 금의 교환비율을 고정한 금본위제 복귀를 결정했고 미국과 프랑스 등 주요국이 참가해 국제금융 체

▪ 찰스 P. 킨들버거 지음, 박명섭 옮김, 『대공황의 세계』, 부키, 1008, 제3장과 제4장 참조.

제를 안정시켰다. 미국 금융회사들은 1920년대 중반 유럽과 라틴아메리카에 해마다 10억 달러 넘는 돈을 빌려줬다. 영국은 제조업 불황과 대규모 파업 등 장기 침체를 겪었고 일본은 1923년 간토(關東)대지진의 충격에서 벗어나지 못했다. 그러나 미국·호주·캐나다·프랑스·이탈리아 등은 호황을 누렸고, 식민지와 종속국의 농산물과 원료 생산도 크게 늘었다.

1925년부터 밀·사탕수수·면화·고무를 비롯한 농산물가격이 하락했다. 세계적인 농업 불황은 대공황 직전까지 이어졌으며 국제 농산물가격 지수는 절반 수준으로 떨어졌다. 농산물과 원료 가격이 떨어져 생산비를 절감할 수 있게 되자 기업들은 환호했다. 그러나 소비자인 농민의 소득이 감소하는 것이 기업에 꼭 좋은 일만은 아니었다. 당시 미국에서는 국내총생산의 25%를 농업이 담당했다. 1920년대 후반에는 건축 경기가 하향세를 보였고 1929년 들어서는 공업생산량 증가세가 멈췄다. '실물경제'가 침체 조짐을 드러낸 것이다.

그런데 뉴욕 증권거래소의 분위기는 딴판이었다. 모든 산업 분야, 모든 기업의 주식가격이 오르기만 했다. 일확천금과 인생 역전의 무대는 캘리포니아의 금광에서 뉴욕 월스트리트로 옮아갔다. 처음에는 의사와 변호사 등 고소득 전문직 종사자들이 주식을 샀고 상인과 사무직 노동자들이 뒤를 따랐다. 주식으로 벼락부자가 된 점원과 간호사 이야기가 미디어에 나돌자 트럭 운전사, 공장노동자, 가정주부가 뛰어들었다. 대공황이 터진 시점에서 주식에 투자한 미국 시민은 100만 명이 넘었다. 자기 돈만 투자한 게 아니었다. 땅과 집을 담보로 은행에서 대출한 돈으로 투자했고, 주식을 담보로 대출을 받아 더 많은 주식을 샀다.

　　호경기가 언젠가 끝나리라는 것은 누구나 알았지만 그게 언제일지는 아무도 몰랐다. 1929년 10월 24일이 바로 그때였다. 그날 오전 호황의 종말이 임박했음을 예감한 투자자들은 남보다 한 발 먼저 주식을 팔아 이익을 실현하거나 손실을 줄이려고 했다. 그러자 예측은 곧바로 현실이 됐다. 자산 가치가 비누거품처럼 꺼지자 주식을 담보로 은행 돈을 빌린 사람들이 먼저 파산했고 부동산 담보 대출을 받은 사람들은 땅과 집을 빼앗겼다. 대출금을 회수하지 못한 은행이 쓰러지자 기업과 개인의 예금통장이 휴지조각으로 변했다. 시민들은 그런 사태를 피하려고 예금을 인출해 개인금고에 넣었다. 멀쩡한 은행들이 일시에 몰려든 예금 인출 요구를 감당하지 못해 문을 닫았다. 그때는 주식시장의 거래 제한 규정이나 예금 보호 제도가 없었다. 연방준비은행(FEB)이 1913년에 출범했지만 은행의 연쇄파산을 막을 만한 권한이 없었다. 금융 시스템이 마비되자 기업 도산의 회오리가 불어닥쳤다.

남아도는 오렌지, 굶주리는 아이들

대공황은 어느 개인이나 집단에 책임을 물을 수 없는 사건이었다. 투자자는 주가가 오를 것 같으면 사고 내릴 듯하면 팔았다. 자산을 잃은 시민들은 소비 지출을 줄였다. 물건이 덜 팔리자 기업은 생산량을 줄이고 노동자를 해고했으며 신규 투자를 유보했다. 사람들은 저마다 '합리적'으로 행동했다. 그러나 결과적으로 모두가 불행해졌다.

　　상점과 창고에는 식료품이 쌓였는데 굶주린 사람들이 거리의 쓰레기통을 뒤졌다. 공장과 기계는 멀쩡했고 노동자도 일하고 싶어 했지만 기업인은 공장을 돌릴 수 없었다. 부자의 금고에는 화폐가 가득했지만 어디에도 투자할 만한 곳이 없었다. 야적장에는 석탄이 산더미였지만 가난한 사람들은 난방을 하지 못하고 겨울을 견뎌야 했다. 캘리포니아의 농장주들이 석유를 뿌려 멀쩡한 오렌지를 폐기하던 바로 그 시각 뉴욕 빈민가의 아이들은 영양실조로 죽어갔다. 모두가 손해를 본 것은 아니었다. 어떤 이들은 파산한 경쟁 기업을 헐값에 사들이고 가격이 바닥에 떨어진 주식을 매집해 더 큰 부자가 됐다. 생존한 기업은 더 막강한 시장 지배력을 손에 넣었다. 한편에 가난과 절망이 켜켜이 내려앉는 동안 다른 한편에는 더욱 막대한 부가 쌓였다.

대공황은 시장경제의 특성과 결함을 명백하게 드러냈다. 시장은 인간의 '필요(need)'가 아니라 지불능력이 있는 소비자의 '수요(demand)'에 응답한다. 아무리 절박해도 가난한 사람의 요구는 경청하지 않으며, 돈을 가진 고객의 요구는 무엇이든 들어준다. 무일푼의 실업자는 아이들 먹일 감자를 구할 수 없었지만 부자가 반려견에게 스테이크를 먹이는 데는 아무 어려움이 없었다. 대도시 빈민구호소 앞에 길게 늘어선 실업자들은 돈만 없었던 게 아니다. 자존감도 가족을 볼 낯도 미래에 대한 희망도 잃어버렸다. 일자리를 달라고 시위를 해도 소용이 없었다. 정부는 공산주의자들이 배후에서 조종한다며 경찰과 군대를 동원해 진압했다. 1932년에는 1만 명이 넘는 퇴역군인들이 워싱턴에 모여 연금을 앞당겨 지급하라고 요구했지만 정부는 응답하지 않았다. 나쁜 마음을 품거나 관심이 없어서 그랬던 게 아니다. 대통령과 장관도 대처법을 몰랐다.

대공황은 금융거래와 상품교역의 통로를 따라 세계로 퍼졌다. 미국 소비자는 유럽 상품을 구입하지 못했고 금융기업은 유럽 투자를 줄였다. 유럽 상품의 미국 수출이 줄어들자 미국 상품의 유럽 수출도 감소했다. 모든 나라가 수출을 장려하면서 관세·비관세 장벽을 높여 수입품의 국내시장 진입을 억제하자 세계 교역량이 급감했다. 무역수지 또는 경상수지는 총액이 균형을 이루면 된다. 그런데도 미국과 유럽 산업국들은 모든 무역 상대국에 대해 수지 균형을 이루려고 했다. 그럴수록 세계 교역량은 더 줄었고 모든 국민경제가 더 깊은 불황에 빠졌다. 저마다 자기만 살겠다고 발버둥 쳤더니 모두가 더 어려워진 것이다.

만인이 저마다 자기 욕망을 충족하게끔 허용하면 '보이지 않는 손'이 사회 전체의 부를 최대로 키워준다고 한 애덤 스미스(Adam Smith)의 이론은 틀리지 않았다. 19세기의 자유방임 자본주의는 생산력을 비약적으로 끌어 올렸다. 스미스의 이론은 지금도 '대체로' 옳다고 할 수 있다. 뉴욕·베를린·파리·베이징·서울 같은 도시의 시민들은 냉난방이 되는 집에 살면서 아침에는 신선한 우유와 커피를 마시고 세 끼 밥을 먹는다. 날씨와 취향에 맞는 옷을 입고 일터를 오가며, 시간을 쪼개어 운동을 하고, 저마다의 취미활동을 즐긴다. 다들 자기 자신과 가족의 행복을 생각하며 살아간다. 아무도 그 도시 거주자의 일상 전체를 계획하지 않으며 누구에게도 무엇을 하라고 명령하지 않는다. 그래도 별문제가 없다. 도시뿐 아니라 사회 전체가 그렇다.

자본주의사회의 경제 주체는 셋으로 나눌 수 있다. 민간가계는 최대 만족을 얻기 위해 심사숙고하면서 소득의 일부를 소비하고 일부를 저축한다. 기업은 소비자의 호감을 살 수 있는 재화와 서비스를 저렴하게 생산·공급하려고 노력한다. 정부는 사회에 필요하지만 시장이 효율적으로 공급하지 못하는 공공서비스 분야를 책임진다. 민간가계와 기업과 정부는 저마다 계획을 세우고 실행하며, 세 주체의 계획과 의사결정권은 법적·경제적 지위가 동등하다. 정부는 민간 경제주체의 계획을 통제하지 못한다. 시장경제는 '무계획경제'가 아니라 '분권적 계획경제'다. 아무도 계획을 세우지 않는 경제체제는 존재하지 않는다.

'보이지 않는 손'의 실체는 무엇인가. 단순하게 말하면 가격 변동을 매개로 한 '자동 조정 시스템'이다. 어떤 상품의 가격 하락은 공급량이 지나치게 많거나 수요량이 부족하다는 신호다. 가격이 내리면 소비자는 그 상품을 더 많이 찾게 되고 기업은 공급량을 줄인다. 이러한 조정과정은 공급과잉을 해소하는 새로운 균형가격이 형성될 때 끝난다. 어떤 상품의 가격이 오르면 소비자는 그 상품을 덜 찾게 되고 기존 기업은 생산량을 늘리며 새로운 공급자가 시장에 등장한다. 공급부족을 해소하는 새로운 균형가격을 찾으면 조정이 끝난다. 소비자가 반길 새 상품을 만들어내거나 기존 상품을 더 저렴하게 생산하는 기술을 개발하면 특별이윤을 얻을 수 있기 때문에 기업은 끝없이 혁신경쟁을 벌이고 사회의 생산력은 꾸준히 높아진다. 시장경제는 경쟁과 혁신을 통해 모든 재화와 서비스를 가장 적절하고 효율적으로 제공하는 체제다. 아무도 사회 전체의 생산 활동을 계획하거나 통제할 필요가 없으며, 좋은 목적으로 그렇게 하더라도 사회에 해를 끼칠 뿐이다. 대공황은 이러한 믿음을 흔들었다. '보이지 않는 손'은 '자본주의적 생산의 무정부성'을 가리키는 말 같았다.

경제학과 경제학자는 무기력했다. 당대의 최고 학자로 널리 인정받던 예일대학 교수 어빙 피셔(Irving Fisher)는 불황이 오래가지 않으리라 전망했고, 경제학자의 견해를 경청한 허버트 후버(Herbert Hoover) 대통령은 경기가 최악이던 1932년에 공황이 이미 끝났다고 주장했다. 당시 경제학의 통설을 따랐을 뿐이니, 그들을 비난할 수는 없다.

유럽 산업국들은 19세기 내내 주기적으로 불황을 겪었다. 그러나 통계학이 발전하지 않아서 호황과 불황의 정도와 양상을 확실하게 파악하기 어려웠다. 그 시기 경제학자들은 실증 연구가 아니라 추상적인 이론에 관심을 쏟았다.『인구론』의 저자 토머스 맬서스(Thomas Malthus)가 19세기 초에 총수요 부족 때문에 불황이 생긴다고 주장했다. 그러나 고전파 경제학자들은 생산에는 아무 기여도 하지 않으면서 오로지 소비만 하는 지주계급의 존재가 불황을 막아준다는 맬서스의 주장을 진지하게 받아들이지 않았다. 19세기 후반 대수학과 기하학을 들여와 경제학을 혁신한 '신고전파' 경제학자들도 마찬가지였다.

고전파와 신고전파를 묶어 '주류 경제학'이라 하자. 주류 경제학자들은 소비자인 노동대중을 빈곤에 묶어둔 탓에 자본주의가 필연적으로 '과잉생산 공황'에 빠지고 끝내 붕괴하고 만다는 마르크스의 주장을 '허튼소리'로 간주했다. 영국 경제학회는 과소소비 공황 이론에 동조했다는 이유로『제국주의론』의 저자 홉슨의 대학 강의 자격을 박탈했다. 그들은 19세기 초 프랑스 경제학자 장 바티스드 세(Jean-Baptiste Say)기 제출한 가선을 절대 진리로 여겨졌다. 오랜 세월 '법칙'이라고 했던 세의 가설이 경제학계에서 누린 지위는 '평행선 공리(公理)'가 유클리드 기하학에서 차지한 지위에 견줄 만하다. 한 사회 최종생산물의 가치는 임금·이윤·이자·지대 등으로 분배된다. 현대적으로 표현하자면, 생산국민소득과 분배국민소득은 언제나 같다. 따라서 모든 상품을 너무 많이 생산한 경우는 있을 수 없다. 사회의 총공급은 같은 크기의 총수요를 만들어내기 때문에 어떤 상품이 너무 많이 공급됐다면 틀림없이 적정량보다 적게 생산된 다른 상품이 있다. 프랑스 경제학자 레옹 발라(Léon Walras)는 신묘한 수학적 기법을 동원해 상품시장뿐 아니라 노동시장과 자본시장까지 국민경제 전체가 완벽한 균형을 찾는다는 것을 증명했다. 경제이론의 세계에서는 대공황 같은 일이 생길 수 없었다.

그러나 세의 가설에는 한 가지 약점이 있었다. 민간가계는 소득의 일부를 소비하지 않고 저축한다. 따라서 사회의 최종생산물이 모두 민간가계에 분배된다 하더라도 총수요가 총공급에 미치지 못할 가능성이 있다. 노동자가 항구적으로 최저 생존수준의 임금을 받는다고 본 마르크스주의자들은 주목하지 않은 문제였다. 주류 경제학자들은 그 문제를 우아한 방법으로 해결했다. 사회의 총수요에는 민간가계의 소비지출뿐 아니라 기업의 투자지출도 들어 있다. 투자지출은 공장과 기계를 포함한 '생산재'를 만들기 위해 돈을 쓰는 것이다. 여기에도 가격시스템이 작동한다. 저축이 투자보다 많으면 자본시장은 공급과잉 상태가 되고 이자율이 하락한다. 이자율 하락은 민간가계의 저축 감소와 기업의 투자 증가를 유발해 자본시장의 공급과잉을 해소한다. 반대로 투자가 저축보다 많으면 이자율이 상승해 투자는 줄고 저축은 늘어난다. 상품시장의 작동 원리와 마찬가지로 자본시장도 이자율 등락을 통해 일시적 불균형을 해소하고 새로운 균형을 찾는다. 저축과 투자의 불일치는 조정 과정에서 일어나는 일시적인 현상에 지나지 않는다. 사회의 총수요가 부족해 불황이 생길 가능성은 없다.

주류 경제학의 세계에는 '비자발적 실업'도 존재하지 않았다. 노동시장이 공급과잉이면 임금이 하락해 실업을 해소한다. 수요과잉인 경우에는 임금이 올라가 일손 부족을 해소한다. 임금의 등락이 노동력의 수요와 공급을 조절하기 때문에 노동시장은 '완전고용' 상태를 유지한다. 실업은 기껏해야 일시적인 현상이다. 일하기 싫어하거나 분수에 넘치는 임금을 받으려고 욕심을 부린 사람이 실업자가 된다. 노동조합을 만들고 파업을 해도 장기적으로는 임금 수준을 올리지 못한다. 수요 공급의 시장법칙이 모든 것을 결정한다.

그러나 현실은 이론과 달랐다. 프랭클린 루스벨트(Franklin Roosevelt) 대통령이 취임한 1933년 3월, 미국 경제는 말 그대로 바닥을 쳤다.[■] 농업을 제외한 실업률은 38%였고 자동차·트럭·농기구·가전·사무기기 등 내구재 생산량은 1929년 7월의 29%에 지나지 않았다. 은행은 2만 5천 개에서 1만 4천 개로 줄었다. 1923~1925년의 평균 지수를 100으로 할 때 1933년 미국의 공업생산은 60, 건축은 14, 고용은 61, 임금은 38 수준이었으며 실업자는 1,500만 명을 웃돌았다. 물가수준은 1926년의 65.8%였는데

■ 1933년 미국과 세계의 경제상황은 『세계대공황』(진 스마일리 지음, 유왕진 옮김, 지상사, 2008), 47~50쪽과 브리태니커 맥과사전 Great Depression 항목의 데이터를 참고해 시술했다.

도 상품은 여전히 남아돌았다. 국민총생산은 1928년 850억 달러에서 1930년 680억 달러, 1932년 370억 달러로 줄었다. 세계 공업 생산액도 1925~1929년 평균을 100으로 할 때 1929년 2분기에 113.1이었다가 1932년 3분기에는 65.9로 떨어졌다. 세계 교역량은 70% 넘게 줄었고 세계 실업자는 5천만 명을 넘어섰다.

자본주의체제와 주류 경제학은 파산했다. 긴급한 과제는 경제학이 아니라 경제를 살리는 일이었다. 국가 운영을 책임진 권력자들은 경제이론의 뒷받침 없이 그 일을 해야 했는데, 가장 큰 성공을 거둔 이는 루스벨트와 히틀러였다. 그들은 과감한 '대중요법'으로 경제의 활력을 되살려냈다. 루스벨트 대통령은 국가를 '최후의 보증인'으로 내세워 금융 산업의 혼란을 잠재웠다. 대형 토목건설 사업을 벌여 사회의 총수요를 늘렸다. 노동조합의 교섭력을 북돋우고 가난한 사람들에게 보조금을 지급함으로써 소비지출을 자극했다. 병의 원인을 찾아내지는 못했지만 해열제와 영양제를 투입해 환자를 일으켜 세운 것이다. 히틀러도 같은 방법으로 도탄에 빠진 독일 경제를 살렸는데, 자세한 경위는 6장에서 이야기하겠다.

케인스혁명

루스벨트와 히틀러의 대중요법이 효과를 낸 이유는 영국 경제학자 존 메이너드 케인스(John Maynard Keynes)가 1936년에 출간한 『고용, 이자와 화폐의 일반이론』(이하 『일반이론』)에서 설명했다. 그는 공급이 같은 크기의 수요를 창조하는 게 아니라 수요가 같은 크기의 공급을 유발한다고 주장했다. '세의 가설'을 뒤집은 것이다.

총수요를 구성하는 요소는 민간가계의 소비지출, 기업의 투자지출, 정부지출, 순수출(수출 - 수입)이다. 정부지출의 규모는 정부와 의회가 결정하고 수출입은 국민소득 수준과 환율을 비롯한 여러 요소가 영향을 미치는 만큼 일단 논외로 하고, 소비지출과 투자지출만 보자. 기업의 투자지출이 이자율의 함수라는 데는 이견이 없다. 케인스가 주류 경제학자와 달랐던 점은 하나뿐이다. 민간가계의 소비지출을 이자율이 아니라 소득의 함수로 본 것이다. 소비지출이 소득의 함수라면 저축도 소득의 함수가 된다. 만약 그렇다면 이자율의 등락이 저축과 투자를 균형으로 이끈다는 주류 경제학의 이론은 무너지고 만다. 사회적 총수요 부족 때문에 공황이 발생할 수 있다는 뜻이다.

오늘날 경제학자들은 저축과 투자를 전혀 다른 경제주체들이 전혀 다른 원리에 따라 결정한다는 점을 대체로 인정한다. 기업의 투자지출은 이자율의 함수다. 이자율이 높으면 기업은 수익률이 상대적으로 낮은 투자 프로젝트를 포기한다. 그러나 민간가계의 소비지출은 소득수준이 좌우한다. 소득이 늘면 더 많이 소비하고, 소득이 줄면 더 적게 소비한다. 이자율의 영향은 극히 미미하다. 어떤 이유에서든 소득이 줄면 소비지출도 감소해 사회의 총수요가 줄어든다. 총수요가 줄면 총공급도 따라서 줄어들며, 총공급의 감소는 소득 감소로 이어져 소비지출을 다시 감축시킨다. 국민경제는 하향 나선형 악순환에 갇힌다. 그럴 경우 경기 전망이 어둡기 때문에 이자율이 낮아도 기업은 투자를 꺼리며 기업의 투자지출 감소는 소비지출 감소와 똑같은 경로로 총공급을 위축시켜 경기의 하향 악순환을 증폭한다. 대공황은 뉴욕 증권거래소의 주가 폭락에서 출발했다. 악순환을 촉발한 최초의 사건이 무엇이든 상관없다. 자연재해와 전염병 같은 외부 충격이든 주가 폭락 같은 내부 충격이든, 국민경제의 하향 나선형 악순환이 시작되면 상식으로는 이해할 수 없는 사태가 벌어진다.

케인스의 처방은 진단만큼이나 명확했다. 사회의 총수요 중에서 민간가계의 소비지출과 기업의 투자지출은 정부가 손댈 수 없다. 그렇지만 정부지출은 정부와 의회의 재량으로 결정할 수 있다. 정부지출도 총수요의 일부이기 때문에 정부지출을 늘리면 투자지출과 소비지출이 증가할 때와 똑같은 효과가 난다. 정부가 도로를 닦고 병원을 짓고 발전소를 건설하면 공사를 수주한 기업과 노동자가 이윤과 소득을 얻는다. 노동자의 소득은 소비재 생산 기업의 수익이 되고 기업의 이윤은 새로운 투자재원이 된다. 소비재 수요가 늘어나면 기업은 새 기계와 원료를 주문하고 공장을 넓히며 노동자를 고용한다. 생산재 산업도 활기를 찾고 그 분야의 투자자와 노동자도 새로운 소득을 얻는다. 하향 나선형 악순환은 상향 나선형 선순환으로 바뀐다.

케인스가 『일반이론』을 출간한 1936년 미국 경제와 세계경제는 최악의 상황을 벗어나 있었고 대다수 경제학자들은 여전히 스미스의 이론을 금과옥조로 여겼다. 기자들은 미국에 온 케인스에게 공산주의자가 아닌지 집요하게 물었다. 우스운 질문이었다. 케인스는 투자의 귀재였으며 '부르주아 중의 부르주아'였다. 고급 포도주 보급과 발레 진흥을 후원했다. 여러 사람의 머리를 모아도 모자랄 천재였다. 『자본론』을 '쓸모없는 책'이라고 단정할 정도로 공산주의를 싫어했다. 『일반이론』의 마지막 단락▪은 케인스가 그런 의심을 받으리라는 것을 예상했으며 또 자기가 결국 이길 것이라는 자신감을 품고 있었음을 보여준다.

옳든 그르든, 경제학자와 정치철학자의 사상은 흔히 생각하는 것과 달리 무엇보다 강력하게 세상을 지배한다. 어떤 이념의 영향도 받지 않는다고 자신하는 현실주의자가 쓸모없어진 지 오래인 경제학자의 노예나 다름없는 경우가 많고, 하늘의 소리를 듣는다는 미치광이 권력자의 광란도 알고 보면 어떤 해묵은 학구적 잡문에서 뽑아낸 것에 지나지 않는다. 단언하건대, 기득권의 위력은 사상의 점진적 침투력에 견주어 크게 과장됐다. 당장이 아니라 일정한 시간이 지난 뒤를 보라. 경제학과 정치철학 분야에서는 스물다섯 또는 서른 살이 넘어 새로운 이론을 받아들이는 사람이 흔치 않아서, 공무원과 정치인은 물론이요 선동가조차 최신 사상을 현안에 적용하는 일은 드물다. 그러나 언제든, 선과 악 모두에 위협이 되는 것은 기득권이 아니라 사상이다.

언론인과 정치인은 의심했지만 젊은 경제학자들은 케인스의 이론을 받아들였다. 얼마 지나지 않아 케인스는 미국과 유럽의 경제학계를 정복했고 대공황 이후에는 모든 산업국가의 경제관료를 추종자로 만들었다. 그는 새로운 철학을 정립한 게 아니라 경제이론 하나를 혁신했을 뿐이다. 그런데도 사람들은 그가 한 일을 '케인스혁명'이라고 했다. 케인스는 삶의 마지막 국면에

■ J. M. Keynes, *The General Theory of Employment, Interest and Money*, Harcourt, Brace and Company, 1936, Chapter 24. 존 메이너드 케인스 지음, 조순 옮김, 『고용, 이자와 화폐의 일반 이론』, 비봉출판사, 1985, 387·-300쪽을 참고해 번역했다.

국제통화기금(IMF)과 세계은행(IBRD)이 주축을 이루는 국제금융 시스템을 설계하는 일에 참여했다. 그의 거시경제이론은 높은 실업률과 인플레이션이 동시에 나타난 1970년대 후반까지 미국과 유럽 국가의 경제정책을 좌우했다. 혁명이라고 해도 될 만큼 세상에 영향을 줬다.

미국의 공황이 세계공황으로 번진 이유를 이해하는 데도 케인스의 이론은 쓸모가 있다. 금융공황이 덮치자 산업국들은 저마다 외국에 투자한 자본을 회수하고 외화 대신에 금을 보유하려 했다. 당시 지폐는 금으로 바꿔주는 '태환 화폐'였다. 국제금융 질서가 무너져도 금은 지불수단으로 쓸 수 있었기 때문에 강대국들은 치열한 금 확보 경쟁을 벌였다. 그래서 1931년 9월 영국 정부는 파운드화의 금 태환을 중단했다. 모든 나라가 보유 달러를 금으로 바꾸자 미국의 금이 대량으로 유출됐고 달러에 대한 믿음이 흔들렸다. 연방준비은행이 금 유출을 저지하려고 금리를 크게 올리자 기업의 투자가 줄어 불황은 더 깊어졌다.

산업국 정부들은 자국 기업을 보호하려고 관세장벽을 높이고 무역을 통제했다. 세계 교역량이 대공황 이전의 3분의 1로 떨어져 최저 수준을 기록한 1932년 7월, 영국은 캐나다 오타와에서 '대영제국 경제회의'를 열어 연방과 식민지 안에서는 자유무역을 하고 외부에 대해서는 고율의 수입관세를 물리기로 결정했다. 다른 나라도 가만히 당하지 않았다. 세계는 달러·파운드·프랑·마르크 등 같은 '통화권'의 종주국과 식민지를 결합한 블록으로 갈라져 무역전쟁을 벌였다. 무역전쟁은 대결적 외교정책과 군비 확장 경쟁으로 이어지고 '평화와 번영의 시대'는 겨우 15년 만에 끝났다. 세계전쟁의 폭풍우가 다시 인류 문명을 강타했다.

케인스의 이론에 따르면 순수출은 사회적 총수요를 구성하는 중요한 요소다. 만약 어느 한 나라만 보호무역주의 정책을 쓴다면 그 나라는 순수출을 늘려 총수요를 증대하고 경기를 진작할 수 있다. 그러나 모든 나라가 그렇게 하면 어느 나라도 순수출을 늘리지 못하는 가운데 세계 교역량이 줄어든다. 모든 나라의 사회적 총공급이 줄어들어 경기가 더 나빠진다. 이웃 나라를 가난하게 만드는 방법으로 자기 나라를 부유하게 만들 수는 없다.

대공황은 모든 나라를 사회적 갈등과 혼란에 빠뜨렸다. 노동자들은 급진적 사회주의혁명운동에 휩쓸렸고 민족해방투쟁을 하던 식민지·종속국 혁명가들은 소련의 영향권에 들어갔다. 유럽인이 자랑하던 자본주의 경제체제와 민주주의 정치제도는 그런대로 잘 어울리는 한 쌍이었다. 그러나 대공황이 둘 사이에 깊은 골을 만들었다. 민주주의 정치제도를 소중히 여긴 영국·프랑스·미국은 '정부의 보이는 주먹'으로 자유방임 자본주의를 수정했지만, 후발 산업국인 독일·일본·이탈리아는 민주주의를 폐기하고 전체주의 또는 파시즘(fascism)으로 내달렸다.

대공황의 유산

대공황은 많은 것을 바꿨다. 무엇보다도 '보이지 않는 손'을 믿었던 자유방임주의 경제철학을 무너뜨렸다. 시장경제는 내버려두어야 번성하는 야생초가 아니라 세심하게 관리해야 할 온실의 화초라는 인식이 널리 퍼졌다. 가장 큰 피해를 입은 미국은 공황의 재발을 막으려고 여러 제도를 손봤다. 순탄하지는 않았지만 '보이지 않는 손'의 결함을 '정부의 보이는 주먹'으로 보완하는 데 어느 정도 성공했다. 유럽은 미국보다 더 큰 변화를 이뤘다.

뇌출혈로 사망할 때까지 12년 동안 대통령직을 수행하면서 대공황을 극복하고 제2차 세계대전의 승리를 이끈 루스벨트는 취임 직후 금융 산업의 혼란을 전광석화처럼 정리하고 대규모 공공투자를 감행했다.[■] 임기 첫날 전국의 은행을 모두 문 닫게 하고 살릴 회사와 없앨 회사를 심사했다. 연방준비은행의 권한을 강화해 모든 은행이 가맹하게 하고 은행이 파산할 경우 예금주를 보호하기 위해 연방예금보험공사를 설립했다. 시민들은 집에 두었던 현금을 다시 은행에 맡겼다. 달러와 금의 교환비율을 고정한 제도를 폐지하고 민간의 금 수출을 금지했는데, 때마침 히틀러의 집권으로 불안해진 유럽의 기업과 부자들이 보유한 금을 미국으로 옮기기 시작했다.

금융 산업을 안정시킨 다음에는 바로 실물경제에 손을 댔다. 테네시강의 다목적댐 건설 공사를 개시하고 긴급구제법을 제정해 실업자와 극빈층에게 생계보조금을 지급했으며 교육 지원을 확대하고 실업자를 직접 고용했다. 농가 소득을 높이려고 농업조정법을 만들어 주요 농산물의 가격을 떠받쳤다. 국가산업부흥국을 만들어 고속도로와 항만을 짓고 공공건물을 건축했다. 기업의 공정경쟁 규약을 제정하고 노동조합을 보호했으며 노동환경을 개선했다. 국가산업부흥국은 시장지배력 남용을 막고 노동시간을 단축하기 위해 민간의 경제활동에 적극 개입했다. 이 모두는

■　루스벨트 대통령의 집권 초기 금융정책과 뉴딜정책은 『세계대공황』(진 스마일리 지음, 유왕진 옮김, 지상사, 2008), 110~131쪽을 참고해 정리했다.

대공황 이전에는 상상할 수 없는 일이었다.

미국은 대공황 시기에 의미 있는 제도 변화를 이뤘다. 마뜩잖게 여긴 이들은 '복지국가' 시대가 왔다고 개탄했지만■■ 루스벨트 대통령의 제도 개혁은 사회를 어느 정도 바꿨다. 독일의 오토 폰 비스마르크(Otto von Bismarck) 총리는 1880년대에 질병·산업재해·노후 등의 사회적 위험에서 시민을 보호하는 사회보험제도를 창시했다. 영국의 데이비드 로이드 조지(David Lloyd George) 재무장관은 1911년에 의료보험·노후연금·실업보험 도입을 포함한 사회복지법을 제정했고, 서유럽과 북유럽 산업국들도 같은 방향으로 움직였다. 그러나 대공황 이전의 미국은 그 어떤 복지제도도 존재하지 않는 '신세계'였다. 그랬던 미국 의회가 1935년 고령 빈곤층을 지원하는 최초의 법률을 만들었고 가족수당과 실업보험을 포괄하는 사회보장법을 제정했으며 재정을 확보하기 위해 누진세 제도를 도입했다. 실업보험과 의료보험 제도는 불경기에 민간가계의 소비능력을 지탱했으며 누진세 제도는 호경기의 세수를 늘렸다. 기회균등을 실현하기 위해 의무교육 제도를 확충했고 노동조합의 파업권을 보장했다. 독점대기업이 소비자를 착취하지 못하게 독점금지법과 공정거래법을 강화했으며 민간기업이 투자하기 어려운 교통·전신전화·도로건설 사업 분야에서 정부의 역할을 확대했다. 미국을 복지국가라 일컫는 것은 '이념적 과장'이었지만 미국의 자유방임 자본주의가 '수정자본주의'로 바뀌었다고 할 수는 있을 것이다.

■■ 존 케네스 갤브레이스 지음, 장상환 옮김, 『갤브레이스가 들려 주는 경제학의 역사』, 책벌레, 2002, 259쪽.

세계경제 질서도 달라졌다. 연합국 지도자들은 제2차 세계대전이 끝나기 전부터 새로운 국제 금융질서와 무역질서를 구상했고, 종전 후 곧바로 국제통화기금과 세계은행을 출범시켰다. 중앙은행이 개별 상업은행의 부도를 막고 예금주를 보호하는 것처럼 두 국제금융 기구는 개별 국가의 금융위기를 예방하고 문제가 생기더라도 불길이 번지지 않게끔 막았다. 무역전쟁을 예방하고 자유무역을 확산하기 위해 '관세와 무역에 관한 일반협정(GATT)'을 만들어 세계무역기구(WTO)가 출범하는 시점까지 세계의 교역질서를 관리했다.

참혹했던 대공황은 제2차 세계대전의 포연 속에서 끝났다. 사회주의자들의 희망사항인 자본주의체제 붕괴는 없었다. 개별 국가가 재정위기에 빠지거나 금융 혼란에 빠진 일은 여러 번 있었지만 대공황과 같은 상황은 다시 일어나지 않았다. 인간과 사회의 역사는 자연과 달리 엄격한 법칙을 따르지 않는다. 자본주의는 자유방임 자본주의 단계를 넘어 수정자본주의로 진전했으며 과학혁명의 성과를 토대로 또 다른 국면을 열어가는 중이다. 그러나 크고 작은 위기와 경기변동은 사라지지 않았고 경제학자들은 여전히 진단과 처방에 합의하지 못하고 있다.

무역을 둘러싼 분쟁도 끝나지 않았다. 국제통화기금과 세계은행은 자본금을 댄 몇몇 경제강국이 좌우한다. 자유무역이 거래 당사자 모두에게 이익을 준다는 것은 분명하지만 거인과 꼬마가 뒤섞여 사는 국제사회에서는 종종 강자가 약자를 압박하는 무기가 되기도 한다. 어느 시점에서 산업기술이 뒤처진 나라가 자유무역 이론을 추종해 '비교우위' 산업에 집중하면 영원히 저부가가치 소비재만 생산하면서 고부가가치 첨단산업을 갖춘 선진국에 종속된다는 주장이 틀렸다고 단정하기는 어렵다.

사회주의 세계체제가 무너진 1990년 이후 자본주의는 '더 나은 대안이 없는' 경제체제가 됐다. 컴퓨터와 정보통신기술의 혁명, 인공지능의 등장으로 사회의 생산력은 더욱 빠르게 발전하고 있다. 그러나 주기적으로 찾아드는 불황과 '승자독식'으로 흐르는 양극화 현상에서 보듯, 인간은 자본주의 경제 시스템을 임의로 통제하지 못한다. 대공황은 사람들이 더 많은 상품의 생산에 열광하고 물질적 부의 축적을 최고의 선으로 여기던 시기에 세상을 덮쳤다. 인간은 자신이 요술램프에서 불러낸 거인을 다루지 못하는 소년과 같았다. 오늘 우리는 그때와 얼마나 다를까?

중화인민공화국 탄생의 신화

1911

1927

1934

1936

1937

10월 10일
신해혁명 시작

4월 12일
4·12쿠데타
장제스가 공산당원을
대량 사살한 쿠데타를
일으켰고, 1928년
베이징을 점령해
난징에 새 정부인
'국민정부'를 세웠다.

10월 16일
대장정
9만여 명의 홍군이
행한 장거리 행군이
시작된 날로, 1935년
10월 20일까지
368일 동안
9,600km를
이동했다.

12월 12일
시안사건
중국 시안에서
동북군(만주군)의
지휘관인 장쉐량이
공산군 토벌을
격려하러 온 장제스를
감금하고, 내전
정지와 항일투쟁을
호소한 사건을
말한다.

7월 7일
중일전쟁

장제스
蔣介石,
1887~1975

||||||||||||||||||||||||||||||||||||||||||||||||||||||||||||||||||||||||||||||||||||||||||||

2월 7일
태평양전쟁 개전

10월 1일
중화인민공화국 탄생
마오쩌둥이 베이징
톈안먼 광장에서
선포했다.

5월 16일
5·16 통지문
공산당 정치국
확대회의에서
마오쩌둥이
학술·교육·출판·
문예계의 부르주아
반동사상을
척결하자는 내용을
담긴 통지문을
발표하면서
문화대혁명 전면전을
알렸다.

1989년 6월 4일
천안문 시위

마오쩌둥
毛澤東,
1893~1976

여덟 번째 통일 영웅

1934년 10월 16일, 중국 남동부 장시성(江西省)의 징강산(井崗山) 일대에 웅크리고 있던 9만여 명의 홍군(紅軍)이 행군을 시작했다. 남녀노소 민간인 수십만 명이 뒤따랐다. 홍군은 적의 포위망을 뚫고 서진하다가 윈난성(雲南省)에서 북으로 방향을 틀었고, 1935년 10월 20일 서북 내륙의 간쑤성(甘肅省)과 산시성(陝西省) 일대에서 행군을 끝냈다.

그들은 368일 동안 9,600km를 이동했는데, 그중 235일은 낮에, 18일은 밤에 걸었다. 평균 130km를 움직인 뒤에 휴식다운 휴식을 취했고, 매일 한 차례 정도 크고 작은 전투를 치렀다. 강을 스물네 번 건넜고 만년설이 쌓인 고지대를 포함한 산맥 열여덟 개를 넘었으며 여섯 민족이 사는 예순두 군데 도시와 마을을 거쳤다. 적의 포위망을 열 번 돌파했고 풀뿌리와 날것을 먹으며 추위와 더위, 굶주림과 갈증을 견뎌냈다. 여정을 시작한 9만 병력 중 완주한 사람은 만 명이 되지 않았다. 세계 전쟁사에 비슷한 사례가 없는 장거리 행군, '대장정(大長征)'이었다.■

15년 뒤 중국공산당 중앙위원회가 베이징에 입성했다. 인민해방군으로 이름을 바꾼 홍군은 대륙의 모든 도시와 마을에 붉은

■ 대장정의 전개과정은 『중국의 붉은 별』(에드거 스노 지음, 홍수원·안양노·신홍범 옮김, 두레, 2013)과 『대장정: 중국 정치의 새로운 탄생』(이준구 지음, 청아출판사, 2012)을 기초 자료로 삼아 서술했다.

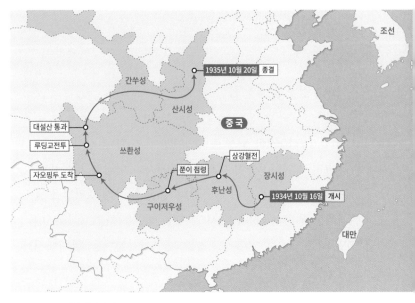

지도2 중국공산당의 대장정

깃발을 꽂았다. 노동자·농민·지식인·민족부르주아지 대표가 모인 '인민정치협상회의'는 '중국인민정부'를 수립하고 마오쩌둥(毛澤東) 주석을 선출했다. 마오쩌둥은 1949년 10월 1일 베이징 톈안먼(天安門) 광장에서 중화인민공화국 탄생을 선포했다. 1927년에 한 무리의 청년 공산주의자들이 징강산에 붉은 깃발을 꽂으며 시작한 무장투쟁이 사회주의국가 수립으로 완결됐다. 그 드라마의 결정적인 장면이 바로 대장정이다.

중국은 크다. 땅도 넓고 인구도 많다. 우리 역사와 관계가 깊은 지린(吉林)·랴오닝(遼寧)·헤이룽장(黑龍江) 성은 만리장성 너머 변방에 지나지 않는다. 동으로 흐르는 두 강이 대륙을 삼분하는데, 위는 황허(黃河), 아래는 양쯔강(揚子江)이다. 발해만으로 들어가는 황허의 북쪽은 허베이(河北)·산시(山西), 두 강 사이는 허난(河南)·산둥(山東)·장쑤(江蘇)·안후이(安徽)·후베이(湖北), 양쯔강 남쪽은 후난(湖南)·장시·구이저우(貴州)·광시(廣西)·광둥(廣東)·저장(浙江)·푸젠(福建) 성이다. 인도차이나반도와 맞닿은 남쪽에는 윈난성, 서북 내륙 티베트고원과 고비사막에 둘러싸인 산악에는 쓰촨(四川)·간쑤·산시(陝西) 성이 있다. 중국의 성은 제각기 하나의 국가를 이루어도 충분할 만큼 크다. 위·오·촉 세 나라가 맞섰던 삼국시대에 위나라 조조는 양쯔강 북쪽을, 오나라 손권은 양쯔강 남쪽을 그리고 촉나라 유비는 서쪽 내륙을 근거로 삼아 패권을 다퉜다.

중국 역사의 통일 영웅은 몇 되지 않는다. 기원전 3세기에 진시황(秦始皇)이 처음으로 통일했지만 제대로 된 고대국가를 세우지는 못했다. 최초의 '아시아적 전제국가'를 세운 인물은 기원전 202년 항우를 꺾고 한(漢)을 세운 유방(劉邦)이었다. 통일국가가 일곱 차례 명멸할 때마다 중국은 극심한 사회적 혼란과 전쟁에 휩쓸렸고 민중의 삶은 도탄에 빠졌다. 1911년 10월 10일에 시작된 신해혁명으로 청(淸)이 무너졌을 때도 그랬다. 대륙은 성을 지배한 여러 지방 군벌의 손아귀에 들어갔다. 주(周)가 멸망한 뒤 춘추전국시대 500년 내전을 끝낸 진시황이나 진시황 사후의 대혼란을 수습한 한고조 유방 같은 인물이 필요했다. 두 사람이 시대의 요구에 응답했다. 장제스(蔣介石)와 마오쩌둥이었다.

둘의 싸움은 항우와 유방의 초한전(楚漢戰)과 닮은 점이 많다. 마오쩌둥은 유방처럼 늘 쫓기는 신세였지만 막판에 전세를 뒤집었다. 유방이 소하·한신·장량처럼 유능한 참모를 포용해 항우를 꺾었듯이 마오쩌둥은 주더(朱德)·펑더화이(彭德懷)·린뱌오(林

彪)·저우언라이(周恩來) 같은 동지들과 손잡고 장제스를 이겼다. 그런데 진시황·한고조·주원장·누르하치는 농민군이나 부족 전사를 이끌고 대륙을 정복했지만 자신이 무너뜨린 것과 다르지 않은 '아시아적 전제국가'를 세웠다. 이에 견주어 장제스는 아시아적 전제국가의 폐허에 자본주의 경제체제와 공화정을 들이려 했고 마오쩌둥은 사회주의혁명을 추구했다. 마오쩌둥은 장제스의 군대와 일본군을 상대로 20년 넘게 싸운 끝에 중국을 통일하고 사회주의국가를 세웠다. 중국공산당은 대도시에서 무장봉기를 일으켜 권력을 잡은 러시아의 볼셰비키와 달리 농민의 지지를 바탕으로 군사적 지구전을 펼친 끝에 국가권력을 차지했다.

숙명의 라이벌

청 제국은 무기력했다. 유럽 제국주의국가의 주권 침탈에 대항하지 못했고 조선 지배권을 두고 벌인 전쟁에서 일본에 졌다. 제정 러시아가 그랬던 것처럼 패전은 청의 종말을 앞당겼다.[■] 1911년 10월 10일 국민혁명군의 후베이성 우창(武昌) 봉기를 시작으로 산시(山西)·윈난·구이저우·장쑤 등 열여섯 성이 독립을 선포했다. 민권·민족·민생을 강조한 '삼민주의'를 내세워 전제정치 타도와 공화국 수립을 추진한 국민혁명의 지도자 쑨원(孫文)이 미국에서 돌아왔고, 혁명군 지도자들은 명나라 수도였던 장쑤성 난징

■ 신해혁명부터 제1차 국공합작까지 상황은 『새로 쓰는 중국혁명사 1911~1945』(나창주 지음, 들녘, 2019), 59~182쪽을 참고해 서술했다.

(南京)에서 그를 '중화민국'의 임시대총통으로 선출했다. 그러나 쑨원은 힘의 열세를 인정하고 북부를 지배하던 군벌 위안스카이 (袁世凱)에게 임시대총통 자리를 넘겨줬다. 위안스카이는 1912년 2월 12일 마지막 황제를 퇴위시켰다. 여기까지를 신해혁명 또는 '제1국민혁명'이라고 한다.

위안스카이는 황제가 되려는 야심을 드러냈다. 측근을 내각에 들여 정부를 장악하고 공화파 지도자를 암살했으며 북부의 여러 성을 추종자에게 넘겼다. 그러자 남부의 장시·장쑤·안후이·푸젠·광둥·후난 성의 공화파가 1912년 7월 다시 독립을 선언해 '제2국민혁명'을 일으키고 국민당을 창설했다. 위안스카이는 남부 성을 공격하고 국민당 해산 명령을 내렸다. 쑨원은 일본으로 도피했다. 위안스카이는 1915년 12월 황제를 자칭했지만 몇 달 지나지 않아 측근들의 반발에 밀려 제위를 포기하고 병들어 죽었다. 부패한 군벌은 저마다 성을 하나씩 꿰차고는 민중을 억압·착취했다.

군벌의 시대는 장제스가 끝냈다. 저장성에서 태어난 그는 열아홉 살에 중국 북부의 군사학교에 들어갔고 신해혁명 직전까지 3년 동안 도쿄의 군사학교에서 일본식 훈련을 받았다. 국민혁명군에 가담해 위안스카이 군대와 싸우고 상하이의 비밀결사에 몸담기도 한 그는 쑨원의 눈에 띄어 정치적으로 성장했다. 쑨원은 공화주의자였지만 이권 획득에 정신이 팔린 서구 열강이 군벌을 지원한 데 실망하여 1922년 소련공산당과 제휴했다. 소련 정부의 지원을 받아 국민혁명군을 조직했고 군벌을 타도하기 위해 중국공산당과 손잡았다. '제1차 국공합작'이 성립하자 공산당 당원들은 국민당에 기입하고 혁명정부에 참여했다. 쑨원은 수련 군사고문단의 지원을 받아 광둥성 광저우(廣州)에 황푸군관학교(黃浦軍官學校)를 세웠는데, 이때 모스크바에서 소비에트 제도와 '붉은 군대'를 연구하고 돌아온 장제스를 교장으로 발탁하고 저우언라이를 정치주임으로 붙였다.

1925년 쑨원이 암으로 세상을 떠나자 소련 군사고문단은 장제스를 국민혁명군 총사령관에 앉혔다. 국민혁명군은 1926년 북부의 군벌을 소탕하는 '북벌(北伐)'에 나섰고 도시의 공산당원과 농민들은 혁명군을 열렬히 환영했다. 그런데 국민혁명군이 양쯔강 하류 지역을 평정한 직후인 1927년 4월 12일 장제스가 쿠데타를 일으켰다. 볼셰비키의 조직과 전술을 잘 알았던 그는 국민정부군 병력을 동원해 상하이 일대에서 공산당원을 닥치는 대로 죽였다. 6만 명에 이르던 공산당원 가운데 생존자는 만 명도 되지 않았다. 저우언라이가 겨우 목숨을 건졌을 정도로 장제스의 쿠데타는 주도면밀했다. 장제스는 1928년 베이징을 점령해 군벌 시대를 끝내고 난징에 새 정부를 세웠다. 그것을 '국민정부'라고 한다.

공산당은 조직을 재건하고 총서기 천두슈(陳獨秀)를 해임했다. 새 지도부는 볼셰비키혁명의 노선을 흉내 내어 여러 차례 도시 봉기를 일으켰지만 번번이 참패했다. 지주와 자본가의 절대적 지지를 받은 장제스 총통은 영국·일본·미국·프랑스에 막대한 이권을 내주면서 반공 연합전선을 형성했다. 중국에는 그를 대적할 세력이 없었다. 장제스는 '4·12쿠데타'로 공산당에 치명타를 입힌 데 만족했다. 마오쩌둥이 볼셰비키와는 전혀 다른 방식으로 혁명을 준비하기 시작했다는 사실은 몰랐다.

마오쩌둥은 1893년에 『수호지』의 무대인 후난성 샹탄현(湘

潭縣)에서 태어났다.■ 자수성가한 자영농으로 곡물거래 사업을 하던 아버지는 자식들에게 무조건 복종을 요구했다. 어린 마오쩌둥은 고향의 학당에서 유교 경전을 배우면서 낮에는 농사를 짓고 밤에는 아버지의 사업 장부를 정리했다. 아버지의 뜻에 따라 열네 살에 혼인했지만 가정을 꾸리지는 않았다. 집을 떠나 멀지 않은 곳의 신식학교에 들어간 그는 『삼국지』와 『수호지』를 비롯한 고대 전기소설과 사마천의 『사기(史記)』, 반고의 『한서(漢書)』 같은 역사서를 탐독하고 공화주의 지식인들의 책을 읽으며 세계와 중국의 정세를 파악했다. 신해혁명 때 혁명군에 가담했지만 쑨원이 정부를 세우자 혁명이 끝난 줄 알고 돌아와 사범학교에 들어갔다. 『국부론』과 『종의 기원』을 비롯한 유럽의 경제학·정치학·철학 책을 읽었다. 겨울 들판에서 야영하고 강에서 수영하며 체력을 다졌다.

1918년 8월 베이징대 도서관 사서로 취직한 마오쩌둥은 양카이후이(楊開慧)와 사귀었다. 중국의 원조 공산주의자 천두슈를 만났고 『공산당선언』과 카를 카우츠키(Karl Kautsky)의 『계급투쟁』을 읽었다. 고향 후난성의 창사(長沙)와 상하이를 오가며 혁명운동을 시작한 마오쩌둥은 1921년 7월 23일 상하이의 프랑스 조계지 여학교 기숙사에서 시작해 여러 곳을 옮겨 다니며 당 강령을 채택한 '중국공산당 제1차 전국대표대회'에 참석했다. 말이 전국대회였지 소련이 주도한 공산주의국제연합(코민테른) 참관인 둘을 빼면 참석자가 열둘밖에 되지 않았고 당원은 53명에 불과했다.

■ 마오쩌둥의 어린 시절은 『마오쩌둥 평전』(알렉산더 판초프·스티븐 레빈 지음, 심규호 옮김, 민음사, 2017), 25~87쪽을 참고했다.

대회를 마친 뒤에는 고향에서 노동조합 결성을 지원하고 공산당 지부를 조직했다.

마오쩌둥은 볼셰비키혁명의 방법론을 중국에 적용할 수 없다는 보고서를 공산당 중앙위원회에 제출했다. 그는 중국혁명의 '주요세력'은 농민이므로 제국주의 열강과 국민당이 장악한 대도시가 아니라 농촌에서 혁명을 일으켜야 한다고 주장했다. 또한 농민을 끌어들이기 위해 지주의 토지를 몰수하는 농업강령을 채택하자고 제안했다. 그러나 '혁명의 전위는 산업노동자'라는 레닌주의 공식을 추종한 지도부는 그 제안을 무시했다. 장제스를 불신하고 국공합작에 반대한 마오쩌둥은 후난성에서 조직한 농민조합과 광부, 국민당 반란군을 규합해 자기 방식의 투쟁을 시작했다.

홍군의 탈출

1927년 여름 장시성 난창(南昌)에서 허룽(賀龍)과 예팅(葉挺)이 민중봉기를 일으켰다. 마오쩌둥은 후난성에서 '노동자 농민 제1군'을 조직해 무장투쟁을 벌였지만 실패했다. 우익 민병대에 붙잡혔다가 탈출하는 등 우여곡절을 겪은 그는 패잔병 천여 명을 이끌고 후난·장시·광둥 세 성이 만나는 징강산에 들어갔다. 공산당 지도부는 '소총운동'이라고 비판하면서 그를 정치국에서 내쫓고 관계를 단절했다. 그러나 마오쩌둥은 징강산의 후난성 권역에 중국 최초의 '소비에트 정부'를 세우고 꿋꿋이 자기 길을 갔다. 지주를 죽이라는 당의 명령을 거부했다. 탈영한 국민당 병사와 산적을 포섭하고 지원병을 모아 홍군을 창설했다. 공산당 지도부는 광둥성의 대도시에서 봉기를 일으켜 소비에트를 수립했다가 국민정부군의 집중공격을 받고 전멸했다.

1928년 5월 주더가 징강산에 들어왔다. 그는 소설의 주인공 같은 인생을 살았다. 쓰촨성 출신이지만 1912년 제2국민혁명 때 윈난성 신식 군대에서 활약해 공안국 장관이 됐다. 다른 관리들처럼 아내가 여럿이었고 아편을 달고 살았지만 너그럽고 인정이 많았다. 외국에서 유학하고 돌아온 청년들과 어울리면서 세계의 정세 변화에 눈을 뜬 그는 아편을 끊고 나타나 아내들에게 재산을 나눠주고 유럽으로 떠났다. 마흔 나이에 군벌의 앞잡이라는 손가락질을 받으며 마르크스주의를 배우려던 그를 젊은 유학생 저우언라이가 도왔다.

주더는 1925년 유럽에서 돌아와 재산을 공산당에 바치고 국민정부 실세 장군의 휘하에 들어가 있다가 1927년 8월 공산당의 난창 봉기를 진압하라는 명령을 받자 반란을 일으켰다. 여러 차례의 전투와 생사를 넘나드는 위기를 넘긴 끝에 부하 수십 명을 데리고 징강산으로 간 주더는 '마오쩌둥의 한신'이 됐다. 한고조의 총사령관 한신이 그런 것처럼, 홍군 총사령관으로서 수백 번의 전투를 치르고 결정적인 승리를 쟁취했으며 징강산 일대를 난공불락의 요새로 만들었다. 그는 병사들과 똑같이 먹고 똑같이 입었다. 계급장을 달지 않았고 맨발로 다녔으며 인사를 받으면 모자를 벗어 답례했다. 사방 100리를 본다느니, 축지법을 쓴다느니, 도술로 비바람을 일으킨다느니, 심지어는 총알을 맞아도 죽지 않는다느니 하는 소문이 떠돌았다. 국민정부가 주더를 사살했다고 여러 차례 발표했고 언론이 그의 사망 장면을 상세히 보도한 적도 있기 때문에 나온 이야기였다.

　마오쩌둥은 중국공산당의 새로운 지도자로 떠올랐다. 국민정부는 홍비(紅匪, 공산당 도적 떼)라고 했지만 홍군은 노획한 소총 5만 정으로 기본 무장을 갖춘 어엿한 군대였다. 소비에트 정부는 장시·후난·푸젠성 일대로 진출해 군수품 공장을 운영하고 대중교육을 실시했다. 난징의 '중화민국 국민정부'와 군벌이 지배하는 대륙의 한 귀퉁이에 완전히 다른 국가를 세운 것이다. 홍군이 장기전 태세를 갖추자 장제스는 대대적인 '토벌작전'을 준비했다. 편의상 징강산 일대의 소비에트를 '장시 소비에트', 공산당 군대를 '홍군', 국민정부군과 군벌과 민단 등 장제스가 지휘한 병력을 '백군(白軍)'이라 하자.

　1930년 6월, 상하이에 있던 중국공산당 지도자 리리싼(李立三)은 혁명의 고조기를 맞아 선구적인 승리를 쟁취하겠다며 대도시 공격을 명령했다. 그 작전은 홍군과 마오쩌둥에게 깊은 상처를 남겼다. 펑더화이의 홍군 주력이 후난성 장사를 점령해 리리싼을 주석으로 하는 후난성 소비에트를 세웠고 마오쩌둥과 주더는 장시성 난창을 공격했다. 그러나 후난성 소비에트는 백군의 집중 공격을 받아 열흘 만에 무너졌다. 백군은 전향을 거부한 양카이후이와 여동생을 총살했다. 코민테른의 지시를 추종한 리리싼과 스탈린주의자들은 당 지도부에서 밀려났고 홍군은 심각한 위기를 맞았다. 중국공산당이 상당한 규모의 군대를 보유하고 있다는 사실을 확인한 장제스가 장시 소비에트를 분쇄하려고 병력을 총동원했기 때문이다. 국공내전(國共內戰)을 시작한 백군은 1930년 말부터 4년 동안 다섯 번 공세를 펼친 끝에 홍군을 막다른 골목으로 몰아넣었다.

　　홍군은 적을 소비에트 지구 안에 끌어들여 유격전을 펼쳤다. 적이 공격하면 도망쳤고 적이 진을 치면 공격했으며 적이 물러나면 추격했다. 백군은 병력이 몇 배나 많고 화력도 압도적이었지만 빠른 속도로 이동하면서 약한 곳을 타격하는 홍군을 당해내지 못했다. 1931년 6월 세 번째 '토벌작전'은 장제스가 직접 지휘했지만 실패를 거듭하다가 일본군이 만주를 침략한 탓에 철수했다. 1933년 4월의 네 번째 공격도 성과가 없었다. 홍군은 전투를 치를 때마다 무기를 노획하고 병력을 늘렸을 뿐 아니라 '중화소비에트 정부'를 정식으로 수립하고 마오쩌둥을 주석으로 선출했다. 총사령관 주더는 푸젠성과 광둥성 쪽으로 홍군의 활동 범위를 넓혔다.

　　장제스는 1933년 9월부터 이듬해 가을까지 100만 대군을 투입해 벌인 5차 공격에서 처음으로 승기를 잡았다.[■] 백군은 유럽에서 비행기 400여 대와 기관총을 비롯한 신무기를 들여와 소총 10만 정을 가진 18만의 홍군을 제압했다. 독일 군사고문 알렉산더 폰 팔켄하우젠 장군의 전술이 결정적 승인이었다. 백군은 도로와 참호를 만들면서 느리게 전진하는 '진지전'과 주변 마을을 불태우고 주민을 쫓아내는 '초토화 작전'으로 유격전에 대응했다. 홍군은 병력 6만을 잃고 소비에트 지구 절반을 빼앗겼다. 소비에트 정부의 정치적 기반이었던 농민 100만여 명이 굶어 죽거나 학살당하는 사태를 지켜봐야 했다. 장시 소비에트를 지킬 수 없다고 판단한 홍군 군사위원회는 근거지를 서북 내륙으로 이전

■　제5차 공격의 양상과 결과는 『중국의 붉은 별』(에드거 스노 지음, 홍수원·안양노·신홍범 옮김, 누레, 2013), 231~243쪽을 참조했다.

하기로 결정했다. 그리고 백군이 포위망을 바짝 죄어온 1934년 10월 16일 그 결정을 실행에 옮겼다.

'항일구국전쟁을 위한 장정'이라고 선전했지만 사실은 생존을 위한 탈출이었으며 단순한 군대의 도주가 아니라 국가의 도주였다. 국민당 정부와 군벌의 세상에서 벗어나고 싶었던 민간인들이 농기구와 가축을 챙겨 뒤따랐다. 홍군 주력부대는 장시성에서 남하하며 후난성과 광둥성의 백군을 기습한 다음 유격대 정예 병력이 후미에서 혈투를 벌이는 사이에 백군의 추격을 벗어났다. 시간이 흐르면서 민간인은 대부분 떨어져 나갔고 부상병은 주변 농촌에 숨어들었다. 대장정은 강하고 운 좋은 자만 살아남는 군사작전으로 바뀌었다.

장제스는 홍군이 어디로 가려 하는지 알아채고 숨 막히는 추격전을 시작했다.[■] 백군은 예상 이동로를 차단하고 포위망을 쳤다. 그러나 홍군은 매번 그것을 돌파했다. 홍군은 10월 21일부터 11월 10일 사이에 백군의 저지선을 세 번 돌파했다. 광시성의 제4저지선을 무너뜨린 다음에는 북으로 진로를 바꿔 후난성에 뛰어들었다. 장제스와 제휴한 지방 군벌의 110개 연대 병력이 쓰촨성을 향해 북상하는 홍군을 가로막았다. 격렬한 전투 끝에 병력의 3분의 2를 잃고 구이저우성에 진입한 홍군은 다시 20만의 백군 병력과 마주쳤다. 대탈출은 실패할 운명인 듯했다.

■ 대장정 경로와 주요 전투는 『대장정』(이준구 지음, 청아출판사, 2012), 125~210쪽을 참고해 서술했다.

양쯔강을 건너다

홍군은 중화기를 땅에 묻고 속도를 올렸다. 낮에는 숨어서 백군 정찰기를 피하고 밤에만 행군했다. 쓰촨성으로 북진하려면 양쯔 강을 건너야 한다는 것을 양쪽 모두 알고 있었다. 장제스는 홍군 의 도강을 막으려고 모든 나룻배를 강 북안에 묶고 들판의 곡식 을 모조리 거둬들였다. 강을 건널 수 없게 된 홍군은 넉 달 동안 구이저우성에서 백군 5개 사단을 격파하고 병력 2만을 보충했다. 징강산을 떠난 지 반년이 지난 1935년 5월 초, 홍군은 서진을 거 듭해 윈난성 북부에 진입했다. 험준한 절벽과 봉우리가 빼곡한 윈난성의 양쯔강 상류는 폭이 좁고 유속이 빨라 건널 수 있는 곳 이 몇 되지 않았다. 홍군이 리장(麗江) 나루 근처에서 대나무로 다 리를 만드는 모습을 본 백군 정찰기가 상황을 보고하자 장제스는 병력을 그곳으로 불러 모았다.

그런데 홍군 특공대가 은밀한 역주행을 했다. 하루 밤낮에 걸쳐 135km를 이동해 자오핑두(絞平渡) 나루에 도착한 그들은 남 쪽의 백군 수비대를 제압하고 강 건너에 신호를 보내 배 한 척을 불렀다. 그 배로 강을 건너가 마작을 하던 쓰촨성 세관 수비대를 무장해제하고 크고 작은 나룻배를 여러 척 확보했다.■■ 홍군은 아흐레 동안 밤낮없이 배를 저어 강을 건넜다. 백군 비행기는 움 직이는 배를 타격할 정도의 성능이 아니어서 상공을 배회하기만

■■ 에드거 스노 지음, 앞의 책, 248쪽. 스노는 홍군 지도자와 병사들에게 들은 무용담과 자기 가 목격한 일을 토대로 『중국의 붉은 별』을 집필했는데, 자오핑두 도하 작전에 관한 서술은 그 전 형이라 할 수 있다. 그런데 스노의 기록보다는 홍군 특공대가 마을 주민에게 돈을 주고 구한 배로 강을 건너 북안의 쓰촨성 세관을 점령했다는 『대장정』(해리슨 E. 솔즈베리 지음, 정성호 옮김, 범우 사, 1999), 274~275쪽의 증언이 더 믿을 만하다.

했다.

쓰촨성에 진입했지만 위기를 완전히 벗어난 것은 아니었다. 양쯔강의 또 다른 지류 다두허(大渡河)를 건너야 했다. 산악을 흐르는 다두허는 유량이 많고 유속이 빨라 배로 건너기 어려웠다. 린뱌오의 선봉대가 호전적인 로로족의 도움을 받아 강변 마을을 점령하고 도강작전을 준비했다. 로로족 언어와 문화를 아는 쓰촨성 출신 류보청(劉伯承)이 자치권 보장을 약속하고 닭의 피를 나눠 마시면서 설득한 끝에 겨우 협조를 받았다. 그러나 배는 세 척뿐이었고 백군은 가까이 있었다. 마오쩌둥·주더·린뱌오·펑더화이 등 홍군 수뇌부는 서쪽으로 150km 떨어진 루딩교(瀘定橋)를 점령하기로 했다.

1935년 5월 27일 새벽 선발대가 출발했다. 그들은 루딩교를 점령하지 못하면 800km를 우회해야 한다는 사실을 알고 있었다. 강 건너 백군도 홍군의 의도를 눈치채고 루딩교로 향했다. 선발대는 무서운 속도로 행군해 5월 29일 아침 루딩교에 도착했다. 건너편에서는 다른 백군 부대가 기관총을 걸고 기다렸다. 18세기 초에 만든 루딩교는 길이 60미터의 쇠사슬을 양안 암벽에 고정하고 널빤지 바닥과 좌우 손잡이 쇠사슬을 설치한 '출렁다리'인데, 백군이 바닥 널빤지를 절반 넘게 걷어버려서 다리 가운데까지 쇠사슬만 덩그렇게 걸려 있었다. 경기관총과 수류탄을 든 홍군 병사 22명이 쇠사슬 위를 기어 전진하자 백군의 기관총이 불을 뿜었다. 그래도 그들은 전진했고 뒤에서는 홍군 병사들이 널빤지를 깔며 엄호사격을 했다. 홍군이 다리 가운데를 지나 남아있는 널빤지에 접근하자 백군이 등유를 부어 불을 질렀다. 특공대는 불길을 뚫고 경기관총을 난사하며 돌진했고 백군 수비대는 도주했다. 1만 3천여 홍군은 군가를 부르며 루딩교를 건넜다. 특공대 22명 가운데 18명이 살아남아 최고훈장을 받았다.■ 자오핑두와 루딩교에서 치러진 도강작전은 대장정 전체를 통틀어 가장 중요한 전투였다.

홍군은 쓰촨성에서 거대한 산맥 다섯 개를 넘었다. 티베트고원을 내려다보는 대설산을 넘을 때는 얼어 죽는 병사가 속출했다. 쓰촨성 북부에서 한 달쯤 쉬면서 기력을 되찾은 홍군은 티베트의 숲과 사람 없는 대초원을 가로질러 만리장성 아래 산시성(陝西省)에 이르렀다. 그곳에서도 국민정부군, 만주에서 온 동북군(東北軍), 무슬림 부대를 맞아 전투를 치렀다. 1935년 10월 20일, 홍군 주력은 먼저 와서 기다리고 있던 류즈단(劉志丹)의 부대를 만나 대장정을 마쳤다.

지구전

'항일구국전쟁을 위한 장정'이라는 선전이 아주 터무니없는 건 아니었다. 홍군은 대장정을 하면서 2억 넘는 민중을 만났다. 점령한 마을에서 지주와 부패 관리의 재산을 몰수해 농민에게 분배했고 정치집회를 열었으며 연극을 공연했다. 땅을 농민에게 준다는 공산당의 강령과 항일투쟁 정책을 선전하고 유격대를 모집했다. 장정을 시작한 병력 대부분이 죽거나 낙오했지만 농민과 노동자와 국민당 탈영병이 빈자리를 채웠다.

■　해리슨 E. 쏠스베리 지음, 앞의 책, 336/634 | 쪽.

홍군은 대륙에 혁명의 이념을 전파했다. 대다수가 문맹이던 중국 민중은 공산주의가 무엇인지 몰랐지만 홍군을 '가난한 사람의 군대'로 인식했다. 홍군 부대를 찾아가 자기네 마을을 해방해달라고 청하기도 했고 '소비에트(蘇維埃)'가 사람인 줄 알고 면담을 요구하기도 했다. '소비에트라는 흉악범'의 목에 현상금을 건 군벌도 있었다고 한다.

장제스의 손아귀를 빠져나오긴 했지만 홍군은 병력이 많지 않았고 무기도 빈약했다. 새로운 근거지로 삼은 산시(陝西)·간쑤·산시(山西) 성은 척박한 땅이었다. 그런데도 홍군은 국민정부군을 꺾었다. 장제스와 국민정부의 패인은 '실패한 정치'였다. 국민정부는 민중의 지지를 얻지 못했다. 마오쩌둥의 지략과 홍군의 전술이 아무리 뛰어났다 해도 국민정부가 그처럼 무능하고 부패하지 않았다면 이기기 어려웠을 것이다. 백군은 빈대를 잡으려고 초가삼간을 불태우는 식의 어리석은 행동으로 민중의 원성을 샀다. 반면 공산당과 홍군은 적의 정치적·군사적 약점을 활용해 민심을 얻고 전력을 강화했다. 사례를 몇 가지만 살펴보자.▪

1929년 여름, 서북지방 여러 성에 지독한 가뭄이 들어 수백만 명이 아사했다. 농민들은 땅과 집을 팔았고 심지어 아내와 딸까지 팔았다. 베이징과 톈진(天津) 등 대도시에 구호식량이 쌓여 있었지만 서북방 군벌과 동쪽의 국민당 군대가 서로 의심하면서 열차를 보내지 않아 구호품을 전달하지 못했다. 부자들은 푼돈으로 땅을 사들이고 관리들과 어울려 농민의 아내와 딸들을 희롱하면서 상이 서른여섯 번 바뀌는 진수성찬을 즐겼다. 국민정부와

▪   에드거 스노, 앞의 책, 389~406쪽.

지주들이 조직한 민병대는 조직폭력배처럼 농민을 착취했다.

도시 노동자의 처지도 다르지 않았다. 1927년 4·12쿠데타 이후 국민정부는 노동운동을 금지하고 노동권을 짓밟았으며 파업 주동자를 공산당으로 몰아 처형했다. 어린 노동자들은 공장 바닥에 쓰러져 자면서 하루 열여섯 시간 넘게 일해야 했다. 장제스가 서북 내륙의 홍군에 대한 공격을 준비하던 1937년, 안후이·산시(陝西)·간쑤·구이저우 성의 백군 점령지에서는 3천만 명이 굶어 죽지 않으려고 나무껍질까지 먹으며 안간힘을 썼다. 인구의 10%도 되지 않는 지주·부농·관리·고리대금업자가 농지를 70% 넘게 소유한 터라 흉년이 들면 굶어 죽는 사람이 나올 수밖에 없었다. 그런데도 국민당 정부는 농지개혁도 구호활동도 하지 않고 농업 통계 발표를 막아 상황을 은폐했다.

초토화 작전도 큰 후유증을 남겼다. 장시 소비에트 지구의 광대한 농경지는 홍군에게 협조한 주민을 학살하고 농민을 추방한 탓에 황무지로 변했다. 1933년 12월 홍군 지휘관 쉬하이둥(徐海東)이 후베이·안후이·허난 성 접경 지역에 만든 '어위완(鄂豫皖) 소비에트' 지역도 절반이 폐허가 됐다. 백군은 전족을 하지 않거나 단발을 한 여자를 공산주의자로 몰아 처형했다. 젊은 여성을 강간하고 도시의 인신매매조직에 팔아넘겼다. 쉬하이둥 일족 예순 명을 학살하는 등 홍군 가족은 한층 더 가혹하게 죽였다.

홍군은 정반대로 했다. 토지강령을 집행할 때 빈농의 땅은 손대지 않았다. 민가를 떠날 때는 침상으로 쓴 문짝을 제자리에 걸어두었고 빌려 쓴 물건은 돌려줬다. 농민의 재산을 함부로 징발하지 않았으며 필요한 물건을 가져갈 때는 적은 돈이라도 대가를 지불했다. 마을에 주둔할 때는 야전 변소를 먼 곳에 만들었다

농민들은 그런 홍군을 성원했다. 물과 음식을 제공하고 짚신을 삼아줬으며 백군의 병력 이동 상황과 지름길 정보를 알려주었다. 마오쩌둥이 1938년 5월 강연에서 말한 대로 홍군은 군사적 열세를 정치로 극복했다.[■]

전쟁은 정치의 연장이다. 전쟁이 바로 정치이며 전쟁 자체가 정치성을 띤 행위라는 뜻이다. 그러나 전쟁은 일반 정치가 아니라 정치적 특수 수단의 연장이다. 전쟁은 특수하기 때문에 군대와 전략 전술, 공격과 방어 같은 특수한 조직과 방법과 과정을 지닌다. 전쟁에서 이기려면 심층적 정치동원을 이루어야 한다. 전쟁의 정치적 목적을 군인과 인민에게 알리고 그 목적을 달성하기 위한 구체적인 정치 강령을 명확하게 세워 말, 전단, 포고문, 신문, 책, 연극, 영화, 학교, 민중단체, 간부 요원을 통해 전국의 민중을 심층 동원하면 무기의 열세를 비롯한 모든 난관을 극복하고 승리를 쟁취할 수 있다.

홍군은 새로운 소비에트 지구에서 얻은 민중의 지지를 바탕으로 군사력을 증강했다. 그렇지만 민중이 지지한다고 해서 반드시 이기는 것은 아니다. 적을 제압할 군사 전략과 전술이 있어야 한다. 마오쩌둥은 백군과 일본군을 상대로 한 전쟁은 지구전이 될 수밖에 없다고 판단하고 주력부대를 긴 전선에 분산 배치해 기동전을 펼치면서 농촌에서 유격대를 조직했다. 홍군 유격대는

■ 마오쩌둥 지음, 이등연 옮김, 『마오쩌둥 주요 문선』, 학고방, 2018, 141~148쪽에서 발췌 요약.

지원 병력도 후방기지도 병참선도 통신망도 없었다. 확실한 승산이 없으면 전투를 피했다. 끊임없이 이동하다가 유리한 곳에서 적을 기습했다. 백군의 현대식 무기와 장비는 통신시설과 교량이 거의 없는 농촌에서 힘을 쓰지 못했다. 홍군은 후퇴 계획을 세우고 퇴로를 준비한 상태에서 적을 교란·유인·매복·기습했다.

마오쩌둥 말고도 '소총운동'을 한 사람이 있었다. 마오쩌둥이 1927년 징강산에서 최초의 홍군부대를 조직한 시기에 다른 혁명가들이 다른 곳에서 비슷한 일을 했다. 쉬하이둥은 '어위완 소비에트'를 세웠고 류즈단은 서북 내륙에서 산시(陝西)·간쑤·닝샤(寧夏) 소비에트의 터를 닦았다. 류즈단은 산시성(陝西省) 북부 바오안현(保安縣)에서 지주의 아들로 태어나 황푸군관학교를 졸업하고 북벌에 참여했다. 4·12쿠데타 때 고향으로 돌아와 민단의 단장이 됐는데, 여느 민단과 달리 악질 지주와 고리대금업자를 공격했다. 국민정부군에 붙잡혔다 풀려나고 다시 쫓기는 우여곡절을 겪은 그는 1931년 빈농과 국민당 탈영병들을 모아 홍군 유격대를 조직해 부패관리·지주·세금징수원을 죽이고 재산을 약탈했다. 류즈단 부대가 산시성(陝西省) 북부를 장악하자 공산당은 정치부를 설치하고 소비에트를 수립했다. 1933년에 출범한 소비에트는 1935년 5천 병력으로 22개 현을 지배했다. 장제스는 장쉐량(張學良)의 동북군을 보내 류즈단과 싸우게 했는데 그것이 실책이었다. 국민정부를 패배의 수렁에 빠뜨린 '시안(西安)사건'이 바로 거기에서 싹텄다.

산시성(陝西省) 소비에트는 대장정의 종착지였다. 쉬하이둥이 홍군 8천 명을 이끌고 먼저 산시성 남부에 안착했고 마오쩌둥과 주디의 부대가 뒤따라왔다. 류즈단은 1936년 4월 전사했지만 그가 만든 소비에트는 폭발적으로 성장했다. 공산당은 장시 소비에트의 경험을 살려 더욱 효율적인 체제를 구축했다. 열여섯 살이 넘은 사람 모두에게 투표권을 줬고 소작농·빈농·노동자를 우대했으며 마을에서 지구·현·성을 거쳐 중앙까지 상향식으로 조직을 구축했다. 각급 소비에트는 교육·생산·위생·재정·군사훈련을 책임지는 위원회를 꾸렸고 위원회는 공산당원이 지도했으며 농민 무장대가 치안을 유지했다. 입법권과 행정권을 하나로 통합하고 공산당이 지휘 감독했다는 점에서 산시성(陝西省) 소비에트는 '붉은 중국'을 키운 인큐베이터였다고 할 수 있다.

공산당은 지주의 땅을 농민에게 분배하고 고리대금업을 금지했다. 농민들은 생산조합과 소비조합을 조직했고 공산당원과 유격대원, 소비에트 관리자도 매주 하루 이상 농사일을 했다. 놀고먹는 사람도 굶는 사람도 없었다. 아편·전족·변발·유아살해·인신매매·성매매·구걸 행위를 일소하고 일부다처·민며느리·결혼지참금 등의 폐습을 없앴다. 학교를 열어 아이들에게 글자와 사회주의 사상을 가르쳤고 사회교육 센터에서 성인 문맹자를 교육했다. 소비에트 지구 거주자 대다수가 일상생활에 필요한 정도는 글을 읽고 쓸 수 있게 됐다. 땅을 주면 혁명에 등을 돌린다고 한 교조주의자들의 주장과 달리 농민들은 아들을 기꺼이 홍군에 보냈다.

소비에트 정부는 사기업을 허용했지만 석유·소금·석탄·피혁·양모·종이·피복·신발·약품·무기 등의 생필품과 군수품 공장은 직영했다. 여성들은 겨우 먹고살 정도의 급료를 받고 매주 엿새 하루 여덟 시간 공장에서 일했다. 그리 좋지는 않아도 날마다 열다섯 시간 넘게 일하면서 더러운 공장에 갇혀 지내는 상하이의

동료들보다는 나았다. 국민당이나 군벌이 지배하는 도시의 거리
에는 굶어 죽은 사람과 버림받은 아이의 시신이 즐비했지만 소비
에트 지구는 그렇지 않았다. 홍군 지휘관과 공산당 간부들은 정
해진 월급이 없었고 최고 권력자 마오쩌둥도 동굴 집에서 살았
다. 군수물자를 빼돌리거나 병사를 때리는 장교가 없었다. 농가
의 소를 멋대로 잡아먹는 병사도 없었다.

그러나 홍군은 외부 평판이 지극히 나빴다. 서북 내륙에 고
립되어 있어서 국민당 정부의 선전에 대항할 수 없었기 때문이
다. 국민정부군은 자기네가 죽인 민간인 시신과 자기네가 불 지
른 마을 사진을 내놓고 홍군의 만행이라고 모함했다. 마오쩌둥·
저우언라이·주더·펑더화이 등 공산당 수괴를 죽이면 거액의 상
금을 준다는 전단을 비행기로 뿌렸다. 1936년 6월 미국 기자 에
드거 스노가 쑨원 부인 쑹칭링(宋慶齡)의 소개장을 들고 들어가
마오쩌둥을 비롯한 공산당 지도부와 홍군 병사들을 인터뷰하고
소비에트 지구의 생활상을 취재 보도하기 전까지 홍군의 실상은
외부에 전혀 알려지지 않았다.■

스노의 기록에 따르면 현상금이 걸린 홍군 지도자들은 호위
병 없이 돌아다녔고 병사들은 국민당 비행기가 뿌린 전단의 뒷면
을 공책으로 사용했다. 다들 동굴이나 흙벽돌 막사에 살았다. 음
식은 조밥과 절인 배추, 가끔 먹는 양고기가 고작이었지만 대체
로 건강했다. 술과 담배를 거의 하지 않았고 군사훈련과 정치학
습으로 하루를 보냈다. 병사들은 인격적인 대우를 받았고 벽신문

■　에드거 스노는 넉 달 동안 체류하면서 취재한 소비에트 지구의 생활상을 『중국의 붉은 별』
/부~10부에 사세히 서술했다.

으로 지휘관이나 동료의 잘못을 비판할 수 있었다. 평균 나이는 열아홉, 60%가량이 농민의 아들이고 나머지는 공장노동자와 농업노동자 출신이었다.

병사들은 사회주의 사상을 웬만큼 이해했으며 자신이 참여한 전쟁의 정당성을 확신했다. 중국 전역에서 모인 그들은 저마다 일본 제국주의와 국민정부에 원한을 품고 있었다. 장교의 평균 나이는 스물네 살 정도였는데 황푸군관학교와 모스크바 적군대학, 동북군과 국민당 군대 출신이 많았고 유럽 유학파도 있었다. 장교는 병사와 똑같이 먹고 입었으며 전투에서는 앞장서 싸웠다. 장교의 사상자 비율이 지나치게 높아서 홍군 지도부는 걱정이 많았다. 1936년 9만 명에 육박했던 홍군 주력의 무기는 거의 다 백군한테서 빼앗은 것이었다.

열일곱 살이 안 되어 병사가 되지 못한 '소년 선봉대'가 4만 명이나 됐다. 그들은 소매가 무릎까지 내려오는 옷을 입고 전령·나팔수·밀정·무전병·선전원·마부·간호사·비서 등 여러 가지 일을 했다. 부모 이름을 모르는 고아나 학대를 피해 도망쳐 나온 경우가 많았다. 그들은 일반 병사와 같은 대우를 받았다. 어린 시절 집에서 학대받은 경험이 있는 펑더화이가 소년병을 특히 아꼈다.

중화인민공화국은 소비에트 지구에서 태어났다. 규율 있는 군대, 실정에 맞는 정치이념, 산업을 조직하는 이론과 방법, 정치제도와 외교정책, 문학과 예술의 특징까지 1980년대 이전 중국 사회의 기본 형태가 그곳에서 형성됐다. 그러나 1936년의 소비에트는 서북 내륙에 있는 인구 900만 명의 독립국에 지나지 않았다. 난징의 국민정부와는 비교할 수 없을 정도로 작고 약했다.

장제스가 장시 소비에트를 포위하고 홍군을 공격한 4년 동안 일본은 중국을 야금야금 파먹었다. 1차 공격 때 만주를 손에 넣었고 2차 공격 때는 상하이를 침략했다. 3차 때는 만주사변을 일으켰고 4차 때는 허베이성 동부 지역을 차지했으며 5차 때는 허베이성 전체와 인근 성에 손을 댔다. 그렇게 해서 중국 영토의 20%와 철도 총연장의 40%를 장악했으며 석탄과 철광자원 대부분을 차지했다. 공산당은 1932년 장시 소비에트 시절 일본에 선전포고를 하고 국민정부에 공동투쟁을 제안했다.

　장제스는 응답하지 않았지만 공산당은 1936년 일본 제국주의 침략에 대항하기 위해 난징 정부에 협력한다는 '민족통일전선전술'을 채택하고 국민당 군대를 상대로 심리전을 폈다. 적이 공격하지 않으면 싸우지 않았다. 포로를 잡으면 항일정책을 설명하고 풀어줬다. 백군 부대에 편지를 보내고 선전요원을 파견했다. 국제사회에 '반파시즘 국제동맹'을 맺자고 제안했다. 그러나 미국·영국·프랑스는 국민당 정부에 무기를 판매하고 이권을 획득하는 데만 관심을 두었다. 소련공산당도 농촌에 소비에트를 건설한 마오쩌둥의 노선을 못마땅하게 여겨 사실상 지원을 거부했다. 반면 국민정부는 미국과 독일의 비행기와 탱크를 구입하고 미군 장교를 초청해 조종사를 훈련했다.

　장제스가 서북 내륙의 소비에트 지구에 대한 대규모 공세를 준비하던 1936년 10월, 일본이 괴뢰 만주국을 앞세워 내몽골을 침략했다. 전국에서 항일전쟁 선포를 요구하는 시위가 일어났지만 상제스는 공산당과 싸우는 데 주력했다. 한 달 안에 홍비를 완전히 소탕하겠다고 호언장담하면서 최정예부대를 간쑤성에 배치하고 산시성(陝西省) 수도 시안에 폭격기 발진 시설을 만들었다. 독가스를 쓸 것이라는 소문이 나돌았다.

1936년 12월 7일 장제스는 전용기를 타고 장쉐량의 동북군 사령부가 있는 시안에 갔다. 닷새가 지난 12월 12일 새벽, 무장한 동북군 병사들이 장제스가 머무르던 온천장을 덮쳤다. 장제스는 잠옷 바람에 맨발로 도망쳤다. 병사들은 뒷산 바위틈에 웅크린 총통을 업고 내려와 사령부로 이송했다. 동북군 군악대가 국민당가를 연주하는 가운데 사령관 장쉐량이 장제스를 맞았다.■ 그는 총통의 각성을 위해 시안 체류를 요청하고 안전을 보장한다는 성명을 발표했으며 국민정부가 모든 정치세력과 손잡고 일본과 싸울 것을 요청하는 '구국의 요구' 8개 항을 제시했다.

'시안사건'은 세계를 놀라게 하고 중국 역사를 바꿨다. 비적 출신 만주 군벌 장쭤린(張作霖)의 아들인 장쉐량은 일본을 증오했다. 그럴 만한 이유가 있었다. 1928년 일본군이 열차를 폭파해 국민혁명군과 대립하고 있던 장쭤린을 죽였다. 장제스의 국민혁명군이 들어오면 만주를 장악하는 데 방해가 된다고 판단해 미리 만주군벌을 제거한 것이다. 아들 장쉐량은 도박과 골프를 즐기고 아편을 피웠지만 능력이 있고 성격이 관대해 인기가 있었다. 장제스와 의형제를 맺을 정도로 가까운 사이였다. 그런데 그가 장티푸스에 걸려 베이징 병원에 입원해 있던 1931년 9월 일본군이 만주를 침략했다. 장제스는 만주의 동북군에게 후퇴 명령을 내렸

■ 시안사건과 제2차 국공합작의 성립과정은 『새로 쓰는 중국혁명사 1911~1945』(나창주 지음, 들녘, 2019)의 445~456쪽을 참고해 서술했다.

고, 비난이 쏟아지자 장쉐량에게 책임을 떠넘겼다. 장쉐량이 공직에서 물러나 유럽으로 유학을 떠나자 장제스는 동북군을 이동 배치해 홍군과 싸우게 했다.

장쉐량은 1934년 아편을 끊고 돌아와 동북군 장병에게 고향을 되찾고 민족의 굴욕을 벗기는 데 목숨을 바치겠다고 선언했지만 장제스의 명령을 거부하지 못하고 지휘본부를 서북으로 옮겼다. 1935년 가을 홍군과 첫 전투를 치른 그는 깜짝 놀랐다. 홍군은 도적 떼가 아니었다. 지휘관들은 유능했고 병사들은 용감했다. 그들은 동북군 포로를 죽이지 않고 돌려보냈다. 중국 사람끼리 싸우지 말고 힘을 합쳐 나라를 되찾자고 선전했다. 동북대학이라는 교육기관을 만들어 항일정신을 교육하던 장쉐량은 무의미한 전투를 하면서 동북군이 소멸하고 있다는 사실을 깨달았다. 그때 저우언라이가 장쉐량에게 은밀히 접근해 비밀협약을 맺었다. 양측은 적대행위를 중지했고 홍군 장교들이 동북군 장교들에게 항일 정치교육을 실시했다.

1936년 11월 간쑤성에서 국민정부의 정예 제1군이 무너졌다. 홍군은 항일투쟁을 위해 협력하자고 선전하면서 후퇴하다가 갑자기 돌아서서 2개 보병여단을 짓밟고 1개 연대를 통째로 사로잡았다. 동북군은 국민정부군을 지원하지 않았다. 그들은 만주사변을 일으켜 고향 쑹화강(松花江) 일대를 침략한 일본군에게 복수하려는 일념뿐이었다. 그렇게 할 수만 있다면 공산당과도 손잡을 뜻이 있었다. 장제스는 장쉐량을 의심했다. 동북군 내부의 공산주의자와 민족주의자를 숙청하고 장쉐량을 해임할 심산으로 시안에 갔다. 장쉐량은 장제스의 속셈을 눈치채고 쿠데타를 결행했다.

장쉐량이 보낸 전용기를 타고 유명한 공산주의자 셋이 시안에 왔다. 홍군 군사위원회 부주석 저우언라이, 참모장 예팅, 서북소비에트지구 정부 주석 보구(博古)였다. 13만 동북군과 9만 홍군이 항일연합군을 결성하고 장쉐량이 지휘권을 행사했다. 항일연합군은 국민정부군을 무장해제하고 산시성(陝西省)과 간쑤성 전체를 장악했다. 모든 전투 명령을 취소하고 정치범 400명을 석방했으며 신문 검열을 폐지했다. 학생과 항일운동단체 회원들이 농촌에 들어가 항일전쟁 유격대를 모집했다.

장제스는 이미 죽은 목숨이었다. 동북군과 홍군의 급진파 장교들은 총통을 처형하자고 주장했다. 난징 정부의 국방부 장관을 비롯한 야심가들은 시안 공격계획을 검토함으로써 장제스의 빈자리를 차지하겠다는 의지를 드러냈다. 쑨원의 처제이자 장제스의 아내인 쑹메이링(宋美齡)은 장군들에게 일일이 전화를 걸어 군사행동을 보류시키고 시안으로 날아갔다. 스탈린은 장쉐량의 쿠데타에 중국공산당이 개입했는지 추궁하며 장제스를 죽이지 말라고 지시했다. 쑹메이링은 남편과 장쉐량을 한자리에 불러 화해를 주선하고 구명을 호소했다. 그러나 장제스는 항일연합전선을 구축하자는 요구를 완강히 거부했다. 그때 스탈린이 소련에 억류하고 있던 아들 장징궈(蔣經國)의 귀국을 허용할 수 있다는 신호를 보냈다. 저우언라이가 그것을 협상 카드로 삼아 장제스를 설득했다.

저우언라이와 장쉐량은 장제스를 총통으로 예우하면서 항일전쟁에 대한 공산당과 동북군의 입장을 설명했다. 장제스는 내전 중지를 개인적으로 보장하지만 총통의 위신을 유지한 채 난징에 돌아가야 하기 때문에 어떤 문서에도 서명하지 않겠다고 버텼다. 미심쩍으니 죽여야 한다는 청년 장교들을 저우언라이가 말렸다. 그때부터 믿기 어려운 상황이 잇달아 벌어졌다.

장제스는 항일전쟁을 위한 상호협력, 동북군과 홍군의 지위 인정, 정치적 자유 확대 등 핵심 사항에 말로만 동의했고, 12월 26일 시안을 떠나면서 반란행위에 대한 군사재판을 자청했다는 이유를 내세워 장쉐량을 데려갔다. 난징에 도착한 장제스는 '반란을 미리 다스리지 못한 부덕'을 이유로 들어 사임 의사를 표명했다. 국민당은 즉각 중앙집행위원회를 열어 사임을 반려했다. 이런 일을 세 차례 반복한 뒤 장제스는 사임 의사를 공식 철회했다. 군법회의는 장쉐량에게 징역 10년 형을 선고했고 장제스 총통은 곧바로 특별사면을 베풀었다. 모든 것이 연극이었지만 진심을 담지 않은 것은 아니었다. 문서 한 장 쓰지 않고 풀려났던 장제스는 놀랍게도 말로 한 약속을 이행했다.

1937년 2월 10일, 공산당은 국민정부에 역사적인 문서를 타전했다. 내전 중지, 언론·출판·집회·결사의 자유 보장과 정치범 석방, 항일전쟁 계획 제시, 쑨원 박사가 제창한 삼민주의로 복귀 등 네 가지 요구를 받아들이면 홍군의 이름을 '국민혁명군'으로 바꿔 총통의 지휘를 받고, 소비에트 정부의 이름을 '중화민국 특별구 정부'로 바꿔 완전한 대의민주주의 정부를 세우며, 토지몰수 정책을 당장 중지하겠다는 제안이었다. 장제스는 겉으로는 거부하고 실제로는 수락했다. 시안에 구금됐을 때 자기가 공산당의 요구를 단호히 거부하고 반란군을 애국심으로 감화했다는 가짜 무용담을 늘어놓으면서 공산주의자에게 삶을 새로 시작할 기회를 주겠다고 말했다.

국민당과 공산당은 각자 이득을 봤다. 장제스는 소비에트를 제외한 중국 전역에서 확고한 권위를 세웠다. 잔존한 지방 군벌을 완전히 제압하고 소비에트 지구를 포위하면 홍군에게 치명타를 입힐 기회가 오리라고 확신했다. 마오쩌둥은 백군의 봉쇄망을 풀어 물자와 인력을 보충하면 항일전쟁과 내전의 주도권을 잡을 수 있다고 판단했다. '협력'하는 시늉을 하면서 '공존'하기로 한 두 진영은 서로를 훤히 알았고 상대방에게 어떤 환상도 품지 않았다. 그들의 '동상이몽'은 국민정부군이 홍군을 다시 공격한 1941년 초까지 깨지지 않았다.

붉게 물든 대륙

1937년 7월 일본이 전쟁을 일으켰다. 베이징 근처의 중국군이 훈련 중이던 일본군을 공격했다는 이른바 '루거우차오(蘆溝橋) 사건'을 조작해 전면전을 선포하고 베이징으로 진군했다. 국민당과 공산당은 제2차 국공합작을 본격 시작했다. 공산당은 소비에트 정부를 자치정부로 바꿨다. 홍군은 붉은 깃발을 접고 '8로군'이라는 새 이름을 받아들였고, 상하이 근처의 병력을 모아 '신4군'을 편성했다. 홍군은 북부전선에서 일본군에게 밀리지 않고 싸웠다. 전황은 마오쩌둥의 예측대로 흘렀다. 그는 중일전쟁이 터지기 1년 전인 1936년 7월 16일 스노와 인터뷰하면서 이렇게 말했다.▪

▪   에드거 스노, 앞의 책, 129~136쪽.

일본이 연안의 전략 거점을 장악했기 때문에 항일전을 계속할 수 없다고 하는 것은 터무니없는 생각입니다. 중국은 모든 영토가 침략자의 칼끝에 낱낱이 유린될 때까지 정복됐다고 말할 수 없어요. 일본이 2억 인민이 거주하는 땅을 점령했다 해도 중국이 졌다고 말하기에는 까마득합니다. 그들은 전쟁 내내 뒤에서 올 공격에 대처해야 할 것입니다. 일본군은 오지에 있는 우리의 군수품 공장을 장악할 수 없고 우리가 자기네 무기와 탄약을 탈취하는 것도 막지 못합니다. 고르지 못한 중국 경제의 발전 상황도 유리하게 작용합니다. 상하이를 차단해도 뉴욕을 차단하는 경우처럼 파멸적인 영향이 오지는 않습니다. 일본은 중국 전체를 고립시킬 수 없고, 서부지역은 봉쇄가 불가능합니다. 적대적인 중국인에게 에워싸인 일본군은 식량을 한꺼번에 가지고 들어와 지켜야 하고 교통·통신망에 병력을 배치해야 하며 만주의 기지에도 방어 병력을 두어야 합니다. 일본 경제는 막대한 군비와 장기 점령의 긴장을 이기지 못하고 무너질 것이고, 일본군은 끝없이 싸워도 끝나지 않는 전쟁의 고통에 사기가 떨어질 것입니다.

일본군은 도시를 점령했다. 민가를 불태우고 민간인을 학살했다. 그러나 중국은 광활한 나라였다. 100만 일본군도 점(도시)과 선(철도와 도로)밖에 점령하지 못했다. 도시를 거점으로 삼은 국민당 행정조직과 군대는 쑥대밭이 됐지만 배후 지역에 스며들어 비정규전을 펼친 홍군은 적의 예봉을 피했다. 1937년 12월 13일부터 6주 동안 난징에서 약탈·방화·강간을 마구잡이로 저지르면서 30만 명 넘는 포로와 민간인을 학살한 일본군의 만행에 격분한 성난과 국민당 패잔병이 앞다투어 홍군에 가담했다.

홍군은 농민을 자위대와 유격대로 조직하고 총을 쥐여줬다. 점령지의 땅을 나눠주고 글을 가르쳤으며 봉건적 폐습을 타파했다. 항일전쟁을 치르면서 홍군은 더 빠르게 성장했다. 대표적인 사례가 류보청이 지휘한 8로군 129사단이다. 이 부대의 6천 병력은 동쪽 산둥성으로 이동하면서 분열을 거듭해 흔적 없이 사라졌다가 몇 년 뒤 수십만의 항일부대로 다시 모습을 드러냈다. 그들은 전투력이 집중에서 나온다는 상식을 뒤집었다. 양쯔강 계곡부터 몽골의 초원과 만주의 산악지방까지 수만 개의 마을에서 일본군의 배후를 공격하며 총력전을 펼쳤다. 국민정부군의 점령지는 날이 갈수록 줄어들었다.

1938년 가을부터 흔들린 제2차 국공합작은 여러 차례의 소규모 군사충돌을 거쳐 1941년 1월 5일 '신4군 사건'으로 완전히 깨졌다. 장제스의 철수 명령을 받고 일본군 배후지역으로 이동하던 신4군 정예 9천 명을 국민정부군 8만 명이 포위 공격해 궤멸한 사건이다. 장제스는 신4군 해체 명령을 내리고 8로군에 대한 군수품 지원을 끊었다. 홍군은 일본군과 싸우면서 국민정부군과도 부딪쳤다.

1941년 6월 독일이 소련을 침공하자 중국공산당은 소련의 지원을 받기 어려워졌다. 스탈린은 일본이 독일과 손잡고 소련을 공격하는 사태를 우려해 홍군에게 중국 동부 지역의 일본군을 공격하라고 지시했지만 마오쩌둥은 전투를 피하면서 당원을 늘리고 홍군을 강화하는 데 주력했다. 12월 7일에는 일본 공군이 하와이 진주만을 공습해 태평양전쟁이 터졌다. 미국은 국민정부의 협력을 받으려고 막대한 군수물자를 지원했다. 스탈린도 홍군보다 국민정부군을 더 중요한 동맹으로 대했다.

1945년 5월 독일이 항복해 유럽 전선이 소멸하자 마오쩌둥은 장제스에게 연립정부 수립을 제안했다. 그러나 8월 15일 일본이 항복을 선언하면서 국공합작은 명분을 잃었다. 북부 지배권을 두고 대결 분위기가 고조되던 1946년 4월 연립정부 수립 협상이 결렬되자 국민당과 공산당은 생사를 건 전면전을 시작했다. 객관적 전력은 국민정부가 단연 우세했다. 병력은 430만으로 127만의 홍군을 압도했고 무기와 장비도 월등했으며 미국에서 30억 달러의 원조까지 받았다. 그러나 홍군도 정규군 이외에 수백만 명의 민간 협력자를 확보했고 비행기·전차·대포·기관총 등 일본군의 신무기를 노획했으며 소련의 무기도 지원받아 화력을 대폭 증강했다.

공산당은 군대의 명칭을 인민해방군으로 통일했다. 인민해방군은 북부와 서부의 근거지를 방어하는 데 성공했고 1947년 5월 산둥성 전투에서 크게 이겨 내전의 주도권을 잡았다. 그들은 이제 쫓기는 군대가 아니었다. 서북 내륙을 나와 중원까지 진출한 인민해방군은 1948년 가을 만주에서 벌인 일련의 전투에서 결정적인 승리를 거두었다. 1949년 1월 22일 선발대가 베이징을 점령했고, 2월 3일 본대가 입성했으며, 3월 2일 마오쩌둥과 공산당 수뇌부가 옛 황제의 별장 이화원에 중앙정치국을 설치했다. 5월 중순 인민해방군은 국민정부군의 마지막 보루인 상하이를 점령했다. 장제스 총통은 소수의 병력을 끌고 대만으로 달아났다. 1949년 10월 1일, 베이징 톈안먼 광장에서 마오쩌둥 주석은 중화인민공화국 수립을 선포했다.

중국 사회주의혁명 드라마의 마지막 반전은 시안사건이었다. 그 사건이 아니었다면 제2차 국공합작은 없었을 것이고 국민당과 공산당의 세력 판도가 그토록 짧은 기간에 뒤집히기도 어려웠을 것이다. 장쉐량은 공산주의자가 아니었지만 민족과 고향을 향한 애착과 열정 때문에 결과적으로 공산당을 도왔다. 장제스는 대만의 원주민을 학살하면서 중화민국을 세웠다. 1975년에 죽을 때까지 지킨 총통 자리는 아들 장징궈가 물려받았다. 장쉐량은 외출할 자유 정도를 허락받고 살면서 붉게 물든 대륙을 바라보아야 했다. 다시는 고향 땅을 밟지 못했다.

신민주주의

중국혁명과 볼셰비키혁명은 닮은 점이 많다. 구체제가 썩은 문짝처럼 쓰러진 것, 패전이 사회혁명을 부추겼다는 것은 같았다. 혁명으로 탄생한 체제가 구체제보다 더 강력하고 중앙집권적이었다는 것, 최고 권력자가 개인숭배의 대상이 된 것도 똑같다. 그러나 결정적인 차이가 있었다. 레닌은 병사와 노동자의 도시 봉기로 권력을 장악한 다음 그 권력을 지키기 위해 내전을 벌였다. 반면 마오쩌둥은 오지의 농촌에서 홍군을 창설하고 장기 내전의 군사적 승리를 통해 국가권력을 차지했다.

청은 러시아보다 더 뒤떨어진 농업사회였고 일본을 비롯한 제국주의 열강의 침략을 받은 반(半)식민지였다. 남부 해안과 내륙의 몇몇 대도시를 제외하면 근대산업이라 할 만한 것이 존재하지 않았다. 이념은 공산주의를 표방했지만 혁명의 정치적 토대는 농촌이었고 홍군의 주력도 농민이었다. 중국공산당은 민족해방·민주주의·사회주의라는 세 과제를 한꺼번에 이루려 했다. 민족해방과 사회주의를 성취하는 데는 별 어려움이 없었다.

그러나 민주주의는 달랐다. 중국공산당은 일반적으로 민주주의라 일컫는 정치제도를 경험한 적이 없었고 그런 민주주의를 받아들일 뜻도 없었다. 마오쩌둥은 공산당이 세우려는 정치체제를 '신(新)민주주의'라고 했다. 레닌은 혁명조직에서 민주주의를 할 수 없다고 공언했지만 마오쩌둥은 민주주의가 아닌 것을 '새로운 민주주의'라고 주장했다. 아래는 1940년 1월에 발표한 「신민주주의론」의 한 대목이다.■

중국은 현재 전국인민대표대회·성(省)인민대표대회·현(縣)인민대표대회·구(區)인민대표대회·향(鄕)인민대표대회 등 각급 대표대회에서 선거를 통해 정부를 구성한다. 남녀·신앙·재산·교육 등의 차별이 없는 진정한 보통·평등의 선거제를 실시해야 각 혁명계급이 국가의 일정한 지위에 올라가게 되고 신민주주의 정신과도 합치될 수 있다. 이러한 제도가 바로 민주집중제다. 중국에 건설하는 공화국은 경제 분야에서도 신민주주의여야 한다. 대은행·대공업·대상업은 국가에서 소유해야 한다. 독점적 성격의 기업이나 규모가 너무 커서 개인이 경영하지 못하는 것, 예컨대 은행·철도·항공사업 등은 국가에서 경영·관리해 사유자본 제도가 국민 생계를 마음대로 뒤흔들지 못하게 한다. 국영경제는 사회주의적 성격을 띠며 국민경제를 지도하는 역량을 가진다. 국민생계를 마음대로 뒤흔들 수 없는 자본주의적 생산의 발전은 금지하지 않는다. 공화국은 적절한 방법으로 지주의 토지를 몰수해 토지가 없거나 적은 농민에

■   마오쩌둥, 앞의 책, 210~211쪽.

게 분배한다. 농촌에 부농경제가 존재하는 것도 용인된다. 이것이 바로 '토지소유권의 균등화' 방침이다. 중국 경제가 나아가야 할 방향은 '자본의 조절·통제'와 '토지소유권 균등화'의 길로, '소수인의 사리 독점'을 절대 허용치 않고, 소수 자본가·지주가 '국민생계를 마음대로 뒤흔들지 못하게' 함으로써 서구식 자본주의사회를 건립하거나 반(半)봉건사회가 지속되지 않도록 해야 한다.

중국공산당이 지배한 중화인민공화국이 청, 군벌정권, 장제스의 국민정부 시대보다 나은 사회였다는 것은 반박할 여지가 없다. 중국공산당은 인민을 먹여 살렸고 봉건적 폐습을 일소했으며 제국주의의 간섭과 수탈을 뿌리쳤다. 그러나 마오쩌둥의 '신민주주의'는 민주주의가 아니다. 중국공산당도 소련공산당과 마찬가지로 개인의 자유를 허락하지 않았다. 공산당 일당독재체제를 구축해 사상과 이념의 다양성을 봉쇄하고 입법·행정·사법권을 하나로 묶어 권력을 집중했으며 권력자의 임기를 실효성 있게 제한하지도 않았다. 스탈린이 '사회주의 차르'가 된 것처럼 마오쩌둥도 '사회주의 황제'가 됐다. 국가경제와 인민의 생활을 만족스러운 수준으로 개선하지도 못했다. 더 나은 세상을 건설하는 일은 낡은 체제를 무너뜨리고 내전에서 이기는 것과는 다른 사업이었다. 마오쩌둥은 그 사업을 할 준비가 되어 있지 않았으며 다른 사람에게 권한을 넘기지도 않았다.

중국 정부가 1958년부터 3년 남짓 추진한 '대약진운동'은 처참한 실패로 끝났다. 1957년 10월 인공위성을 지구 궤도에 올린 소련의 니키타 흐루쇼프(Nikita Khrushchyov) 서기장이 15년 안에 미국을 추월하겠다면서 생산력 증산운동을 시작했다. 그러자

마오쩌둥은 같은 기간에 영국을 따라잡겠다는 목표를 내걸고 철
강과 곡물 생산력 증대에 초점을 둔 '대약진운동'을 벌였다. 그러
나 흙벽돌로 지은 100만 개의 재래식 소형 고로는 쓸모없는 불량
품만 남겼고 농촌을 사회주의 협동농장으로 재편한 '인민공사'
는 노동의욕 상실과 자연재해로 농업 생산을 파탄에 몰아넣었
다.■

　중국 정부의 공식 발표로는 1,700만 명, 실제로는 4천만 명
가까운 인민이 굶어 죽은 대참사가 벌어진 뒤에야 마오쩌둥은 실
용주의자 류샤오치(劉少奇)와 덩샤오핑(鄧小平)에게 각각 국가 주
석과 당서기 직을 넘기고 일선에서 물러났다. 그런데 그는 류샤
오치와 덩샤오핑이 실용주의 노선으로 경제를 회생시킨 1966년
공산당 정치국 확대회의에 학술·교육·출판·문예계의 부르주아
반동사상을 척결하자는 '5·16 통지문'을 제출해 '문화대혁명(文
化大革命)'이라는 정치적 내전을 일으켰다. 문화대혁명은 마오쩌
둥의 권위에 굴복한 공산당 중앙위원회가 그의 주장을 칭송하고,
청년과 노동자들이 공산당 간부의 특권과 부유한 지방 유지를 향
한 불만을 폭력적인 방식으로 표출하면서 시작되었다. 낡은 사
상·문화·풍속·관습의 타파를 내세웠지만 인간의 기본권을 유린
하고 문화의 다양성을 말살한 야만으로 귀착됐다.

　1969년에 마오쩌둥이 문화대혁명 종결을 선언했지만 홍위
병, 대자보, 대학 폐쇄와 지식인의 하방(下放), 인민재판, 문화유산
파괴와 분서(焚書), 소수민족 학살, 마오쩌둥 신격화, 린뱌오의 쿠

■　대약진운동에 대한 마오쩌둥의 구상, 실패 원인과 결과에 관해서는 『마오쩌둥 2』(필립 쇼트
지음, 양현수 옮김, 교양인, 2019), 222~281쪽을 참고해 서술했다.

데타 시도, 마오쩌둥의 건강 악화, 넷째 부인 장칭(江靑) 등 '4인방'의 국정농단 같은 크고 작은 사건을 거쳐 마오쩌둥이 병사하고 '4인방'이 체포당한 1976년까지 그 여진이 이어졌다. '4인방' 재판에서 법원은 문화대혁명 기간에 73만 명이 박해를 당했고 3만 5천여 명이 사망했다는 추정치를 발표했는데 정확한 통계는 아니다. '부르주아 앞잡이'나 '수정주의자'로 몰린 이들은 얻어맞고 고문당하고 재산을 빼앗기고 직장에서 쫓겨나고 처형·영양실조·강제노역·질병·자살 등의 사유로 목숨과 건강을 잃었다.

마오쩌둥 사망 이후 짧은 혼란기를 거쳐 '4인방'에게 쫓겨났던 덩샤오핑이 공산당의 실권자로 복귀했다. 덩샤오핑은 1978년 12월 공산당 중앙위원회 전체회의에 경제발전을 위한 개혁개방 정책을 보고하고 경제체제를 '사회주의적 시장경제'로 전환했다.▪ 첫 단계는 농업·경공업·상업 진흥이었다. 문화대혁명 때 닫았던 대학을 열어 과학기술 인재 양성을 재개했고 인민공사를 분리·해체해 토지경작권을 농민에게 돌려줬으며 서구의 자본과 기술 도입을 허용했다. 경제특구를 지정해 경제발전의 동력을 조성하고 해안의 도시를 외국자본에 개방했다. 1989년 6월 4일 전면적인 민주화를 요구하며 일어난 톈안먼 시위를 '반혁명'으로 몰아 무력으로 진압한 뒤에는 국영기업 민영화, 공무원 공채 제도 도입, 국영기업 잉여 인력 해고, 국가기관의 기업 운영 허용, 생필품 배급제 폐지 등 시장경제 요소를 더 확대했다. 덩샤오핑 이후 권력자가 여러 번 바뀌었지만 마오쩌둥 때와 같은 개인숭배는 나타나지 않았다.

▪ 송승엽 지음, 『미래 중국 인사이트』, KMAC, 2015, 122~149쪽 참조.

중국은 '세계의 공장'이 됐다. 경제체제를 전환한 지 40년이 지난 2018년 중국의 국내총생산은 미국의 3분의 2 수준인 13조 6천 억 달러로 1978년의 90배가 됐다. 같은 해 1인당 국민소득은 미국의 6분의 1에도 미치지 못하는 1만 달러 수준이었지만 인구가 많아 국내총생산 총액은 머지않은 미래에 미국을 앞지를 전망이다. 중국 경제는 중앙통제 방식의 계획경제와 분권적 시장경제를 혼합한 체제다. 오늘날 중국 국민의 삶은 사회주의 이념이 아니라 부를 향한 열망이 지배한다. 빈부격차는 여느 자본주의사회 못지않으며 공직사회의 부패는 어떤 자본주의사회보다 심하다. 마오쩌둥과 대장정의 전사들은 이런 세상을 꿈에도 상상하지 않았을 것이다.

그러나 정치체제만큼은 마오쩌둥이 '신민주주의'라는 이름으로 설계한 그대로다. 현대 중국의 정치는 플라톤이 말한 철인정치(哲人政治)의 '집단주의 버전'이다. 공산당은 무엇이 선인지 아는 '철인' 또는 '현자(賢者)'의 역할을 한다. 공산당은 조직 내부의 '민주주의' 또는 지도자 양성 시스템을 통해 국가 지도자를 세우고, 그 지도자가 전권을 행사하며 국가를 운영한다. 권력분산·상호견제·복수정당제·언론자유 따위는 서구식 '대중민주주의'에나 필요하다고 여긴다. 마오쩌둥은 여전히 중국을 지배하고 있다. 중국 지식인들은 대부분 서구식 '대중민주주의'를 거부하며 '신민주주의'를 중국 실정에 맞는 정치체제라고 옹호한다. 통일 왕조가 무너질 때마다 혹독한 내전의 고통을 겪은 중국 민중은 적어도 당분간은 공산당의 지배를 용인할 듯하다. 영원하지는 않겠지만.

모든 악의 연대

1918

11월 11일
독일제국 멸망

1919

1월 5일
독일노동자당 창당
바이에른의
민족주의자들이
창립한 것으로
같은 해 9월,
아돌프 히틀러를
파견했다.

8월 11일
바이마르공화국
(독일국) 수립

아돌프 히틀러
Adolf Hitler,
1889~1945

1923

11월 8일
비어홀 폭동
히틀러가
바이마르공화국에
대항해 일으킨 반란을
말한다.

1929

10월 24일
대공황 시작

1939 **1941** **1945**

월 30일
l틀러가 독일 총리로
l임

9월 1일
제2차 세계대전 개전

12월 7일
진주만 공습
일본이 하와이
진주만을 공습하고,
독일과 이탈리아가
미국에 전쟁을
선포했다.

9월 2일
제2차 세계대전 종전

바이마르공화국

1933년 1월 30일, 독일 대통령 파울 폰 힌덴부르크는 아돌프 히틀러(Adolf Hitler)를 '총리'로 지명했다. 1945년 4월 30일, '총통' 히틀러는 베를린 관저의 벙커에서 권총으로 자신의 관자놀이를 쏘았다. 히틀러는 세계를 전쟁의 불바다로 만들었고, 6천만 명 넘는 군인과 민간인이 목숨을 잃었다. 그 책임을 히틀러 한 사람에게 물을 수는 없다. 그러나 히틀러가 없었다면 그 정도의 참극이 벌어지지는 않았을 것이다. 그렇게 많은 사람을 죽인 살인자는 인류 역사에 없었다.

정치에 뛰어들기 전까지 히틀러의 인생에는 특별하다고 할 만한 게 전혀 없었다.▪ 히틀러는 1889년 오스트리아 북부 인강 변의 작은 도시에서 태어났다. 『나의 투쟁(Mein Kampf)』에 부모가 '바이에른 혈통의 오스트리아 사람'이라고 썼지만 근거는 제시하지 않았다. 아버지 알로이스 히틀러는 하녀의 아들이었으며 어릴 때는 어머니의 성을 썼다. 알로이스의 어머니는 생부로 추정되는 요한 히들러와 혼인했는데, 알로이스는 히들러를 히틀러로 살짝 바꿔 사용했다. 아돌프 히틀러가 보헤미아 유대인의 후예라는 소문도 진위를 확인할 수 없다. 구두 수선 견습공으로 일하다

▪ 히틀러의 초기 생애는 『나의 투쟁』(아돌프 히틀러 지음, 황성모 옮김, 동서문화사, 2014)과 『아돌프 히틀러』(박홍규 지음, 인물과사상사, 2019)를 참고해 서술했다.

가 행정사무직 시험에 합격해 세관 공무원이 된 알로이스는 아내와 두 번 사별한 뒤 스물네 살 연하인 클라라와 혼인했다. 클라라는 아이를 여섯 낳았는데 넷째 아들과 막내딸만 유아기에 죽지 않았다. 그 아들이 바로 아돌프 히틀러였다.

히틀러는 공부를 잘하고 그림에 재능이 있었지만 알로이스는 아들을 린츠의 직업학교에 보냈다. 히틀러는 4학년 때 성적 부진과 품행 불량으로 퇴학당하고는 죽은 남편의 연금으로 살던 어머니 집에서 하는 일 없이 지냈다. 1907년 빈(Wien) 미술대학에 지원했지만 입학 허가를 받지 못했고, 어머니가 암으로 죽은 뒤에는 빈에서 3년 정도 그림엽서를 만들고 풍경화를 그려 팔며 살았다. 그 무렵 빈은 유럽 최고의 문화도시였다. 수백 년 동안 도시를 둘러싸고 있던 성벽을 헐어낸 19세기 중반 이후 합스부르크 왕가의 후원과 신흥 중산층의 수요 덕분에 건축·공예·미술·디자인·음악 등 여러 분야에서 전통 사조와 새로운 조류가 뒤섞이며 발전했다.

무명 화가 히틀러는 '비엔나 스타일'로 알려진 도심의 크고 화려한 건축물과 전시관을 순례하며 예술을 향한 열정을 키웠지만 스스로 어둡고 추잡하다고 말한 '하층민의 세계'에서 처절한 가난과 고독을 맛봤다. 굶지 않으려고 무슨 일이든 닥치는 대로 했던 그는 노동자의 소박하고 정당한 요구마저 졸렬하고 부도덕한 방법으로 거부하는 부르주아지에게 반감을 품었다. 그러면서도 노동조합과 마르크스주의를 경멸했고 프랑스를 선망하는 상류사회와 언론의 분위기를 못마땅하게 여겼다. 청년 히틀러는 '도이치 민족주의'와 반유대주의를 신념으로 품었다. '도이치 민족주의'는 독일어를 쓰는 사람이 다수인 모든 지역을 하나의 민족국가로 통합하자는 사상이다.

1913년 5월 히틀러는 오스트리아 정부의 징병검사를 피해 독일 뮌헨으로 이주했다. 군대에 가지 않으려고 그런 게 아니다. 유대인·슬라브인·헝가리인 등 다양한 민족과 문화와 종교를 관대하게 포용한 합스부르크제국의 정책을 혐오해서였다. 제1차 세계대전이 터지자 뮌헨에서 '독일제국(Das Deutsche Kaiser-Reich)' 군대에 들어간 히틀러는 병영에서 안정감을 느끼고 전선의 참호에서 전우애를 체험했다. 친구 하나 없이 가난과 외로움을 견뎌야 했던 예술의 세계에서는 맛보지 못한 감정이었다. 용감하게 전투에 뛰어들었고 부상을 당하면 다 낫기도 전에 전선에 복귀했다. 두 번이나 훈장을 받은 히틀러 상등병은 군대의 조직과 운영 방식을 최상의 사회적 규칙이라 확신했다.

1918년 11월 11일, 북부 해군이 반란을 일으켜 독일제국이 무너졌다. 혁명 세력은 치안이 불안한 수도 베를린 대신 중부 튀링엔 주의 소도시 바이마르에서 헌법 제정 절차를 진행해 1919년 8월 11일 공화국을 수립했다. 그런데 독일 정치인과 국민은 공화정을 운영한 경험이 없었고 군주정에 미련을 버리지 않았다. 공화국이라는 국호에 대한 반대 여론이 높아 독일제국에서 황제(Kaiser)만 삭제한 '독일국(Das Deutsche Reich)'을 채택했다. 권력구조는 대통령과 의회가 권력을 나누는 '이원집정부제'였다. 사회민주당의 프리드리히 에베르트(Friedrich Ebert)가 첫 대통령이 됐고 사회민주당과 자유주의 정당들이 제휴해 의회를 운영했다. 사회는 바뀐 점이 별로 없었다. 자본가와 지주들은 재산과 지위를 그대로 유지하고 제국 시대의 공무원과 판사들이 행정과 치안을 주도했다. 군대·정부·민간단체를 불문하고 상부 비판은 금기였으며, 가정과 학교는 가부장주의와 권위주의 문화가 지배했다. 사회 분위기와 국민 의식이 민주주의와 거리가 멀었던 만큼 극우적인 군부와 왕정복고파가 무시할 수 없는 정치적 영향력을 행사했다.

나의 투쟁

원인이 무엇이든 바이마르공화국의 민주주의는 무능했다. 독일은 식민지와 해외의 이권을 모두 빼앗겼고 알자스-로렌과 슐레지엔 지역을 프랑스와 폴란드에 넘겨줬으며 막대한 전쟁배상금까지 떠안았다. 생필품이 부족했고 물가는 치솟았으며 실업자가 넘쳐났다. 군대의 규율과 전투 기술 말고는 아는 게 없는 제대군인들이 무리 지어 거리를 배회했다. 파산 위기에 맞닥뜨린 수공업자와 상인들은 울분을 터뜨렸다. 공산당과 사회민주당 등 좌파 정치세력은 서로 싸웠고, 제국 시절 독일을 지배했던 자본가·지주·관료·군부·왕정복고파·민족주의자들은 서서히 기력을 회복했다.

1919년 1월, 베르사유조약에 반대하는 바이에른의 몇몇 민족주의자가 '독일노동자당'을 창립했다. 이름만 정당이었을 뿐 실제로는 작은 극우단체에 지나지 않았다. 패전 때문에 혁명이 일어난 게 아니라 혁명이 일어난 탓에 독일이 패전했다고 주장한 그 정당을 바이에른 군부가 지원했다. 처음에는 히틀러와 아무 관련이 없었다. 그런데 바이에른주의 정치 동향을 살피던 군부가 1919년 9월 히틀러 상등병을 그 정당에 파견했다. 555번 당원이

된 히틀러는 병영을 나와 정치에 뛰어들었다.■

히틀러는 뛰어난 연설 솜씨를 발휘해 새로운 당원을 끌어들였다. 당의 주도권을 장악한 1921년에 당명을 '민족사회주의독일노동자당(Nationalsozialistische Deutsche Arbeiterpartei, Nazi)'으로 바꾸고 왕당파가 주도한 바이에른 주정부의 후원을 받았다. 그는 나치당 최고의 이론가·연사·조직전문가로 인정받았다. 퇴역군인·학생·노동자를 모아 창설한 '돌격대(SA)'는 나치당 집회에 와서 야유를 보내는 사회주의자들에게 흉기를 휘두르고 권총을 난사해 비상한 관심을 끌었다.

히틀러는 미리 준비한 원고를 읽지 않았다. 청중의 반응을 살피면서 호흡을 맞춰 집단 최면 분위기를 조성했다. 여느 극우파 연사들과 달리 정부를 비난하거나 패전에 대한 복수를 선동하는 데 그치지 않고 '위대한 도이치 민족'의 단결, 적국의 위협 제거, 정신노동과 육체노동의 조화, 국민군 창설, 사회보장제도 확충, 행복한 민족공동체 건설 등 '고귀한 목표'를 제시했다. 제국의 부활을 꿈꾸는 왕정복고파, 복수심에 불타는 군부, 노동운동을 말살하고 싶었던 자본가들만 열광한 게 아니었다. 사회주의혁명을 두려워한 중산층, 소외된 노동자, 울분에 찬 실업자도 나치당을 지지했다. 하지만 히틀러는 바이에른주에서만 알려진 '지방 정치인'이었다. 당원들은 그를 지도자가 아니라 선전원으로 여겼다. 그러나 얼마 지나지 않아 히틀러는 '전국구 정치인'으로 발돋움했다.

■ 히틀러는 『나의 투쟁』에서 자기가 7번 당원이라고 주장했지만 임시당원증 번호는 555번이었다. 매튜 휴즈·크리스 만 지음, 박수민 옮김, 『히틀러가 바꾼 세계』, 플래닛미디어, 2011, 20~21쪽.

1921년 5월 승전국들은 1,320억 마르크의 전쟁배상금을 확정했다. 이제 독일은 해마다 국내총생산의 10%에 해당하는 금액을 지불해야 했다. 돈을 마련할 방법을 찾지 못한 정부는 국채를 발행했고, 그 국채를 제국은행이 인수했다. 시중 통화량이 급증하자 하이퍼인플레이션이 사회를 덮쳤다. 1923년 8월 독일 마르크의 가치는 전쟁 전의 110만 분의 1로 떨어졌다. 9월에는 2,354만 분의 1, 10월에는 60억분의 1로 폭락했다. 빵 한 덩이가 30억 마르크, 쇠고기 한 덩이가 360억 마르크가 됐으며 1조 마르크 지폐가 나왔다. 전국에서 폭동이 일어났다. 하이퍼인플레이션은 승전국들이 전쟁배상금을 탕감하고 독일 정부가 화폐개혁을 실시한 1924년 1월에야 진정세를 보였다.

히틀러는 바이에른의 군부가 쿠데타를 계획하고 있다는 정보를 입수하고 폭동을 준비했다. 정치적 조급증 때문만은 아니었다. 파업을 진압해준 대가로 기업에서 받은 지원금으로는 돌격대원의 월급을 지급하기 어려웠다. 서둘러 권력을 잡아야 했다. 히틀러는 반란 시기와 방법을 군부와 협의하다가 먼저 폭동을 일으켰다. 1923년 11월 8일, 바이에른 주지사가 왕정복고 연설회를 하는 뮌헨의 비어홀에 기관총을 든 돌격대를 끌고 나타나 천장에 권총을 쏘면서 '국민혁명'과 '혁명정부 수립'을 선포했다. 경찰은 나치당원 열아홉 명을 사살하고 히틀러를 체포했다.

폭동은 실패했지만 정치인 히틀러는 성공했다. 바이에른 법원의 판사들은 무장 폭동의 주모자에게 고작 5년 형을 선고했고 그마저도 열 달이 지나지 않아 풀어줬다. 히틀러는 교도소에서 35년 인생과 정치사상을 밝히는 선언문을 썼다. '거짓, 어리석음 그리고 비겁함에 대한 4년 반의 투쟁'이라는 제목을 붙인 그 선언문은 『나의 투쟁』이라는 책이 되어 1부는 1925년에, 2부는 1927년에 나왔다. 1945년까지 독일에서만 천만 권 넘게 팔린 그 책에서 히틀러는 돌격대 창설, 하켄크로이츠(Hakenkreuz) 사용, 무장 폭동 등 자기가 한 모든 행위를 정당화했으며 독재, 비밀국가 경찰(게슈타포) 창설, 재무장, 침략전쟁, 홀로코스트 등 앞으로 저지를 모든 행위를 예고했다.

　서른 살 이전의 히틀러는 시대 상황의 영향을 받았다. 그러나 '비어홀 폭동' 재판에 나온 서른다섯 살의 히틀러는 반대로 세상에 영향을 주기 시작했고, 1933년 총리직에 오른 뒤에는 역사 그 자체가 됐다.[■] 『나의 투쟁』에서 히틀러는 개인사와 가족사에 관해 사실이 아닌 이야기를 숱하게 했으며 당대의 정치 현안과 여러 사상에 대한 자신의 주장을 두서없이 늘어놓았다. 하지만 괴팍한 몽상 같았던 그의 생각은 아래와 같은 나치당의 조직 원리[■■]를 국가에 적용하자 그대로 현실이 됐다.

　나치당의 정치 개혁운동은 본질과 내부조직 모두 의회주의를 부정하며 다수결 원리를 거부한다. 일의 크고 작음을 불문하고 최고 책임을 진 지도자는 무조건적 권위를 가져야 한다. 지구 그룹의 책임자는 상급 지도자가 임명한다. 그는 지구 그룹의 책임을 가진 지도자이며 모든 위원회를 지배한다. 상급 조직인 소관구, 중관구, 대관구도 같은 원칙을 적용한다. 언제나 지도자는 위에서 임명하며 무제한의 권력과 권위를 부여한다. 오로지 당 전체의 지도자만 당

■　제바스티안 하프너 지음, 안인희 옮김, 『히틀러에 붙이는 주석』, 돌베개, 2014, 29쪽.

■■　아돌프 히틀러 지음, 황성모 옮김, 『나의 투쟁』, 동시문화사, 2014, 477~478쪽.

규에 따라 전당대회에서 선출한다. 그는 이 운동의 독점적 지도자로서 모든 결정을 내리며 책임을 진다. 그가 운동의 원칙을 어기거나 제대로 일하지 않을 경우 지위를 빼앗고 똑같은 권위와 책임을 가지는 더 유능한 인물을 새로 뽑는 것은 지지자의 자유다. 이 원리를 국가에 적용하는 것은 이 운동의 최고 과제에 속한다. 책임을 지지 않으려는 자는 지도자 자격이 없다. 영웅만이 지도자가 되는데 적합하다. 인류의 진보와 문화는 다수결의 산물이 아니라 개인의 독창성과 행동력에서 비롯했다. 이 운동이 의회제도에 참가하는 것은 오로지 인류의 가장 심각한 퇴폐현상의 하나인 의회제도를 없애기 위한 활동으로서만 의미가 있다.

히틀러는 1925년 2월 나치당을 재건하고 친위대(SS)를 창설했으며 절대적으로 충성하는 참모를 모았다. 하이델베르크대학 박사로 연극계에서 활동하다가 나치당의 선전 책임자가 된 요제프 괴벨스(Joseph Goebbels)는 미디어를 조작해 '히틀러 신화'를 창조했다. 전직 장교였던 비어홀 폭동의 공범 에른스트 룀(Ernst Röhm)은 반란 혐의로 총살당한 1934년 6월까지 돌격대를 이끌었다. 하인리히 힘러(Heinrich Himmler)는 친위대와 게슈타포를 지휘하면서 홀로코스트(Holocaust)를 지휘 감독했다. 비어홀 폭동 때 잡히지 않고 달아났던 헤르만 괴링(Hermann Göring)은 나치당 의원단을 이끌었다. 멋대로 폭동을 일으킨 탓에 바이에른 왕당파와 군부의 후원이 끊겼지만 히틀러는 전국적인 명성을 얻었고 나치당은 독립한 대중정당이 됐다.

히틀러에게는 여러 얼굴이 있었다. 인정받지 못한 화가, 몸을 사리지 않은 전투원, 청중에게 집단 최면을 건 선동가, 합법적으로 집권한 정치인, 무한 권력을 장악한 독재자, 전쟁광, 살인마. 그는 혼자 악을 저지르지 않았다. 인종주의·군국주의·제국주의· 반유대주의·가부장주의 등 '모든 낡고 악한 이념의 연대'가 그에 게 무한 권력을 안겨줬다. 히틀러는 대중을 속이지 않았다. 연설 과 책에서 자신의 사상과 목표와 방법을 명확하게 밝혔다. 독일 국민은 알면서 그를 지지했다. 필연적이었다고는 할 수 없지만 일어날 수 없는 일이 일어난 것 또한 아니었다. 그런 일은 언제 어디서든 또 벌어질 수 있다.

　미국 정부는 독일 경제의 파탄을 방치하면 사회주의혁명이 일어날 위험이 있다고 판단해 1924년 전쟁배상금을 탕감하고 민 간 기업의 투자 기회를 열어줬다. 독일 정부가 화폐개혁으로 인 플레이션을 가라앉히자 경제는 한동안 회복세를 보였다. 그러나 1929년 대공황이 흐름을 뒤집었다. 임금 삭감에 분노한 노동자 와 절망한 실업자들은 중도우파와 손잡고 정부를 운영한 사회민 주당을 떠나 공산당을 지지했다. 인구 6,200만 명인 나라에 실업 자가 600만 명을 넘었으니 집권당이 비난받은 것은 아주 당연하 다. 농민과 도시 중산층은 중도우파 정당에서 나치당으로 옮아갔 다. 공산당의 약진을 보고 불안감을 느낀 금융계와 중화학산업의 자본가와 지주·왕당파·보수주의자도 나치당으로 결집했다. 나치 당은 1930년부터 선거 때마다 의석을 늘렸고 1932년 11월 총선 에서는 전체의 30%가 넘는 의석을 확보했다. 그러자 힌덴부르크 대통령은 히틀러를 여러 보수정당과 나치당의 연립정부를 이끌 총리로 지명했다.

　힌덴부르크 대통령을 비롯한 보수 정치인들은 자기네가 히 틀러를 이용한다고 생각했지만 그것은 돌이킬 수 없는 오판이었다. 히틀러는 그들이 이용할 수 있는 사람이 아니었다. 그는 총리가 되자 곧바로 자신이 '심각한 퇴폐현상'이라고 했던 의회제도를 파괴했다. 힌덴부르크는 의회를 해산해 총선을 다시 하자는 히틀러의 요구를 받아들였다. 그런데 총선을 일주일 앞둔 1933년 2월 27일 밤, 국회의사당에 불이 났다. 경찰이 조사를 시작하기도 전에 나치당은 국제 공산당 조직의 방화라고 단정했다. 그리고 국가적 비상사태에 대처하는 데 필요하다며 헌법의 기본권 조항을 무효화하는 「전권위임법」을 의회에 제출했다. 사회민주당과 공산당은 국회의사당 화재가 나치당의 자작극이라고 주장했으며 그렇게 추정할 만한 정황도 있었다. 그러나 히틀러는 논리로 맞서는 사람이 아니었다. 의석의 17%를 보유한 공산당의 국회 출입을 총리의 권한으로 봉쇄했다.

공산주의혁명이 임박했다면서 공포 마케팅을 펼친 나치당은 3월 5일 총선에서 득표율 43%로 압도적 제1당이 됐다. 그러나 「전권위임법」을 의결하려면 재적 의원 3분의 2가 찬성해야 했다. 히틀러는 우호적인 군소정당을 포섭해 과반 의석을 확보한데 이어 가톨릭주의를 표방한 '중앙당' 의원단 73명을 끌어들였다. 공산당은 의회에서 쫓겨났고 사회민주당은 반대표를 던졌지만 수가 모자랐다. 히틀러 총리는 불과 한 달 만에 바이마르공화국을 무너뜨렸다.

바이에른주의 조그만 단체였던 나치당이 선거에서 이기고 헌법 규정을 이용해 공화국을 해체할 수 있었던 이유는 무엇인가? 독일 국민이 공화정을 운영할 준비를 갖추지 못한 것이 근본 원인이겠지만 직접적인 책임은 정치인과 정당에 있었다고 해야 마땅하다. 사회민주당은 혁명을 추구한 계급정당의 전통과 결별하지 못했다. 국민경제가 파탄 상태였는데도 노동계급의 권익을 도모하는 입법에 치중해 자본가계급의 격렬한 반발을 사고 중산층과 농민의 지지를 잃었다. 중도 성향의 자유주의 정당들은 사분오열 갈라져 있었다. 공산당은 사회민주당을 혁명의 배신자로 간주하고 격렬하게 비판하면서 나치당과 히틀러의 집권이 오히려 혁명적 정세를 조성할 것이라며 수수방관하다가 제일 먼저 철퇴를 맞았다. 히틀러는 민주정당에 대한 대중의 불신과 경제 상황에 대한 절망을 틈타 '새로운 민족공동체에 대한 망상'을 퍼뜨리는 데 성공했다.■

제2차 세계대전

「전권위임법」을 손에 쥔 히틀러는 나치당의 조직 원리를 적용해 국가를 재조직했다. 돌격대와 비밀경찰은 주요 정치인과 당원들을 납치·구금·암살하는 방식으로 공산당과 사회민주당 조직을 파괴했다. 600만 지지자와 30만 당원을 자랑하던 공산당은 너무 많은 '명백한 반대자'를 만든 탓에 제대로 대항하지 못했다. 사회민주당은 관공서와 기업의 당원을 색출해 쫓아내고 노동조합 활동을 전면 금지하자 금세 힘이 빠졌다. 히틀러는 「전권위임법」 의결에 협력했던 중앙당을 포함해 모든 정당을 해산하게 하고 나치당을 유일 정당으로 만들었으며 기업가·농민·상인의 이익단

■ 강철구 지음, 「바이마르 시대의 극우주의운동」, 오인석 편, 『바이마르공화국』, 삼지원, 2002, 71~105쪽.

체도 다 없애버렸다. 신문과 방송을 검열해 여론을 조작·통제하고 대학의 자치권을 박탈했으며 학생들에게 나치 이념을 교육했다. 국민 전체를 돌격대·친위대·나치자동차운전사단·히틀러소년단·나치여성단·나치학생연맹·나치의사동맹·나치교사동맹·나치공무원동맹·나치노동전선 등의 하위조직에 배치해 친위대가 감시하고 관리했다. 사회 전체를 피라미드 형태의 군사조직으로 바꾼 것이다.

히틀러는 1934년 8월 힌덴부르크 대통령이 사망하자 국민투표를 실시했다. 거의 모든 투표 참가자가 찬성표를 던졌고, 히틀러는 '총리(Reichskanzler) 겸 총통(Führer)'이 됐다.■ 나치는 노동조합을 파괴하고 단체교섭 권한을 나치노동평의회라는 관제 단체에 넘겼다. 임금 인상을 억누르자 자본가들은 나치를 더욱 열렬히 지지했다. 다른 한편으로는 사용자의 권한 남용과 착취 행위를 심사하는 특별법원을 설치해 노동자의 불만을 달랬다. 1933년 6월 뮌헨 근처의 다하우 강제수용소에 정치범을 가두기 시작했고 1935년에는 강제노동을 합법화하는 법률을 제정했다. 강력한 조국을 건설하고 국민생활을 안정시키며 사회복지를 확충하겠다고 선전하면서, 반대하는 사람들을 쥐도 새도 모르게 끌어갔다. 제2차 세계대전 기간에는 독일과 동유럽 점령지에 50군데가 넘는 집결수용소·노동수용소·절멸수용소를 운영했다.

히틀러는 경제 분야에서 가시적인 성과를 거둠으로써 권위와 지지기반을 다졌다. 케인스의 이론에 따르면 나치의 경제정책

■　'Führer'는 이끄는 사람 또는 지도자를 뜻하는데, 히틀러는 절대 권력을 행사한 만큼 보통 '총통'이라고 번역한다.

은 미국의 뉴딜정책과 같은 것이었다. 루스벨트가 그런 것처럼 히틀러도 정부의 재정지출과 공공투자를 확대해 총수요를 북돋우고 고용을 창출했다. 세제 혜택을 비롯한 인센티브를 주어 국가적으로 중요한 산업의 민간투자를 자극했다. 자동차·아우토반·기계장비·도로·주택건설 등 초기의 투자 내역은 별다른 문제가 없었으며 재원도 은행을 통해 국채를 판매하는 정상적인 방법으로 조달했다.

그런데 히틀러는 민주주의국가에서는 상상할 수 없는 수단을 동원했다. 도로 건설과 토지 개량, 대규모 병영과 비행장 건설 등의 토목건설 사업에 중장비 대신 인력을 쓰게 했다. 군대와 경찰을 대폭 증원했고 친위대도 5만 명 넘게 채용했다. 감옥과 수용소를 지어 정치적 반대자를 가뒀다. 유대인의 상점을 폐쇄하고 직장에서 쫓아냈다. 미혼 여성에게 자금을 대출해주어 혼인을 장려하고 직장의 기혼 여성을 가정으로 돌려보냈다.■■ 그렇게 해서 만든 모든 일자리는 '게르만 남자'에게 줬다. '출신성분'을 따지지 않고 충성심과 능력을 기준으로 젊은이를 등용했다. 노동자와 빈곤층 남자들이 환호성을 질렀다.

1932년을 기준(100)으로 할 때 1937년 재정지출은 224.4, 국민소득은 163.3, 취업자 수는 146.0으로 증가했다.■■■ 600만이 넘던 실업자가 거의 다 없어졌다. 케인스의 이론 그대로였다. 정부의 '재정지출'이 '유효수요'를 늘렸고 '유효수요'가 증가하자 '국민소득'도 올라갔다. 히틀러는 독일에서 대공황의 어둠을 몰

■■ 피터 테민 지음, 이헌대 옮김, 『세계 대공황의 교훈』, 해남, 2001, 168쪽.

■■■ R. J. 오버리 지음, 이영내 옮김, 『대공황과 나치의 경제회복』, 헤남, 1998, 76∼94쪽.

아냈다. 1933년 총선 때 나치당을 지지한 군부와 관료, 대자본가와 중산층, 농민층을 넘어서는 정치적 토대를 구축했다.

히틀러는 1935년부터 루스벨트와 다른 길을 갔다. 군수산업 투자를 급속하게 늘려 재무장을 시작하고 1936년 3월 연합국이 비무장지대로 설정한 라인강 우안의 '라인란트'에 무장 병력을 투입하는 방식으로 베르사유조약을 파기했다. 1938년 3월에는 오스트리아를 합병해 '도이치 민족주의'와 '게르만족의 세계 지배'가 몽상이 아님을 선포했다. 유럽에 다시 전쟁의 공포가 드리운 1938년 10월 체코 국경 너머 수데텐 지역을 침공했고 1939년 3월에는 체코 전체와 리투아니아 일부를 점령했으며 9월에는 폴란드를 침략했다. 영국과 프랑스 정부는 전쟁을 피하려고 참고 또 참았지만 더는 침묵할 수 없었다.

선사시대 게르만족이 행운의 상징으로 사용했다는 갈고리십자가 '하켄크로이츠'는 죽음의 표식이 됐다. 독일군은 본격적인 전투가 벌어진 1940년 4월부터 6월 사이에 덴마크·노르웨이·프랑스·네덜란드·벨기에·룩셈부르크를 점령했다. 독일과 불가침조약을 맺은 소련은 이때를 틈타 폴란드를 분할 점령하고 핀란드의 영토를 빼앗은 데 이어 에스토니아·라트비아·리투아니아 등 '발트3국'을 차지했다. 독일은 1940년 9월 이탈리아·일본과 삼국동맹을 맺어 '추축국(Axis Powers)' 진영을 형성하고 헝가리·슬로바키아·루마니아·불가리아 등을 끌어들였다. 전쟁은 유럽을 넘어 식민지가 있는 북부와 동부 아프리카 그리고 중동 지역으로 확산했다. 일본이 프랑스령 인도차이나를 공격하자 인도양과 태평양에도 포성이 울렸다. 그러나 미국은 참전을 거부하면서 영국과 중국의 국민정부를 간접 지원하는 선에 머물렀다.

1941년 6월 22일 독일군이 소련을 침략하자 소련은 영국과 동맹을 맺었다. 독일군은 9월 말부터 석 달 동안 벌인 모스크바 공방전에서 이기지 못했다. 소련군은 65만 명이 넘는 사상자를 내면서도 모스크바를 지켜냈으며 독일군에 25만 명 넘는 사상자를 안겨줬다. 독일이 프랑스에 세운 '괴뢰정부'가 인도차이나를 일본에 넘겨주자 미국은 일본 자산을 동결하고 석유 수출을 중단했다. 그러자 12월 7일 일본 공군이 선전포고도 없이 하와이 진주만을 공습했고, 뒤이어 독일과 이탈리아가 미국에 전쟁을 선포했다.

세계는 추축국과 연합국(Allied Powers) 두 진영으로 나뉘었다. 독일·이탈리아·일본이 추축국의 중심을 이뤘고 알바니아·불가리아·헝가리·루마니아·핀란드·태국 등이 저마다의 이유로 가담했다. 연합국은 영국·미국·소련이 주도하는 가운데 프랑스·캐나다·노르웨이·덴마크·벨기에·네덜란드·룩셈부르크·그리스·유고슬라비아·체코슬로바키아·호주·뉴질랜드·인도·남아프리카공화국 등이 합류했고 남아메리카의 파나마·코스타리카·도미니카·아이티·니카라과·엘살바도르·온두라스·쿠바·과테말라·멕시코·브라질·볼리비아·콜롬비아·에콰도르·파라과이·페루·칠레·베네수엘라·우루과이·아르헨티나 그리고 아시아·아프리카의 중국·에티오피아·이라크·이란·라이베리아·이집트·시리아·레바논·사우디아라비아·몽골 등이 참여했다.

일본군이 버마·말레이시아·싱가포르·필리핀을 점령하고 남중국해와 인도양에 진출한 데 이어 호주를 공격한 1942년 봄까지는 추축국이 우세했다. 그러나 연합국은 러시아 전선과 태평양·내시양에서 진세를 뒤집었고 1943년 9월 이탈리아의 항복을 받아냈다. 1944년 6월에는 프랑스 북부 노르망디 상륙작전으로 유럽 서부전선을 장악하고 파리를 탈환했다. 동부전선의 소련군은 1945년 1월 독일 국경에 접근했다. 미국과 영국 공군은 독일에서 인구 10만이 넘는 모든 도시의 기차역·철로·군사시설·군수공장을 폭격했고, 미군은 필리핀에서 일본군에게 결정적인 패배를 안겼다.

1945년 4월 20일, 히틀러는 베를린의 총통 관저에서 56번째 생일 축하 파티를 열었다. 괴벨스·힘러·괴링 등 참모와 장군들이 벙커에 모였고 연인 에바 브라운도 왔다. 히틀러는 도주로가 곧 끊길 것이라는 보고를 받고 참모들과 작별인사를 하고, 관저 정원에 나가 친위대 장교와 히틀러소년단원들의 등을 두드려줬다. 포성이 들릴 정도로 전선이 가까워진 4월 22일 마지막 작전회의에서 발작에 가까운 분노를 표출했던 그는 연합군이 베를린 외곽에 진입한 4월 28일 밤 호적 담당 공무원을 불러놓고 괴벨스를 증인으로 세워 에바 브라운과 혼인했다. 법률이 정한 대로 '순수한 아리안 혈통으로 유전 질환이 없음'을 확인하고 결혼증명서에 서명했다. 자신의 모든 행위를 정당화한 '정치 유언장'과 자살 의사를 밝힌 '개인 유언장'을 작성하고 해군 대장 카를 되니츠를 국가와 군대의 책임자로 지명했다. 괴벨스는 아내와 자녀들을 데리고 벙커에 남았다.

4월 30일 점심을 먹은 뒤 히틀러는 비서와 조리사들에게 마지막 인사를 했다. 오후 3시 30분께 총통의 방에서 총성이 울리자 보좌관 마르틴 보어만이 달려갔다. 청산가리 앰풀을 깨문 브라운은 웅크린 채 죽어 있었고, 소파에 쓰러진 히틀러의 오른쪽 눈과 귀 사이로 총알구멍이 보였다. 바닥에 피가 흥건했고 벽에도 피가 튄 자국이 있었다. 보어만은 히틀러와 에바의 시신에 휘발유를 붓고 불을 질렀다. 괴벨스는 집에 돌아가 아이들의 입에 청산가리를 넣고 권총으로 아내와 자신을 쏘았다.■ 연합군은 1945년 5월 7일 베를린 제국의회 건물을 점령하고 유럽의 전쟁을 끝냈다. 소련군이 총독 관저에서 불탄 시체를 찾아냈다. 스탈린은 시신 확인 과정과 증거를 공개하지 못하게 했다. 그 때문에 히틀러 생존설이 퍼졌지만 모든 정황과 기록을 살펴보면 근거 없는 소문이었음이 분명하다. 히틀러는 1945년 4월 30일 오후 자살했다.

미군은 태평양 여러 섬에서 혈투를 벌이며 일본 본토를 공습하다가 8월 6일 히로시마에 원자폭탄을 투하했다. 그러자 연합국의 거듭된 요청에도 태평양 전선에 개입하기를 거부하던 소련군이 갑자기 남하해 만주의 관동군을 무장해제하고 한반도 북부와 쿠릴열도에 진입했다. 8월 9일 나가사키에 또 원자폭탄이 떨어졌고, 일본은 8월 15일 항복했다. 군인 2천만 명과 민간인 4천만 명 이상의 목숨을 앗아간 제2차 세계대전은 그렇게 막을 내렸다.

홀로코스트

국가권력으로 범죄를 저지른 인물은 인류 역사에 숱하게 많았다. 고대 중국의 진시황이나 로마제국의 네로 황제까지 거슬러 올라

■ 히틀러와 괴벨스의 마지막 행적은 『히틀러 최후의 14일』(요아힘 페스트 지음, 안인희 옮김, 교양인, 2005)를 참고해 서술했다.

갈 필요는 없다. 니콜라이 2세, 장제스, 마오쩌둥, 레닌, 스탈린, 도조 히데키(東條英機), 슬로보단 밀로셰비치(Slobodan Milošević) 등 그런 비난을 받을 만한 권력자는 20세기에도 많았다. 그렇지만 민족 집단 하나를 완전히 말살하겠다는 목표를 세우고 수백만 명을 체계적으로 학살한 사례는 나치밖에 없다.

히틀러는 유럽에 거주하던 유대인 절반을 죽였다. 정확한 통계는 없지만 600만 명이 넘었을 것으로 추정한다. 예루살렘의 홀로코스트역사박물관은 지금까지 300만 명 넘는 희생자의 신원을 확인했다. 독일이 승전했다면 세계의 유대인을 다 찾아 죽였을 것이다. 나치는 유대인만 죽인 게 아니었다. 난치병과 정신병 환자, 중증 장애인, 동성애자는 국적을 가리지 않고 죽였다. 독일과 오스트리아에서만 집시를 20만 명 넘게 죽였다. 하지만 나치가 저지른 모든 범죄 가운데 최악은 단연 홀로코스트다.

홀로코스트라는 말은 본래 구약에서 희생물을 통째로 태워 버리는 특수한 종교의식을 가리키는데, 1948년 이스라엘공화국을 수립한 시온주의자들이 나치의 유대인 학살을 지칭하는 용어로 공식 사용했다. 유대인의 역사는 유럽 기독교 문명의 어둡고 살벌했던 뒷골목을 적나라하게 보여준다. 배신한 '유다 이스카리옷'만 유대인이었던 게 아니다. 나사렛 예수, 어머니 마리아, 다른 제자와 사도 바울까지 신약의 주요 인물은 모두 유대인이었다. 기독교는 팔레스타인 유대교에서 갈라져 나온 종파였지만 콘스탄티누스 황제가 공인하고 테오도시우스 황제가 국교로 선포한 이후 로마제국의 권력과 결합해 유럽 전역에 퍼졌다. 유대인의 '죄'는 예수가 오기 2천여 년 전부터 지닌 종교적 신념을 버리지 않은 것이었다.

　　로마 교황청과 기독교인들은 로마제국이 기독교를 인정하기 전 그들을 박해한 것과 같은 방식으로 중세기 내내 유대인을 박해했다. '예언자 살해범' '악마의 수호자' '하느님을 모함하고 경멸한 자'로 규정해 예루살렘 출입을 금지했다. 유대인이 흑사병을 퍼뜨렸다거나 어린이를 납치 살해한다는 헛소문을 퍼뜨렸다. 가톨릭교회만 그랬던 게 아니다. 교황청의 부패와 거짓을 가차 없이 공격한 종교개혁가 마르틴 루터(Martin Luther)도 유대교당을 불태우고 유대인의 거주 이전 권리를 박탈하라고 했다.■ 유럽의 유대인은 세상에 섞일 수 없는 '천민'이었다. 담장으로 격리한 '게토(ghetto)'에 거주하면서 특별한 표식을 한 옷을 입어야 했다. 시민권이 없어서 교육을 받을 수도 취직할 수도 없었기에 가정에서 아이들을 교육했고 고리대금업이나 전당포처럼 기독교도가 기피하던 일을 했다. 유대인에 대한 사적 폭력을 처벌하지 않았기 때문에 크고 작은 학살이 끊이지 않았다.

　　프랑스대혁명이 일어나고 계몽사상이 퍼지자 유대인에 대한 법적 차별을 폐지하는 나라가 늘어났다. 유대인은 언론·출판·법률·금융 등 지식과 정보를 다루는 새로운 산업에 진출했다. 그러자 귀족과 지주 등 전통적인 보수파뿐만 아니라 소상인·농민·노동자들까지 해묵은 불신과 혐오감을 드러냈다. 중세 공동체가 해체되면서 자본주의사회의 개인으로 고립당한 그들은 자기네 신앙과 생활방식과 공동체 문화를 굳건히 지키는 유대인들을 부러워하고 무서워했다. 대표적인 사례가 프랑스 귀족이자 그리 신

■　로버트 S. 스위트리치 지음, 송충기 옮김, 『히틀러와 홀로코스트』, 을유문화사, 2004, 35~42쪽.

통치 않은 작가였던 아르튀르 드 고비노(Joseph Arthur de Gobineau)의『인종불평등론』이었다. 19세기 중반에 출간한 그 책에서 고비노는 백인이 모든 인종 가운데 가장 우수하고 백인 중에는 아리아인이 최고이며, 유색인종이 섞이면 문명이 생명력을 잃고 타락과 방종에 빠진다고 주장했다. 그러나 유대인만큼은 기독교도의 생활과 문화를 더럽히는 기생충이기 때문에 백인임에도 격리하고 없애버려야 한다고 했다.

히틀러도『나의 투쟁』에서 유대인을 '다른 민족의 체내에 사는 기생충'으로 규정했다.[■] 나치 돌격대가 유대인을 폭행하고 상점을 약탈하기 시작했을 때 독일 국민은 불안한 심정으로 지켜봤다. 그러나 정부가 공식적으로 유대인 축출작업을 벌이자 분위기가 달라졌다. 나치당은 집권하자마자 유대인 상점과 기업에 대한 거래 중단을 선언했으며 법률을 개정해 '비(非)아리안' 공무원을 해고했다. 유대인 판사·검사 381명을 내쫓고 변호사 1,400명의 자격을 박탈했으며 노벨상 수상자를 포함한 유대인 과학자와 예술가·언론인·의사의 활동을 막았다. 유대인 과학자와 작가의 책뿐만 아니라 토마스 만(Thomas Mann)과 에리히 케스트너(Erich Kästner) 등 인종주의에 어긋나는 독일인 작가의 책까지 광장에서 불살랐다.[■■]

1938년 11월 9일 파리 주재 독일 외교관이 폴란드 출신 유대인 청년에게 저격당해 사망하면서 본격적인 유대인 학살이 시작됐다. 나치당은 그 사건을 유대인 국제조직의 전쟁선포로 규정했

■　히틀러, 앞의 책, 436쪽.
■■　로버트 S. 스위트리치, 앞의 책, 86~88쪽.

고, 친위대와 돌격대가 전국에서 유대인을 공격했다. 400여 곳의 유대교회에 불을 지르고 유대인 상점과 기업 7,500곳을 약탈했으며 유대인 수백 명을 죽이고 남자 3만 명을 강제수용소로 끌어갔다. 괴벨스가 기획하고 실행한 그 만행은 너무나 많은 건물의 유리창을 깨뜨렸다고 해서 '유리의 밤(Kristalnacht)'이라 한다.

히틀러는 1939년 점령지 폴란드에 게토를 만들어 300만 명이 넘는 유대인을 격리했다. 1941년 6월 소련을 침략하고부터는 동유럽 유대인을 지역 단위로 학살했다. 1942년 1월 베를린의 반제 호수 별장에서 비밀회의를 열어 '유대인 문제에 대한 최종해결책'을 마련했다. 그 계획에 따라 동유럽에 가스실과 소각로를 갖춘 '절멸수용소'를 짓고 유럽 각지의 집결수용소에서 기차로 실어온 유대인을 체계적으로 살해했다. 독일과 오스트리아, 프랑스에서 덴마크에 이르는 서유럽, 발칸 지역, 헝가리와 슬로바키아 등 네 방면에서 유대인을 이송해왔다. 노인·환자·여자·어린이는 도착하자마자 죽였고 건강한 남자는 기력을 완전히 소진할 때까지 강제노동을 시킨 뒤 가스실로 끌어갔다. 가스실에 들여보낼 때는 미리 옷과 소지품을 빼앗았고 시신은 금니를 뽑은 다음 소각했다. 유대인을 대상으로 사람이 공기 없이 얼마나 오래 견디는지, 영하 몇 도에서 죽는지, 특정한 세균이 어떤 증세를 일으키는지 생체실험을 자행했다.

홀로코스트의 저변에는 인종주의·우생학·반유대주의 등 연관된 사상과 이론이 깔려 있었다.■■■ 나치당은 독일인이 세계에서 가장 우수하다는 인종우월주의를 부추겨 독일 국민을 결속했

■■■ 박홍규 지음, 『아돌프 히틀러』, 인물과사상사, 2019, 128~129쪽.

고, 인종을 개량할 수 있다는 우생학을 동원해 병자와 장애인과 동성애자를 죽였으며, 유대인을 '부도덕한 기생충'이고 '극히 위험한 적'으로 보는 반유대주의를 선동해 홀로코스트를 저질렀다. 유대인을 말살하고 슬라브인을 노예로 삼아 게르만족의 세계 지배를 이룬다는 망상을 추구했다. 독일 보수 세력과 군부·지주·대자본가들은 나치의 인종주의를 예찬했고, 독일 국민은 홀로코스트의 실상을 몰랐거나 모른 체하며 히틀러를 지지했다. 나치즘은 '모든 악의 연대'였다.

악의 비속함

극단적인 전체주의와 전통적인 제국주의를 내포한 나치즘은 대공황이라는 경제적 파국을 자양분 삼아 성장했다. 대공황은 자본주의 경제체제와 민주주의 정치체제 사이에 깊은 골을 팠다. 민주주의는 '1인 1표'의 평등한 정치 시스템이고 자본주의는 '1원 1표'의 불평등한 경제 시스템이다. 민주주의는 모든 개인이 동등한 투표권을 행사하게 하지만 자본주의는 돈에 발언권을 준다. 둘은 화합하기도 하고 서로 배척하기도 한다. 강력한 민주주의 전통이 자리를 잡고 있던 미국과 영국 등은 민주주의 정치제도를 지키면서 자본주의 경제체제를 수정했다. 그러나 그렇지 않은 독일·일본·이탈리아는 민주주의를 폐기하고 '파시즘' 또는 전체주의로 치달았다.

제1차 세계대전이 '제국의 무덤'이었다면 제2차 세계대전은 '파시즘의 무덤'이었다. 나치 독일, 파시스트당의 이탈리아, 천황제 일본이 패전함으로써 시장경제와 민주주의를 기본질서로 삼는 공화정이 문명의 대세가 됐다. 추축국이 승리했다면 나치즘과 같은 '모든 악의 연대'가 세계를 지배했을 것이다. 그런 의미에서 제2차 세계대전의 승패가 인류 문명의 진로를 결정했다고 할 수 있다.

연합국은 추축국의 정치체제를 바꿨다. 미국·영국·프랑스·소련군은 독일을 독일연방공화국(서독)과 독일민주공화국(동독)으로 갈랐다. 폴란드와 체코는 접경지에 살던 독일인을 모두 추방했다. 일본은 미군이 점령했고 일본인은 조선과 대만에서 쫓겨났다. 미국은 천황제 존속을 허용하고 일본의 정치체제를 입헌군주제로 바꿨다. 독일보다 먼저 항복한 이탈리아는 연합국의 군정을 거쳐 왕정을 폐지하고 공화정을 도입했다.

세계가 모든 면에서 달라지지는 않았다. 강대국들은 제국주의에 미련을 버리지 못했다. 미국은 정치·경제·군사·외교·과학기술·문화예술 등 모든 분야에서 세계를 주도하는 초강대국이 됐다. 국제사회의 주도권을 미국에 완전히 넘겨준 영국은 본국과 인도 등의 식민지로 구성된 '대영제국' 체제를 영연방이라는 국제연대로 대체했다. 독일군에게 국토를 짓밟혔던 프랑스는 추락한 위신을 회복하려고 핵무기를 개발하는 한편, 옛 식민지 알제리와 베트남을 움켜쥐고 전쟁을 벌였다가 참담하게 패하고 내전을 방불케 하는 사회적 갈등을 겪었다. 미국도 프랑스가 떠난 베트남을 차지하려다 쓰라린 패배를 맛봤다. 네덜란드는 인도네시아를 계속 지배하려 하다가 국제사회의 비난을 받고 슬그머니 물러섰다.

2,700만 명의 전쟁 희생자를 낸 소련은 발트3국을 합병하고

폴란드·핀란드·체코슬로바키아 일부 지역을 빼앗았으며 동유럽 사회주의국가를 사실상 지배하는 '사회주의 제국'이 됐다. 연합국 진영의 일익을 담당했던 중국에는 중화인민공화국이 들어섰다. 세계는 미국·영국·프랑스 등을 중심으로 한 '자유진영'과 소련, 중국, 동유럽 사회주의국가의 '공산진영'으로 갈라져 '냉전시대'에 진입했다. 냉전시대의 개막을 알린 한국전쟁에서 미국과 중국은 유혈 낭자한 대결을 벌였다. 아시아·아프리카·라틴아메리카의 식민지들은 대부분 독립해 '제3세계'를 형성했다. 연합국의 주축이었던 미국·영국·프랑스·소련·중화민국은 1945년 10월 24일 공식 출범한 국제연합(United Nations)의 안전보장이사회 상임이사국이 되어 전후 국제질서를 관리했다. 중화민국과 소련의 상임이사국 지위는 나중에 중화인민공화국과 러시아연방공화국이 승계했다.

나치가 체현한 '모든 악'은 약해졌을 뿐 사라지지는 않았다. 파시즘은 '군사독재' 형태로 냉전시대 여러 국가에서 유행했다. 인종주의도 나치의 전유물은 아니었다. 남아프리카공화국의 악명 높은 흑백분리 정책은 사라졌지만 피부색으로 사람을 차별하는 미국의 인종주의는 지금도 뜨거운 쟁점으로 살아 있다. 홀로코스트의 피해자인 유대인은 팔레스타인에서 '가해자'가 됐다. 소련은 동유럽의 민주화운동을 폭력으로 짓밟으며 제국주의 성향을 드러냈다. 미국은 이라크·니카라과·칠레·아르헨티나·파나마·한국 등의 군사독재체제를 지원했다. 여성을 열등한 존재로 여기는 가부장적 사상과 문화는 20세기가 끝날 무렵에야 본격적인 도전에 직면했다.

나치즘과 홀로코스트는 대답하기 어려운 질문을 남겼다. 독일 국민은 왜 사이비 과학과 인종주의를 내세운 히틀러를 그토록 열광적으로 지지했는가? 독일 군인과 공무원들은 왜 히틀러의 학살 명령을 그대로 집행했는가? 독일 국민은 전쟁과 홀로코스트에 대해 집단적 책임을 져야 하는가? 그 책임은 독일의 후세대에게 상속되는가?

독일 국민은 나치와 맞서 싸우지 않았다. 소수의 공산주의자·사회주의자·학생·성직자·지식인이 투쟁했을 뿐이다. 30만 명의 독일공산당 당원 가운데 절반이 처형당했다. 히틀러를 비판하는 유인물을 뿌려 1943년에 주모자가 사형당한 '백장미단' 사건은 뮌헨의 대학생 숄(Scholl) 남매와 쿠르트 후버(Kurt Huber) 교수 등 몇 사람만의 투쟁이었다. 마르틴 니묄러(Martin Niemöller)를 비롯한 개신교 목사와 가톨릭 신부들이 신학의 영역에서 나치를 비판했다. 히틀러를 암살하려다가 실패한 군인도 있었다.[■] 그러나 대중적인 '반나치투쟁'은 한 번도 일어나지 않았다. 왜 그랬을까?

독일 국민은 비정상 상태를 끝내겠다는 히틀러의 약속을 믿고 적극 지지하거나 소극적으로 받아들였다. 그들이 원한 것은 정상적인 사회, 정규적인 노동, 삶의 안전, 사회적 지위와 역할의 확실성 같은 것이었다. 친위대와 적극 동조자들은 전쟁과 학살 행위에 앞장섰지만, 평범한 독일인은 게슈타포가 모든 것을 감시하고 시민들이 서로를 밀고하는 공동체에 최소한으로 참여하면서 사적 공간으로 도피했다. 사회적 관계가 해체된 상황에서 시민들은 사회적 행위 능력을 잃고 모든 것이 어떻게든 끝나기만

■ 배류 유스·크리스 빈, 잎의 책, 335·~353쪽.

기다리는 무감각한 인간이 됐다.■ 이것이 오랫동안 널리 받아들여진 설명이었다. 이렇게 보면 적극적인 나치 동조자가 아니었던 사람에게는 큰 책임을 묻기 어렵다.

정치철학자 해나 아렌트(Hannah Arendt)는 다른 견해를 내놓았다. 히틀러는 10만에 불과하던 독일 군대를 260만으로 키워 전쟁을 벌였다. 전투 행위 그 자체만 보면 독일군이라고 해서 특별히 비난할 게 없었다. 문제는 유대인 600만 명과 소련군 포로 250만여 명을 학살한 행위였다.■■ 1960년 이스라엘 비밀정보기관 모사드는 신분을 세탁하고 아르헨티나에 살던 아돌프 아이히만(Adolf Eichmann)을 납치해 이스라엘 법정에 세웠다. 게슈타포 간부였던 아이히만 중령은 1942년 1월 '반제 회의'에 참석했고 유대인을 수송하는 작업을 지휘했다. 그런데 그는 시종일관 자신은 국가의 명령에 따라 합법적인 업무를 성실하게 수행했을 뿐이라고 주장했다. 아렌트는 아이히만을 '타인의 처지에서 생각하는 능력이 없어서 어떠한 소통도 할 수 없는 사람'으로 봤다. 특별한 동기나 목적이 있어서가 아니라 생각하는 능력이 전적으로 결여된 탓에 악을 행했으며, 자기가 저지르는 악을 악이라고 인지하지 못하는 상태였다는 것이다. 아렌트는 그런 상태를 '악의 비속함(banality of evil)'이라고 했다.■■■

유대인들은 아이히만에게 면죄부를 줬다고 아렌트를 격렬

■ 데틀레프 포이케르트 지음, 김학이 옮김, 『나치 시대의 일상사』, 개마고원, 2003, 366~374쪽.

■■ 죙케 나이첼·하랄트 벨처 지음, 김태희 옮김, 『나치의 병사들』, 민음사, 2015, 153·489쪽.

■■■ 한나 아렌트 지음, 김선욱 옮김, 『예루살렘의 아이히만』, 한길사, 2006, 106·349쪽. 'banality'에는 여러 뜻이 있는데 보통은 '평범성'으로 번역한다. 그렇지만 아렌트의 주장을 살피면 '비속함' 또는 '비속성'이라고 하는 편이 낫다고 본다.

하게 비난했다. 그러나 아렌트가 홀로코스트에 대한 독일 국민의 책임을 벗겨준 것은 아니다. 독일 국민 모두가 아이히만처럼 사유 능력을 잃고 악을 인지하지도 못한 채 악을 행하는 데 참여했다면 집단적 책임을 져야 마땅하다. 그래서 독일 사람들도 처음에는 아렌트에게 강한 불만을 쏟아냈다.

독일 국민의 책임을 더 강력하게 추궁하는 견해는 1996년에 나왔다. 하버드대학 교수 대니얼 골드하겐(Daniel Goldhagen)이 쓴 『히틀러의 자발적 사형집행자들(Hitler's Willing Executioners)』이라는 책이다. 골드하겐은 대학 신입생 때 홀로코스트 강의를 들으면서 이런 의문을 품었다. 왜 누가 명령을 내렸는지만 이야기할까? 독일인이 왜 히틀러의 명령을 집행했는지 밝혀야 하는 것 아닌가? 골드하겐은 전범재판 기록부터 친위대의 개인 서신에 이르기까지 홀로코스트에 관한 모든 기록을 검토한 끝에 아렌트보다 한 걸음 나아간 결론을 내렸다. 독일의 보통 시민 대부분이 여러 세기 동안 형성한 독일 특유의 '절멸주의적 반유대주의'를 내면화하고 있었기 때문에 자발적으로 홀로코스트 명령을 집행했다는 것이었다.

독일 정부와 국민은 나치 시대의 국가범죄에 대한 책임을 인정한다. 연방 총리와 주요 정치인들은 기회가 있을 때마다 거듭 사과했고 피해자를 확인할 때마다 배상했으며 홀로코스트 관련자를 추적하고 체포하고 재판하는 일을 멈추지 않았다. 통일수도 베를린에 거대한 홀로코스트 기억 시설을 조성했고 학교교육과 미디어를 활용해 나치의 범죄에 관한 기억을 끝없이 되살린다. 집단적 책임을 후세대가 상속해야 하는지 여부를 두고 학자와 언론인들은 종종 논쟁은 벌이지만, 독일 정부는 진보 보수를 막론

하고 그 책임을 이어받았다.

다시 말하지만 나치즘은 '모든 악의 연대'였다. 나치의 범죄에 대한 기억을 흐리게 하는 행위는 개별적인 악을 강화하고 '모든 악의 연대'를 되살릴 위험이 있다. 독일 정치 지도자와 시민들이 나치 시대의 기억을 나날이 새롭게 되새기는 까닭은 그 위험을 알기 때문이다.

눈물 마르지 않는 참극의 땅

1945

1947

1948

1956

3월 22일
아랍연맹 결성

11월 29일
'총회결의 181호'
유엔이 팔레스타인을
두 개 국가로 나누는
것을 채택했다.

5월 14일
이스라엘 건국 선언

5월 15일
제1차 중동전쟁
이스라엘과 아랍
국가 간에 벌인
전쟁으로 1949년
3월까지 이어졌다.

10월 29일
제2차 중동전쟁
이집트 나세르
대통령이 수에
운하를 국유화
발생하는 수입
공사를 하겠다
선언하면서 운
운영을 주도했
영국과 프랑스
이스라엘을 끌
전쟁을 일으켰
같은 해 11월
3일까지 이어졌
'수에즈운하
전쟁'이라고도
부른다.

||||||||||||||||||||||||||||||||||

월 5일
제3차 중동전쟁
이스라엘을 상대로
주변 이웃 국가인
이집트, 요르단,
시리아, 레바논이
연합하여 벌인
전쟁이다. 6월
10일까지 이어졌다.

9월 5일
검은9월단
팔레스타인 테러
단체로, 이스라엘
선수촌을 침격했다.
이 사건을 '뮌헨
올림픽 참사'라고도
부른다.

10월 6일
제4차 중동전쟁
이집트가 이스라엘을
크게 가격한 전쟁으로
같은 해 10월
25일까지
이어졌으며, '욤
키푸르 전쟁'이라고도
부른다.

9월 13일
오슬로 평화협정
이스라엘의 이츠하크
라빈 총리와 PLO의
야세르 아라파트
의장이 맺은
협정으로, 대화와
협상으로 무력분쟁을
끝낸 공을 인정받아
두 사람은
노벨평화상을
수상했다.

이츠하크 라빈
Yitzhak Rabin,
1922~1995

야세르 아라파트
Yasser Arafat,
1929~2004

비극의 무대

1972년 9월 5일, 서독 뮌헨에서 막을 올린 지 열흘째를 맞은 제 20회 하계 올림픽이 멈춰 섰다. 검은 복면을 쓴 테러리스트 여덟 명이 선수촌에 난입해 이스라엘 역도 선수와 레슬링 코치를 살해하고 다른 선수와 임원 아홉을 인질로 잡았기 때문이다. 테러 조직 '검은 9월단'은 팔레스타인의 정치범 석방을 요구하는 성명을 발표했고 이스라엘 정부는 즉각 거부했다. 서독 경찰은 범인들을 비행장으로 유인해 다섯 명을 사살하고 세 명을 체포했지만 인질 전원과 경찰관 한 명이 목숨을 잃었다. 이스라엘 공군은 팔레스타인의 게릴라 기지를 폭격해 수백 명을 살상했고, 비밀정보기관 모사드(Mossad)는 팔레스타인해방기구(PLO)를 비롯한 무장단체 간부를 스무 명 넘게 암살했다. 올림픽 선수촌 테러에 대한 복수였다.

1993년 9월 13일, 미국 워싱턴 백악관에서 빌 클린턴(Bill Clinton) 대통령이 지켜보는 가운데 이스라엘의 이츠하크 라빈(Yi-tzhak Rabin) 총리와 PLO의 야세르 아라파트(Yasser Arafat) 의장이 팔레스타인 평화협정에 서명했다. 대화와 협상으로 무력분쟁을 끝낸 공으로 두 사람은 노벨평화상을 받았다. 라빈 총리는 2년 뒤 텔아비브 시내의 광장에서 극우 시온주의 성향의 이스라엘 청년이 쏜 총에 맞아 숨졌다.

2001년 9월 11일, 테러리스트들이 여객기 두 대를 납치해 뉴욕 세계무역센터 빌딩으로 돌진했다. 110층 건물 두 동이 불타고 무너져 도심은 폐허가 됐다. 워싱턴의 국방부 청사 '펜타곤'에도 여객기가 떨어져 폭발했다. 비행기 승무원과 탑승객, 세계무역센터 근무자를 포함해 3,100명이 넘는 사망자가 나왔다. 남북전쟁 이후 처음으로 미국 본토에서 전쟁과 비슷한 사태가 벌어진 것이다. 이슬람 무장조직 알카에다의 지도자 오사마 빈라덴(Osama bin Laden)은 9·11테러를 저지른 이유 중 하나로 팔레스타인 문제를 거론했다.

'중동 문제'와 관련해 일어난 무력충돌과 테러의 극히 일부 사례에 지나지 않는 이 사건들의 공통점은 '팔레스타인 문제'였다. '세계의 화약고'는 제2차 세계대전 이후 발칸반도에서 팔레스타인으로 바뀌었다. 이란·이라크·레바논·시리아·요르단·쿠웨이트·사우디아라비아·아랍에미리트연합 등 중동 국가들은 모두 '이슬람 세계'에 속하지만 정치체제·종교·역사가 저마다 다르다. 그래서 이 지역에서 끝없이 터지는 정치 분쟁과 군사 충돌의 원인과 양상을 파악하기는 쉽지 않다. 팔레스타인은 그중에서도 특별하다. 그러나 '팔레스타인 문제' 또는 '이스라엘 문제'의 기원을 모르고는 중동의 현대사를 이해하기 어렵다.▪

먼저 팔레스타인 비극의 무대를 보자. '팔레스타인'은 지명(地名)인 동시에 국명(國名)이다. 지명 팔레스타인은 오늘날 이스라엘과 팔레스타인국의 영토에 요르단강 서안 일부를 더한 지역이다. 팔레스타인은 동지중해 해안선을 따라 남북으로 길고 좁게

▪   팔레스타인 문제의 발생 경위는 『눈물의 땅, 팔레스타인』(김재명 지음, 미지북스, 2019)과 『팔레스타인 현대사』(일란 파페 지음, 유강은 옮김, 후마니타스, 2009)를 참고해 서술했다.

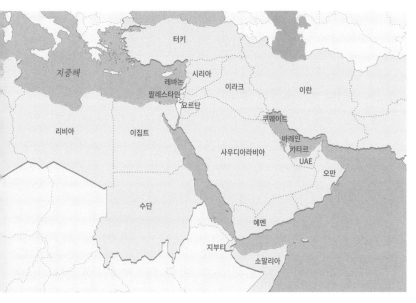

지도3 중동의 이슬람 국가들

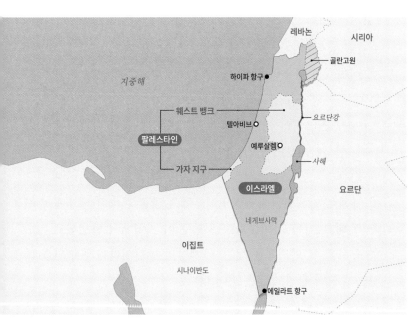

지도4 팔레스타인과 이스라엘

뻗어 있다. 서쪽 경계는 지중해이고 동쪽 경계는 갈릴리호에서 요르단강을 따라 사해(死海)로 이어진다. 북쪽은 레바논, 북동쪽 골란고원 너머는 시리아, 요르단강과 사해 너머 동쪽은 요르단이다. 남서쪽에는 이집트 영토인 시나이반도가 홍해를 향해 역삼각형으로 나와 있다. 홍해는 시나이반도 양편의 두 만(灣)으로 갈라지는데, 서쪽 수에즈만이 끝나는 곳에 운하의 관문도시 수에즈가 있고, 동쪽 아카바만 끝에 이스라엘의 항구도시 에일라트가 있다. 레바논과 시리아 너머 북쪽은 터키, 요르단 동쪽은 이라크와 이란이고 동남쪽 아라비아반도에는 사우디아라비아·쿠웨이트·아랍에미리트·오만·예멘 등이 포진해 있다.

아라비아반도 일대는 '아랍 세계', 페르시아의 후예인 이란을 합친 지역은 '중동'이라 한다. 여기에 터키와 중앙아시아의 '스탄' 국가들, 아프리카·남아시아의 이슬람 국가들을 더하면 '이슬람 세계'가 된다. 팔레스타인의 비극에는 이집트·시리아·요르단 등이 중요한 역할을 했다. 레바논은 본의 아니게 휘말렸고, 이라크와 사우디아라비아는 소극적으로 개입했다. 아랍 국가는 대부분 왕정을 실시하고 있다.

팔레스타인의 어원(語源)은 그리스어를 넘어 히브리어에 닿는다. 선사시대부터 인간이 거주한 이 지역은 이집트·페르시아·마케도니아·로마·동로마를 거쳐 오스만튀르크까지 거대한 제국이 차례로 지배했는데 7세기 이후에는 줄곧 이슬람 세계에 속했다. 유대교·기독교·이슬람교는 모두 이 지역에서 발생했고 비슷한 특성을 띤 인격신을 섬긴다. 세상의 종말이라든가 구원을 대하는 종교적 관념도 닮은 점이 많다.

국명 팔레스타인은 생긴 지 얼마 되지 않았다. 제1차 세계대전 이후 영국 정부가 요르단강에서 지중해 연안에 이르는 지역을 팔레스타인이라는 이름으로 지배했다. 바로 그곳에 1948년 시온주의자들이 이스라엘을 세웠다. 이스라엘은 여러 차례 전쟁을 치르면서 팔레스타인을 둘러싼 주변국의 영토를 점령했다. '국가 팔레스타인'은 1993년 이스라엘과 PLO의 평화협정에서 태동해 2013년 유엔의 '옵서버 국가'로 승인받았다. 팔레스타인국의 영토는 '웨스트 뱅크(West Bank)'와 '가자 지구(Gaza Strip)'로 나뉜다. 웨스트 뱅크는 예루살렘 동부에서 요르단강에 이르는 내륙이고 가자 지구는 팔레스타인 남쪽 끝 지중해 연안에 있다. 2020년 기준 인구는 약 500만 명으로 예루살렘 북쪽의 라말라를 임시 행정수도로 삼는다. 이스라엘 인구 800만 명 가운데 20%가 아랍인인 반면 팔레스타인국에 거주하는 유대인은 많지 않다.

종교와 역사의 중심인 예루살렘은 팔레스타인의 중부 내륙에 있고 이스라엘 수도 텔아비브는 중부 해안에 있다. 예루살렘 서부는 이스라엘, 동부는 팔레스타인에 속한다. 북부의 가장 중요한 항구인 하이파와 갈릴리호 사이에 나사렛이 있다. 서쪽 시나이반도 동부의 드넓은 황무지는 네게브사막이다. 이스라엘은 네게브사막에 관개시설을 들여와 과일과 화초 등 농산물을 재배하며, 핵 연구시설도 대부분 여기에 있다.

드라마의 주역

1장에서 테오도어 헤르츨 이야기를 했다. 그는 드레퓌스 사건을 취재하러 간 프랑스에서 큰 충격을 받고 빈으로 돌아와 유대인의 나라를 세우자고 제안하는 책『유대 국가』를 썼다. 그리고 심장 마비로 사망할 때까지 7년 동안 스위스 바젤에서 최초의 세계시 온주의대회를 여는 등 유대 국가 건설운동에 인생을 바쳤다. 유 대인의 국가를 세우려는 시온주의운동은 이전부터 있었지만 헤 르츨처럼 열렬한 지지자를 불러 모은 사람은 없었다. 그는 팔레 스타인 비극의 최초 설계자였다고 할 수 있다.

헤르츨은 파리에서 기독교인들이 유대인을 결코 포용하지 않으리라는 결론을 내렸다. 차별을 철폐하려고 싸우는 것은 아무 의미가 없다고 판단했다. 19세기 막바지 유럽의 반유대주의는 전 통적인 종교 박해와 달랐다. 헤르츨은 그것이 법적으로 해방된 유대인의 사회적 진출에 대한 적대감의 표현이라고 봤다.■ 그런 절망감을 안고『유대 국가』를 썼다. 헤르츨의 책에서 영감을 얻 은 시온주의자들은 2천 년 전 조상들이 떠났던 땅 팔레스타인을 후보지로 선택했다. 시온(Zion)은 예루살렘에 있는 산의 이름인 동시에 이스라엘의 백성·천국·이상향을 가리키는 말이었다. 시 온주의는 팔레스타인에 순수한 유대인 국가를 세우려 한 특수한 형태의 민족주의였다. 시온주의자에게 팔레스타인은 '아랍인의 땅'이 아니라 성서의 이야기와 예언자의 말씀이 묻어 있는 '민족 의 고향'이었다. 사실이 어떻든 그들은 그렇게 믿었다.

19세기 말 팔레스타인 인구 50만 가운데 유대인은 2만 5천 여 명에 지나지 않았고, 이렇다 할 민족 차별이나 종교 갈등은 없 었다. 그러나 시온주의운동이 위세를 더해가자 상황이 달라졌다. 시온주의자들은 처음에는 팔레스타인의 토지를 매입했지만 나

■ 테오도르 헤르츨 지음, 이신철 옮김, 『유대 국가』, 도서출판b, 2012, 40쪽.

중에는 아랍인을 내쫓고 땅을 빼앗았다. 그들은 팔레스타인 사람

중에는 아랍인을 내쫓고 땅을 빼앗았다. 그들은 팔레스타인 사람들의 의견을 묻거나 권리를 존중할 뜻이 전혀 없었다. 그 무렵 유럽인은 유럽을 유일한 문명으로 여겼는데, 그런 점에서 유대인도 분명 유럽인이었다. 그들은 민족국가를 세우려고 오스만제국과 싸우던 아랍인의 열망을 완전히 무시했다. 믿기 어렵지만, 헤르츨은 이렇게 주장했다.**

> 술탄 폐하께서 우리에게 팔레스타인을 제공한다면 우리는 오스만제국의 재정을 자청해서 완전히 해결해줄 수 있을 것이다. 유럽을 위해 우리는 거기서 아시아에 대항하는 장벽의 한 부분을 형성할 것이며, 야만에 대항하는 문화의 전초기지 역할을 수행할 것이다.

제1차 세계대전이 터질 무렵 팔레스타인 유대인은 8만 5천 명으로 늘어났다. 아랍인들은 오스만제국 정부에 유대인의 이주를 제한하라고 요구했지만 소용이 없었다. 오스만제국이 독일과 손잡았고 영국 정부가 '3중 외교'***를 한 탓에 중동에는 정치 격변의 회오리가 일었으며 팔레스타인에는 대폭발을 일으킬 화약이 쌓였다.

영국 정부는 1915년 7월부터 이듬해 1월까지 이집트 주재 외교관 헨리 맥마흔(Henry McMahon)을 통해 아랍의 정치·종교 지도자 '메카의 샤리프' 후사인 빈 알리(Husain bin Ali)에게 열 통의 서한을 전달했다. 아랍인이 영국과 함께 오스만제국과 싸우면 전

■■ 같은 책, 48~49쪽.
■■■ 우스키 아키라 지음, 김윤성 옮김, 『세계사 속 팔레스타인 문제』, 글항아리, 2015, 113쪽.

쟁이 끝난 뒤에 아랍 독립국가 수립을 지원하겠다는 내용이었다. 이것을 '후사인-맥마흔 서한'이라고 한다. 그런데 영국 정부는 1916년 5월 러시아의 승인을 받고 오스만제국의 아랍 영토를 프랑스와 나누어 가지는 비밀협정을 체결했다. 오늘의 국경을 기준으로 보면 시리아, 레바논, 터키 남부, 이라크 북부는 프랑스가, 이라크의 나머지 지역과 팔레스타인·요르단은 영국이, 보스포루스해협 주변과 흑해 연안은 러시아가 차지하는 방안이었다. 영국의 중동 전문가 마크 사이크스(Mark Sykes)와 프랑스 외교관 프랑수아 조르주 피코(François Georges-Picot)가 초안을 만들었기 때문에 '사이크스-피코 협정'이라고 한다. 그게 다가 아니었다. 1917년 11월에는 외교장관 밸푸어가 유대인의 협력을 얻어 미국을 전쟁에 끌어들일 목적으로 팔레스타인에 유대 국가를 수립하게끔 지원하겠다고 말했다. 이른바 '밸푸어선언'인데, 영국 정부의 속임수 외교는 단순한 배신행위로 끝나지 않고 팔레스타인의 비극을 불렀다.

샤리프 후사인은 1916년 6월 5일 반란을 일으켰으며 아들 파이살 왕자는 오스만제국 군을 격파하고 다마스쿠스에 입성해 시리아·아랍 왕국을 세웠다. 그러자 영국과 프랑스는 '사이크스-피코 협정'을 실행에 옮겼다. 다마스쿠스에 군대를 투입해 시리아·아랍 왕국을 무너뜨리고, 오스만제국의 아랍 영토를 스무 개로 쪼개어 '위임통치'를 실시했다. 결국 아랍 지역은 지도의 경도와 위도 선을 따라 임의로 국경을 그은 여러 국가로 갈라졌다. 팔레스타인에서 격렬한 반(反)시온주의 폭동이 일어났지만 영국 정부는 유대인의 이주를 막지 않았다. 히틀러가 집권하자 이주 물결은 더욱 거세어져, 1936년 팔레스타인 유대인은 인구 150만

중 43만 명으로 불어났다.

시온주의자들은 국가를 수립할 태세를 차근차근 갖췄다. 우수한 기술과 풍부한 자본을 동원해 농업 정착촌을 건설하고 협동조합을 결성했다. 산업시설과 금융기관을 세우고 노동조합과 정당을 조직했으며 지역 단위 자치행정기구를 만들었다. 비밀리에 군대를 조직한 시온주의 급진파가 폭력을 휘두르자 팔레스타인은 서서히 내전에 빠져들었다. 아랍 민족주의 세력은 유대인을 비호한 영국군의 시설을 공격하고 영국 정부를 비난하는 파업과 시위를 벌였다. 견디다 못한 영국 정부가 유대인의 이주를 일부 제한하고 팔레스타인을 유대 국가와 아랍 국가로 분할하는 중재안을 제시했다. 그러나 시온주의 지도자들은 팔레스타인 전체가 자기네 땅이라고 주장하면서 중재안을 거부했고, 유대 비밀군대는 영국 군대와 시설을 공격했다.

1945년 3월 이집트·사우디아라비아·이라크·시리아·레바논·요르단·예멘 등 아랍 국가 대표들이 카이로에 모여 아랍연맹을 창설했다. 아랍인의 결속과 협력을 다짐한 그 행사에 팔레스타인 대표는 없었다. 아랍연맹은 팔레스타인 문제에 큰 관심을 쏟았지만 문제를 해결할 능력이 없었다. 반면 나치가 동유럽 수용소에서 저지른 대학살의 참상을 확인한 시온주의자들은 더욱 전투적인 태도로 국가 건설 계획을 밀고 나갔다. 급진파 무장 세력은 유대인의 이주를 규제한 영국 정부에 전쟁을 선포했다. 관공서, 외국 영사관, 민간 호텔 등 대상을 가리지 않고 테러 공격을 했다. 영국 정부는 자기네가 일으킨 문제를 해결하지 못하고 유엔에 떠넘겼다. 유엔은 1947년 11월 29일 팔레스타인을 둘로 나눠 두 개의 국가를 만드는 '총회결의 181호'를 채택했다. 영국군이 철수할 시점이 다가오자 아랍 게릴라와 시온주의 민병대는 땅을 한 뼘이라도 더 차지하려고 팔레스타인 전역에서 치열한 공방전을 벌였다.

유대 군대의 '인종 청소'

시온주의 무장 세력의 지도자는 이스라엘의 국부(國父)로 알려진 다비드 벤구리온(David Ben-Gurion)이었다. 벤구리온이 지휘한 유대 군대는 아랍인 마을을 파괴하는 작전을 전개했는데, 1948년 3월부터 1949년 1월까지 저지른 행위는 '인종 청소'라는 비난을 받기에 부족함이 없을 만큼 잔혹했다.■ 작전의 요지는 두 가지였다. 첫째, 통제하기 힘들 정도로 인구가 많은 도시는 완전히 파괴한다. 둘째, 농촌 마을은 포위 수색해 무장 세력을 제거하고 주민을 쫓아낸다. 당시 유대 군대는 전투병 3만 명과 지원군 2만 명을 보유하고 탱크와 장갑차 등 중화기로 무장했다. 그러나 팔레스타인 부대는 비정규군 7천 명과 인근 아랍 국가에서 온 지원군 3천 명이 전부였으며 무기도 소총뿐이었다.

유대 군대가 도시를 어떻게 파괴했는지는 영국군이 주둔했던 항구도시 하이파의 사례에서 확인할 수 있다. 그들은 1947년

■ 세 단계로 실행한 유대 군대의 '인종 청소' 실상은 『팔레스타인 비극사』(일란 파페 지음, 유강은 옮김, 열린책들, 2017), 177~372쪽을 참고해 서술했다. 일란 파페는 나치를 피해 이스라엘로 이주한 유대인 부부의 아들로 태어나 예루살렘 히브리대학에서 정치학을 공부하고 옥스퍼드대학에서 박사 학위를 취득한 뒤 이스라엘 하이파대학에서 교수로 지냈다. 유대 군대의 학살 행위를 조사 연구한 그는 가족을 모두 죽이겠다는 극우 시온주의자들의 협박을 받은 끝에 영국으로 이주했다.

12월부터 산비탈에서 드럼통 폭탄을 굴려 내려보내고 도심에 박격포를 쏘았다. 영국군이 하이파에서 물러난 1948년 4월 21일에는 도심을 집중 폭격하고 눈에 보이는 모든 아랍인에게 총을 쏘았으며 불에 타는 모든 것에 방화했다. 하이파 주민들은 물에 뜨는 것은 무엇이든 붙잡고 항구를 탈출했다. 밟혀 죽거나 버려진 아이들이 헤아릴 수 없을 만큼 많았다.[■■] 유대 군대는 나사렛을 비롯한 다른 도시들도 비슷한 방식으로 파괴했는데, 주로 아랍인이 거주하던 예루살렘 동부까지 폐허로 만들었다. 동유럽 점령지의 유대인을 마을 단위로 학살한 나치 친위대 못지않게 잔인했던 것이다.

유대 군대의 농촌 작전은 1948년 4월 9일 예루살렘 근처 '데이르 야신' 마을에서 벌인 참극이 대표적이다. 그들은 집집마다 기관총을 쏘았고 도망 나온 주민들을 한 군데에 모아 사살했으며 여자들을 강간하고 시신을 훼손했다. 작은 마을 한 곳에서 아기와 어린이 30명을 포함해 민간인 170여 명을 죽였다는 사실이 알려지자 아랍 세계 전체가 분노의 불길에 휩싸였다. 유대 군인들은 팔레스타인 전역의 농촌에서 정도는 덜하지만 본질적으로는 똑같은 짓을 저질렀다.

영국군이 팔레스타인을 떠나자 1948년 5월 14일 시온주의 지도자들은 텔아비브에서 이스라엘 건국을 선언했다. 건국 전부터 국방장관 역할을 한 벤구리온이 이스라엘의 첫 총리가 됐고

■■ 팔레스타인인민해방전선(PFLP) 대변인이었던 작가 가산 카나파니(Ghassan Kanafani)는 하이파의 참극과 쫓겨난 이들의 삶을 단편소설 「하이파에 돌아와서」에 담았다. 그는 이스라엘 군대의 만행뿐 아니라 주변 아랍 국가 권력자들의 배신행위와 팔레스타인 사람들의 고통스러운 일상을 묘사한 작품을 여러 편 발표했다. 그의 소설집 『태양 속의 사람들』(민영·김종철 옮김, 창작과비평사, 1982)은 안타깝게도 서점에서 구입 수 없있다.

13년 동안 두 차례에 걸쳐 총리와 국방장관을 겸직하면서 이스라엘을 키웠다. 폴란드에서 태어난 그는 헤르츨의 사상에 감명받고 1906년 팔레스타인의 농민이 됐다. 오스만제국 정부의 탄압을 피해 미국으로 망명했다가 밸푸어선언이 나온 뒤 영국 군대에 들어갔으며, 1930년 노동자 정당 마파이(Mapai)를 조직해 시온주의운동의 지도자 반열에 올랐다. 영국의 위임통치에 반대하는 투쟁을 벌이면서 여러 갈래의 비밀 군사조직을 통합해 이스라엘 국민군을 창설했고, 총리가 된 뒤에는 「귀환법」을 제정해 전 세계에 흩어져 있던 유대인을 이스라엘로 불러들였다. 정착촌을 꾸준히 확대하고 국가교육 제도를 도입했으며 주변 아랍 국가에 초지일관 강경책과 무력으로 대응했다.

아랍 세계는 이스라엘 건국을 '문명전쟁'으로 받아들였다. 이집트와 요르단을 중심으로 한 '아랍해방군'이 팔레스타인에 진입하면서 터진 '제1차 중동전쟁'은 이스라엘의 완승으로 끝났다.■ 시온주의 이념으로 뭉친 이스라엘군은 무기와 전술 등 모든 면에서 효율적이었지만 아랍해방군은 그렇지 않았다. 장교들은 부패했고 병사들은 전투 경험이 없었으며 합동작전을 펴지 않고 각자 싸웠다. 모든 전투에서 이긴 이스라엘은 휴전협정을 유리하게 이끌어 유대 국가 수립을 기정사실로 만들었다.

팔레스타인의 아랍인은 모든 것을 잃었다. 70만 명이 집과 땅과 생업을 잃고 요르단·이집트·레바논·시리아로 흩어졌다. 가족의 생사조차 모른 채 낯선 땅으로 쫓겨난 그들은 현실을 받아

■ 네 차례 중동전쟁의 경위와 결과는 『단숨에 읽는 중동전쟁』(김균량 지음, 북랩, 2019)을 참조해 서술했다.

들일 수 없었다. 주변국의 아랍 민중도 이스라엘을 침략자로 간주하고 배후에 미국이 있다고 생각했다. 미국을 향한 아랍 세계의 강력한 불신과 증오가 이때 뿌리를 내렸다. 이스라엘 정부와 의회가 「귀환법」을 제정하자 유럽·아시아·아프리카에서 입국자가 밀려들었다. 1948년에 65만 유대인과 74만 아랍인이 살았던 팔레스타인은 1956년 167만 유대인이 터를 잡은 이스라엘로 바뀌었다.

이스라엘 건국은 곧 팔레스타인에 대한 침략이었다. 유럽 유대인은 2천 년 동안 혹독한 차별과 박해를 받았다. 홀로코스트의 비극을 본 유럽·미국의 기독교인과 정부가 시오니즘운동을 호의적으로 받아들인 사정도 이해할 만하다. 자신의 국가를 세워 안전한 삶을 도모하려 한 유대 민족의 동기도 정당하다. 그러나 그들에게 팔레스타인 땅을 빼앗고 거기에 살던 사람들을 내쫓을 권리가 있었던 것은 아니다. 만약 모든 민족이 수천 년 전 조상이 한때 살았다는 이유로 남이 사는 땅에 대한 소유권을 주장하며 폭력을 행사한다면 세계는 당장 전쟁터가 되고 말 것이다. 팔레스타인은 그곳에서 땅을 경작하고 자손을 낳고 나름의 역사와 문화를 일군 아랍인의 것이었다.

시온주의자들은 호소하고 설득하고 협력을 구한 것이 아니라 폭력으로 원주민을 내쫓았다. 부당한 박해를 받으면서도 자신의 종교와 문화를 지킨 유대인의 역사가 아무리 눈물겨워도, 유대인이 과학과 예술 발전에 기여한 바가 아무리 컸다 해도, 네게브사막의 황무지를 옥토로 바꾼 기술과 의지가 아무리 훌륭하더라도, 그에 견주어 팔레스타인 아랍인의 능력이 아무리 뒤떨어졌나 해도, 제국주의 시대가 저물고 아랍 민중이 민족 정체성과 자주성에 눈을 뜬 그 시기에 시온주의자들이 저지른 학살과 파괴 행위를 정당했다고 말할 수는 없다. 시온주의는 다른 민족 집단을 폭력으로 내쫓고 자기 나라를 세운 침략적 민족주의였다. 그들이 한 일은 수천 년 동안 유대인을 부당하게 차별하고 박해하고 학살한 유럽 기독교인의 행위와 다르지 않았다.

중동전쟁과 PLO

유대인은 누구인가? 명확하게 대답할 수는 없다. 세계의 유대인은 적게는 1,500만, 많게는 1,800만 정도로 추산한다. 900만 명이 사는 이스라엘은 유대인이 다수 집단인 유일한 지역이다. 유대인은 세계 30여 개 나라에 흩어져 있는데 미국과 캐나다에 600만명, 유럽에는 100만 명이 넘는다. 「귀환법」과 이스라엘 법원의 판결에 따르면 유대인은 '어머니가 유대인이거나 유대교로 개종한 사람'이다.

생물학적으로든 문화적으로든, 유대인을 단일한 '민족 집단'으로 보기는 어렵다. 외부집단과 구분하는 기준이 사실상 종교 하나뿐이기 때문이다. 유대인은 고대 히브리 민족에서 유래했다. 히브리 민족은 기원전 10세기 무렵 팔레스타인에 이스라엘왕국과 유다왕국 등을 세웠지만 아시리아와 바빌로니아 등의 침략을 받아 기원전 6세기에 멸망했고 뒤이어 페르시아와 로마제국의 지배를 받았다. 1세기에는 반란을 일으켰다가 로마제국 군대에 예루살렘 성전이 파괴·약탈당하는 아픔을 겪었다. 유대인은 로마제국의 속주 전역으로 흩어졌으며 일부는 인도와 중국까지

갔다.

현대 유대인의 압도적 다수인 '아슈케나짐(Ashkenazim)'은 독일에서 러시아까지 중부와 동부 유럽에 살았고 게르만어·히브리어·슬라브어가 결합한 이디시어와 히브리 문자를 썼다. 나머지 대부분은 이베리아반도에서 살다가 15세기에 쫓겨나 프랑스·남유럽·중동 지역으로 흩어진 '세파르딤(Sephardim)'이다. 에티오피아 유대교인의 후예 '팔라샤(Falasha)'를 비롯한 소수 집단도 있다. 세파르딤이 8세기에 유대교를 국교로 삼았던 튀르크 계열 '카자르 왕국'에서 나왔다는 견해도 있지만 확실하지는 않다.▪ 이들 소수집단도 지역에 따라 다른 언어 요소가 섞인 말을 썼다. 고대 유대 민족이 썼던 히브리어를 사용한 유대인은 거의 없었다. 이스라엘 정부는 고대 히브리어를 다듬어 재창조한 '현대 히브리어'를 공용어로 삼아 언어를 인위적으로 통일했다.

이스라엘은 미국 유대인의 기부금, 미국 정부의 원조, 독일이 지불한 거액의 홀로코스트 배상금 등으로 이민자의 정착을 지원하고 산업을 일궜으며 군비를 확충했다. 건국 이후 미국은 이스라엘에 2천억 달러가 넘는 원조를 제공했는데 절반은 군사원조였다. 이스라엘은 중동 지역에 대한 미국의 군사적 영향력을 유지하는 데 중요한 교두보였다. 아랍 민중은 이스라엘을 미국의 '앞잡이'로 여겼으며, 아랍 각국의 혁명세력은 정부에 대한 민중의 반감을 조장하려고 팔레스타인 문제를 이용했다. 그래서 아랍 국가의 권력자들은 미국과 우호적인 관계를 맺기 어려웠다.

아랍 세계는 끊임없이 이스라엘에 도전했다. 1952년 7월 가

▪ 김재명 지음, 『눈물의 땅, 팔레스타인』, 미지북스, 2019, 220·-233쪽.

말 압델 나세르(Gamal Abdel Nasser)와 한 무리의 장교들이 쿠데타를 일으켜 이집트의 권력을 장악하고 왕정을 폐지했다. '이슬람 사회주의'를 표방하며 1956년에 대통령이 된 나세르는 곧바로 수에즈운하의 국유화를 선언하고 공동 소유주인 영국과 프랑스의 권리를 박탈했다. 홍해로 통하는 아카바만을 봉쇄해 이스라엘 선박의 운항도 막았다. 그러자 영국·프랑스·이스라엘이 손잡고 전쟁을 일으켰다. 제2차 중동전쟁이었다.

10월 29일 모셰 다얀(Moshe Dayan) 장군의 전차부대를 앞세운 이스라엘 육군이 시나이반도를 가로질러 수에즈운하로 진격했고 영국과 프랑스 공군은 운하 입구 도시를 공습했다. 이스라엘은 이레 동안 모든 전투에서 이겨 시나이반도를 점령했다. 그러나 미국과 소련을 포함한 국제사회가 '시대착오적 침략전쟁'을 비난하자 영국과 프랑스는 수에즈운하의 이권을 포기했다. 이스라엘도 홍해의 선박통행권을 보장받는 조건으로 시나이반도에서 철수했다. 나세르는 전쟁에서 참패했지만 아랍의 영웅이 됐다. 무능하든 유능하든, 지든 이기든, 아랍 민중은 이스라엘과 싸우는 지도자를 칭송했다. 중동 국가의 국내 정치와 팔레스타인 문제가 결합한 것이다.

1964년 1월 이스라엘은 새로운 도전자를 만났다. 아랍연맹 정상회의가 팔레스타인의 유엔 대표로 임명한 PLO였다. PLO는 아랍 전역의 팔레스타인 난민을 모아 해방군을 창설했지만 여러 어려움을 겪었다. 아랍 국가의 군주들은 이스라엘의 보복공격이 두려워 PLO를 자국 영토에 받아들이지 않았고 이집트와 시리아만 성의 있게 지원했다. 팔레스타인 민족주의자들은 소규모 무장 조직을 결성해 이스라엘에 테러를 가했는데, 그때마다 이스라엘은 난민촌과 게릴라 기지를 보복 공격했다. 그때 시작된 테러와 보복 폭격의 악순환은 21세기까지 고스란히 넘어왔다.

1967년 6월 5일 제3차 중동전쟁이 터졌다. 나세르 대통령이 팔레스타인 문제를 국내 정치에 이용하려고 아카바만을 다시 봉쇄해 이스라엘에 대한 석유 공급을 끊은 것이 발단이었다. 이스라엘 공군이 수에즈와 시나이반도의 이집트 공군기지를 공습했고 전차부대는 이집트 영토 안으로 진격했다. 이집트·시리아·요르단·PLO 등 아랍연합군은 엿새 동안 벌인 모든 전투에서 참패했고 이스라엘은 수에즈운하·시나이반도·골란고원을 점령했다. PLO의 역량 부족과 온건 노선에 반발한 팔레스타인 민족주의자들은 더 급진적인 노선을 표방하는 팔레스타인해방인민전선(PFLP)을 결성해 이스라엘과 미국뿐 아니라 친미적인 아랍 국가의 집권세력까지 공격했다. PLO도 아랍연맹의 보호를 벗어던지고 독자 세력으로 발전했다. 제3차 중동전쟁을 거치면서 팔레스타인 문제는 중동 내부 정치의 핵심 요소가 됐다.▪

1969년 아라파트가 PLO 의장이 됐다. 아라파트는 1929년 이집트 카이로에서 팔레스타인 가자 지구 출신 상인의 아들로 태어나 카이로대학에서 토목학을 공부했다. 나세르가 쿠데타로 권력을 장악한 1952년에 '팔레스타인학생연합' 의장으로 정치활동을 시작했고, 잡지『팔레스타인의 소리』를 발간해 청년 지도자로서 입지를 굳혔다. 1956년 제2차 중동전쟁에 이집트군 장교로 참전한 뒤 쿠웨이트에 건설 회사를 설립해 투쟁 자금을 모았으며, 1959년에는 팔레스타인민족해방운동(FATAH)라는 정치단체를 창

▪ 우스키 아키라, 앞의 책, 2015, 232쪽.

설했다. FATAH는 이스라엘의 공공기관과 산업시설을 파괴하는 테러 활동으로 명성을 얻었고 제3차 중동전쟁에 아랍연합군으로 참전했다. 아라파트는 FATAH를 기반으로 PLO 의장이 됐으며 팔레스타인 혁명군의 최고사령관을 겸했다.

1970년 9월 나세르가 사망하자 중동 정세는 크게 바뀌었다. 소련에 기울었던 나세르와 달리 후임 안와르 사다트(Muhammad Anwar Sadat) 대통령은 국유 사업체를 민영화하는 등 시장경제를 확대하고 미국에 접근했다. 그러자 PFLP가 유럽에서 이륙해 뉴욕과 런던으로 가던 민간항공기 네 대를 납치해 이집트와 요르단의 사막에서 폭파하는 테러를 저질렀고, PLO는 요르단 국왕군과 유혈 충돌을 벌였다. 친미노선을 걷던 요르단 왕 후세인은 미제 전투기를 동원해 팔레스타인 게릴라 기지를 폭격하고 PLO를 국경 밖으로 쫓아냈다. 팔레스타인 민족주의자들은 요르단 정부를 배신자로 규정하고 보복을 다짐하면서 '검은 9월단'이라는 테러단을 조직했다. 뮌헨올림픽 선수촌 테러를 저지른 게 바로 그들이었다.

1973년 제4차 중동전쟁이 일어났다. 1970년 공군참모총장으로 쿠데타를 일으켜 집권한 하페즈 알아사드(Hafez al-Asad) 시리아 대통령과 이집트의 사다트 대통령은 탱크와 전투기 등 소련 무기를 사들이고 전술 지원을 받아 전쟁을 준비했다. 그들은 아랍 세계에서 영향력을 키우고 자국민의 정치적 지지를 얻을 목적으로 팔레스타인 문제를 이용했다. 10월 6일 이집트군이 수에즈 운하를 건너 이스라엘 군사기지를 공격하면서 일어난 전쟁은 유엔의 휴전 촉구 결의안 채택과 미국·소련의 압박으로 10월 25일에 끝났다. 결과적으로 무승부였지만 아랍연합군은 처음으로 이스라엘군에 실질적인 타격을 입혔다. 시나이반도에서 이집트는 5만여 명의 사상자를 내고 전투기 277대와 전차 1천여 대를 잃었다. 이스라엘도 전투기 107대와 전차 400여 대를 잃고 1만 명 넘는 사상자를 냈다. 골란고원 사상자는 시리아·이라크·요르단 연합군이 1만여 명, 이스라엘군이 1,200여 명이었다. 장비와 병력 피해는 아랍연합군 쪽이 훨씬 컸지만 이스라엘군은 이전의 세 차례 전쟁과는 비교할 수 없을 정도로 큰 손실을 입었다.

제4차 중동전쟁은 팔레스타인 문제를 세계의 현안으로 밀어 올렸다. 석유 수출 금지 조처 때문이었다. 이란·이라크·쿠웨이트·사우디아라비아·카타르·아랍에미리트 등 산유국들은 원유 공시가격을 크게 인상하고 원유 생산량을 25% 줄이면서 이스라엘을 지원하는 국가에 원유 수출을 중단했다. '원유 무기화' 정책은 세계경제를 혼돈에 빠뜨렸다. 미국은 이스라엘에 군사원조를 계속했지만 에너지 부족과 물가 폭등에 놀란 유럽과 일본은 이스라엘과 외교관계를 끊었다. 아랍 세계의 정치적 영향력 확대는 팔레스타인에 새로운 기회를 제공했다.

뉴욕의 아라파트

1974년 11월 13일, 유엔총회가 '팔레스타인 문제'를 놓고 토론을 열었다. 아라파트는 머리에 두건을 두른 게릴라 차림으로 뉴욕 유엔 본부에 나타났다. 그가 회의장에 들어서자 미국 대표를 제외한 참석자 전원이 기립해 박수를 쳤다. 연단에 선 아라파트는 팔레스타인에 과도적으로 ſ 대인 기독교인·무슬림이 국가를 가

각 수립한 다음 하나의 민주국가로 나아가자는 PLO의 기본 견해를 밝히고 다음과 같이 호소했다.■

우리는 꿈을 꿀 권리가 있습니다. 우리는 우리의 땅과 재산, 민족의 모든 권리를 되찾고야 말 것입니다. 그러나 이스라엘의 존재를 직시하는 현실적인 사람으로서 나는 꿈이 언제나 이루어지지는 않는다는 것을 인정하고 받아들입니다. 이스라엘 사람들이 민주국가 건설에 동참한다는 의사를 자유롭게 결정할 때까지 우리는 조그만 국토에 만족할 마음의 준비를 하고 있습니다. 나는 한 손에 올리브 가지를, 다른 한 손에 자유를 위한 전사(戰士)의 무기를 들고 왔습니다. 내 손의 올리브 가지를 던져버리지 않게 해주십시오. 우리는 유대교와 시온주의를 구별합니다. 시온주의 침략 책동에는 반대하지만 유대인의 신앙은 존중합니다. 이 위대한 유엔 본부 앞에서 벌어지고 있는 적대적이고 호전적인 데모가 과연 미국의 진정한 의견인지 나는 묻습니다. 팔레스타인 민중이 미국 국민에게 무슨 범죄를 저질렀습니까? 무엇 때문에 당신들은 우리와 싸우려 하는 것입니까? 정당화할 수 없는 적대감은 당신들에게 아무 도움도 되지 않습니다. 미국과 아랍 세계 전체가 더 새롭고 차원 높은 우호관계를 수립해야 한다는 사실을 미국인이 알아주기 바랄 뿐입니다.

유엔총회는 팔레스타인 민중의 자결권과 주권을 인정하는

■ 아라파트의 연설 요지와 회의장 풍경은 『아라파트』(앨런 하트 지음, 윤강원 옮김, 동양문화사, 1992), 200~202쪽을 참조해 서술했다. 이 책은 미국 언론인 앨런 하트가 1984년에 발표한 아라파트 전기다. 하트는 중앙아프리카·베트남·중동에서 분쟁지역 취재기자로 활동하면서 골다 메이어 이스라엘 총리와 아라파트를 비롯해 수많은 국가 지도자를 인터뷰했다.

결의 3236조를 채택하고 PLO를 '옵서버 단체'로 받아들였다. 그러나 이스라엘 정부는 '테러 조직의 우두머리'에게 연설 기회를 줬다고 유엔을 비난했다. 점령지에 더 많은 정착촌을 건설하고 핵무기 보유를 선언했으며 아라파트 암살 공작을 벌였다. 중동의 모든 문제는 팔레스타인과 얽히면 복잡해졌고, 중동 정세가 혼미해질수록 팔레스타인 문제를 해결하기도 더 어려워졌다. 아라파트의 연설 이후 중요한 사건들만 간략하게 살펴보자.

레바논은 기독교도가 우세한 지역이었는데 프랑스의 위임통치 기간에 종교적·정치적 갈등이 커지면서 1957년 기독교도와 무슬림 사이에 내전이 벌어졌다. 1958년에 친미 정권을 보호하려고 미군이 수도 베이루트 일대를 점령했다. 30만 명 넘는 팔레스타인 난민이 유입되면서 레바논의 정치적 혼란은 더 심각해졌고, 1975년 봄 PLO 게릴라가 베이루트의 교회에서 기독교도를 학살하는 사건이 터지자 내전으로 번졌다. 1982년 6월 이스라엘군이 PLO 기지를 제거한다며 레바논을 침략해 베이루트를 점령하고 레바논 기독교 민병대가 팔레스타인 난민을 학살하는 참극을 벌였다. 본부를 레바논에서 북아프리카 튀니스로 옮긴 PLO는 팔레스타인 영토를 요르단강 서안과 가자 지구로 한정하는 '미니 팔레스타인 구상'을 수용하고 요르단을 비롯한 온건파 아랍국가와 관계를 개선했다.

1978년에는 이란에서 이슬람 혁명이 일어났다. 이란은 페르시아의 후예국이고 종교적으로도 시아파가 다수여서 팔레스타인 문제와는 거리를 두고 있었다. 혁명의 원인은 석유가격 급변과 물가 폭등으로 인한 경제난, 팔레비 왕조의 부패와 독재였다. 프랑스에 망명 중이던 종교 지도자 루홀라 호메이니(Ayatollah

Khomeini)가 팔레비 정권의 대미 종속과 폭정을 강력하게 비판하자 정부는 친정부 언론을 동원해 그를 비난하는 보도를 내보냈다. 군이 항의 시위를 벌인 신학생들을 학살했고, 격분한 민중은 폭동을 일으켰다. 정세가 혁명으로 치닫던 1979년 1월 팔레비(Pahlevi) 왕이 이란을 떠났다.

혁명정부는 국민투표로 왕정을 폐지하고 이슬람공화국을 수립했다. 그러나 종교권력과 정치권력을 하나로 융합한 나라가 진정한 공화국이 되기는 어려웠다. 호메이니가 혁명수비대를 동원해 공포정치를 펴자 지식인들이 대거 이란을 탈출했다. 그런데 이집트와 모로코를 전전하던 팔레비가 치료를 위해 미국에 들어가면서 예기치 못한 사태가 벌어졌다. 급진 이슬람주의자들이 팔레비의 송환을 요구하면서 1979년 11월 테헤란 주재 미국대사관을 점거하고 외교관 70여 명을 인질로 붙잡은 것이다.

미국과 이란의 단교, 상호 자산 동결, 미국 해군의 위력시위와 인질 구출작전 실패, 사우디아라비아 등 친미 군주국과 이란의 대립, 호메이니 정권 전복을 노린 이라크의 이란 침공 같은 사건이 이어진 끝에 1981년 초 타협이 이루어졌다. 미국은 팔레비의 자산을 이란에 반환했고 이란은 미국인 인질을 풀어줬다. 돌이키기 힘들 만큼 깊어진 중동의 반미 정서는 사다트 암살 사건으로 다시 터져 나왔다. 사다트 대통령은 1979년 3월 지미 카터(Jimmy Carter) 대통령의 보증을 받고 이스라엘과 평화협정을 체결해 시나이반도를 돌려받았다. 그러자 이슬람의 '지하드(jihād, 聖戰)'를 수행한다고 자처한 과격파 군인들이 그를 '배교자'로 규정하고 1981년 10월 제4차 중동전쟁 기념행사에서 저격했다.

1980년 9월의 '이란-이라크 전쟁'도 미국과 얽힌 탓에 깊고

긴 후유증을 남겼다. 이라크에서는 시아파가 국민의 다수를 차지했지만 권력은 수니파가 장악하고 있었다. 대통령 사담 후세인(Saddam Hussein)은 국경의 유전지대가 자기네 영토라고 주장하면서 이란 서부 지역을 침공했는데 미국과 소련의 지원을 받고도 이란 의용군을 이기지 못했다. 경제난으로 곤경에 빠진 호메이니가 1988년 유엔의 중재안을 수용하지 않았다면 전쟁은 더 오래 갔을 것이다.

그런데 미국의 지원을 받아 군비를 확충한 후세인이 1990년 8월 2일 쿠웨이트를 침공했다. 유엔안전보장이사회가 철수를 요구하자 후세인은 미군이 공격할 경우 이스라엘을 없애버리겠다고 협박했다. 미군은 이듬해 1월 '사막의 폭풍' 작전을 개시해 바그다드를 융단폭격했고 나토(NATO) 공군은 이라크 군사시설을 잿더미로 만들었다. 이라크 군대는 수십 개의 유정에 불을 지르고 버티다가 미군과 나토 연합군의 전면 공격을 받고 쿠웨이트에서 물러났다. 사담 후세인은 쿠웨이트를 명분도 없이 침략했다가 '걸프전쟁'에서 참패했지만 아랍 민중의 영웅이 됐다.

테러와 전쟁의 무한반복

팔레스타인 정세는 1993년 9월 13일 극적인 전기를 맞았다. 이스라엘의 라빈 총리와 PLO 아라파트 의장이 백악관 뜰에서 만나 평화협정에 서명했다. 이스라엘은 가자 지구와 웨스트 뱅크의 아랍인 자치권을 인정하고 PLO는 무장투쟁을 중단하기로 했다. 빌 클린턴 대통령이 행사를 이끌었고 미국 국무 장관과 러시아 외무장관이 보증인으로 참석했다.

암살을 피하려고 날마다 거처를 옮기며 살던 아라파트는 국제사회가 인정하는 정치인으로 거듭났다. 조상 대대로 살아온 고향 땅 한 귀퉁이에 자치정부를 세우도록 허락받은 데 지나지 않았으니 달콤한 선택은 아니었다. 그러나 그 협정은 냉전시대 이후 무력이 아니라 협상으로 분쟁을 해결하려 한 첫 시도였다. 요한 외르겐 홀스트(Johan Jørgen Holst) 노르웨이 외무장관은 이스라엘과 PLO의 공식 협상이 벽에 부딪치자 양쪽 밀사를 오슬로의 자택으로 초대해 숙식을 함께하며 모두 받아들일 수 있는 방안을 찾아냈다. 그래서 서명은 백악관에서 했지만 '오슬로 평화협정'이라고 한다.

라빈과 아라파트가 진심으로 화해하지는 않았다. 지도자들끼리 화해한다고 해결할 수 있는 문제도 아니었다. 서로를 믿지도 않았다. 다만 조금씩 신뢰를 쌓아가면 해결에 이를 수 있을지도 모른다는 희망을 안고 평화협정에 서명했다. 두 사람은 그런 의지와 희망을 품어야만 할 사정이 있었다. 가자 지구에는 100만 명의 아랍인이 살았고 정착촌 유대인도 5천 명이 넘었다. 이스라엘 군대가 점령하고 있어서 유혈충돌과 사건 사고가 끊이지 않았다. 팔레스타인 소녀를 죽인 유대인에게 법원이 무죄를 선고하고 군인들이 어린이들에게 총을 쏘는 등 격분할 사건이 잇따르자 팔레스타인 민중은 1987년 12월 제1차 인티파다(봉기)를 일으켰다. 이스라엘군은 인티파다를 무력으로 진압하면서 수많은 민간인을 살상했다.

인티파다가 오래 이어지고 무력충돌이 거듭되자 더 과격한 무장단체가 출현했다. 제1차 인티파다 때 가자 지구의 이슬람 원리주의자들이 조직한 '하마스(Hamas)'였다. 군사조직과 정당의 복합체인 하마스는 PLO는 말할 것도 없고 PFLP보다 급진적이고 전투적이었다. 라빈 총리는 PLO를 상대로 대화를 통한 문제 해결을 시도하는 편이 그나마 낫다고 판단해 타협책을 찾았다. 아라파트도 어려운 처지였다. 소련과 동유럽 사회주의체제가 무너져 군사지원을 받을 곳이 사라졌고 걸프전쟁 때 이라크를 지지한 탓에 인근 아랍 국가의 경제원조도 끊겼다. 밖에서는 하마스가 PLO를 위협했고 안에서도 경쟁자가 나타났다. 타협하는 것 말고는 돌파구가 없었다.

이스라엘 군대가 철수를 시작하자 PLO는 경찰을 창설해 치안을 넘겨받았다. 이스라엘 정부는 정치범을 풀어주고 난민의 귀향을 허용했다. PLO가 '팔레스타인 자치정부'를 세우자 미국과 유럽 국가들은 팔레스타인 재건을 위한 경제원조 제공 의사를 밝혔다. 그러나 팔레스타인에 평화가 온 것은 아니었다. 문제가 너무 복잡하게 얽힌 채였고 희생을 너무 많이 치렀으며 원한이 너무 깊이 쌓였다. 가장 큰 장애물은 과격 시온주의자와 이슬람 원리주의자의 비타협적 태도와 무력 충돌이었다. 그들은 상대방과 공존하는 어떤 방안도 받아들이지 않았다. 무기를 갖고 있어서 마음만 먹으면 상대방을 해치고 내전을 일으킬 수 있었다. 이슬람 원리주의자들은 오슬로 평화협정을 비난하는 대규모 파업과 시위를 벌였다. 아라파트 암살을 예고했고 독립 게릴라 부대가 유대인 정착촌을 공격했다. 과격 시온주의자들도 그 못지않았다. 어떤 유대인은 1994년 2월 웨스트 뱅크의 이슬람 예배당에 기관총을 난사해 50명이 넘는 무슬림을 죽이고 수백 명에게 총상을 입혔다. 이스라엘 군대는 항의 시위를 진압하면서 팔레스타인 청년들을 사살했다. 극우 시온주의자들은 라빈 총리마저 암살했다.

아라파트는 1996년 1월 선거에서 90%에 가까운 지지를 얻어 자치정부 수반이 되고 FATAH는 집권당이 됐다. 크고 작은 유혈 충돌이 벌어졌지만 그는 베냐민 네타냐후(Benjamin Netanyahu)와 에후드 바라크(Ehud Barak) 등 라빈 총리의 후임자들과 끈질기게 협상하면서 자치정부를 운영했다. 자치정부 시한 만료를 앞둔 2000년 7월, 아라파트는 미국의 캠프데이비드에서 클린턴 대통령과 함께 바라크 이스라엘 총리를 만나 또 한 번의 평화협정 체결을 시도했다. 그러나 이스라엘 국방장관 아리엘 샤론(Ariel Sharon)이 아랍 민심에 불을 질러 평화협상을 가로막았다. 무장경호원을 거느린 채 동예루살렘 모스크를 방문해 무슬림을 격분하게 만든 것이다. 웨스트 뱅크와 가자 지구, 인근 국가 난민촌에서 제2차 인티파다가 일어나자 샤론은 군대를 동원해 자치지역을 다시 점령했다. 자치정부의 경찰이 민중봉기에 가세하면서 팔레스타인은 또다시 내전의 불길에 휩싸였다.

2001년에 총리가 된 샤론은 아라파트의 집무실을 폐쇄했다. PFLP와 하마스는 자살폭탄 테러를 저지르고 이스라엘 정부 요인을 암살했다. 팔레스타인 자치정부는 마비됐고 평화 프로세스도 멈춰 섰다. '아들 부시' 대통령은 아라파트를 비난했고 유럽연합은 미국의 중동정책을 비판했다. 아라파트는 2004년 11월 병명이 불확실한 증세로 의식을 잃고 프랑스의 군병원에서 치료받다가 사망했다. FATAH 소속 마무드 아바스(Mahmoud Abbas)가 2005년 1월 선거에서 후임 자치정부 수반이 됐지만 가자 지구의 정치적 주도권은 하마스가 차지했다.

아바스가 자치정부 총리 시절 부시 대통령의 중재를 받아 샤론 이스라엘 총리와 합의한 평화 일정표가 있었다. 1단계에서 팔레스타인은 폭력행위를 중단하고 이스라엘은 정착촌 건설을 동결하며, 2단계에서 선거를 통해 팔레스타인 독립국가를 건설하고, 3단계에서 국경선 설정과 예루살렘 영유권, 난민 귀환, 정착촌 철거 등의 문제를 해결하고 이스라엘이 주변 아랍 국가들과 평화협정을 맺는다는 계획이었다. 그러나 그 일정표의 첫 단계조차 마치지 못한 채 팔레스타인은 내전 상황으로 되돌아갔다.▪

1993년 평화협정 이후 이스라엘은 웨스트 뱅크와 동예루살렘의 정착촌에 60만 명의 유대인을 더 받아들였다. 2002년부터는 높이 8미터, 총연장 700km가 넘는 장벽을 세우고 있다. 완성하면 웨스트 뱅크의 절반과 주민 3분의 1을 장벽 안에 가두게 된다. 제1차 중동전쟁 직후 100만 명이 채 안 되던 팔레스타인 난민은 무려 500만 명으로 불어났는데, 150만 명은 이웃 나라의 난민촌에 산다. 인티파다와 이스라엘군의 무력 진압, 테러와 보복 폭격의 악순환이 언제 어떻게 끝날지 알 수 없다. 그 악순환을 끝내고 싶다면 미국에서 태어나 이스라엘로 이주한 유대인 지식인의 다음과 같은 이야기를 모든 이가 경청해야 할 것이다.▪▪

이 나라에서 40년 가까이 살면서 세 가지 다른 사회를 살았습니다. 1980년대 이스라엘은 암울했습니다. 300% 인플레이션에 레바논

▪ 최근의 팔레스타인 상황을 자세히 알고 싶은 독자에게는 『눈물의 땅, 팔레스타인』(김재명 지음, 미지북스, 2019)을 추천한다. 저자는 국제분쟁을 연구한 전직 언론인답게 해박한 역사 지식과 현장에서 취재한 정보를 유기적으로 엮었다. 팔레스타인의 비극에 관한 르포르타주 작품으로 이보다 뛰어난 책을 만나기는 어려울 것이다.

▪▪ 요시 클라인 할레비 지음, 유강은 옮김, 『나의 팔레스타인 이웃에게 보내는 편지』, 경당, 2020, 220~221쪽에서 발췌.

과 승산 없는 전쟁을 하면서 국제사회에서 고립됐지요. 1990년대 초에는 활력이 넘쳤습니다. 오슬로 평화협상이 시작되고, 첨단기술 스타트업이 속속 생기고, 구소련에서 대규모 이민이 유입되고, 국제사회에서 인정을 받았지요. 2000년에 평화협상이 붕괴하면서 국가의 면모가 바뀌었습니다. 잇따라 전쟁을 치르면서 일반 국민이 자살 폭탄과 로켓 공격의 표적이 됐고, 꿈을 잃은 이스라엘은 가드를 바짝 올린 채 하루하루 살았습니다. 이런 이스라엘이 거의 20년 동안 지속됐습니다.

이스라엘은 아랍의 바다에 뜬 유대인의 섬이다. 세계 최강 미국의 지원이 없었다면 그 섬은 진작 수면 아래로 가라앉았을지 모른다. 팔레스타인은 고대의 선지자가 말한 '젖과 꿀이 흐르는 약속의 땅'이 아니다. 수백만 팔레스타인 민중의 '피와 눈물이 흐르는 수난의 땅'이자 살상 무기의 밀집도가 가장 높은 세계의 화약고일 뿐이다. 이스라엘 국민의 삶도 결코 안전하지 않으며 국가의 미래가 보장된 것도 아니다.

모든 것은 지나간다. 20세기의 대사건들도 지나갔다. 두 차례의 세계대전도, 대공황도, 홀로코스트도, 러시아와 중국의 사회주의혁명도 모두 지나간 역사의 사건이 됐다. 그러나 팔레스타인의 비극은 지나가지 않았다. 역사 속으로 들어가지 않은 채 80년 동안 진행형으로 남아 있다. 어쩌면 다음 세기까지 넘어갈지도 모른다.

미래를 상상해본다. 에너지 생산기술이 획기적으로 발전해 '석유 시대'가 끝난다면? 원유 생산에 절대적으로 의존하는 중동 경제가 완전히 무너진다면? 그렇다면 이스라엘은 오래 존재할 수 있을 것이다. 미국이 몰락해 더는 이스라엘을 지원할 수 없다면? 아랍 세계가 눈부신 사회 혁신을 이루어 미국을 능가하는 힘을 보유한다면? 아랍 민족의 통일국가가 들어선다면? 그렇다면 이스라엘의 미래는 없다. 2천 년 전 조상이 떠난 땅의 소유권을 주장하며 팔레스타인 땅을 빼앗은 시온주의자의 행위가 정당하다면, 빼앗긴 지 얼마 안 된 땅을 되찾고자 행사하는 아랍인의 무력 행사도 비난할 수 없을 것이다.

오슬로 평화협정에서 아라파트 의장은 이스라엘이 건국하는 과정에서 저지른 야만 행위에 대한 비판을 접어두고 현실을 인정한 가운데 미래를 열어가기로 결심했다. 라빈 총리는 군사력 행사를 절제하기로 약속하고 이스라엘의 존재를 인정받았다. 힘의 우열을 반영한 현실적인 타협이었다. 평화로운 공존을 원한다면 가해자인 이스라엘 정부와 국민들이 팔레스타인 민중을 피해자로 인정하고 그들의 억울함과 분노를 풀어줄 방법을 찾아야 한다. 그들은 자기들이 유럽에서 수천 년 동안 당했던 박해와 홀로코스트의 참극을 돌아보며 느끼는 감정을 팔레스타인 민중에게 고스란히 떠안겼다. 그 점을 인정하고 사과하면서 공존에 대한 합의를 얻어내지 않는 한, 유대 민족이 팔레스타인 땅에서 평화와 안전을 누리는 날은 영원히 오지 않을 것이다.

—————————————————————— **마지막 민족해방전쟁**

9월 2일
베트남민주공화국 임시정부
수립
베트남의 초대 주석
호찌민을 중심으로 동아시아
최초로 공산주의 국가가
세워졌다.

12월 19일
제1차 베트남전쟁
호찌민이 베트남의 독립을
인정하지 않고 군대를
파견해 괴뢰정부를 세운
프랑스에 대항하며 벌인
전쟁을 말한다. 1954년 8월
1일까지 이어졌다.

3월 13일
디엔비엔푸전투
베트남 북부의
디엔비엔푸에서 프랑스군
베트민군 사이에 벌어진
전쟁으로 5월 7일까지
이어졌다. 같은 해 7월 2
양국은 '제네바 휴전협정'
맺었다.

호찌민
胡志明,
1890~1969

8월 4일
통킹만 사건
베트남의 완전한 독립과 통일을
위해 북베트남의 지원 아래
남베트남 정부와 이들을 지원한
미국과 벌인 전쟁이다. 미군
구축함 매덕스호가 베트남
통킹만에서 어뢰정 공격받은 날을
말한다. 이날을 계기로 미군 및
남베트남과 북베트남의 전쟁이
전면전으로 확대됐다. 남베트남
정부가 무너진 1975년 4월
30일까지 지속됐다.

2월 12일
퐁니·퐁넛 학살

7월 2일
베트남사회주의공화국 수립

굴복하지 않는 민족

1964년 8월 4일, 린든 존슨(Lyndon Johnson) 미국 대통령은 베트남 민주공화국(이하 북베트남) 수도 하노이 동쪽의 통킹만에서 일어난 군사적 충돌에 관한 정보를 공개했다. 공해를 순찰하던 미군 구축함 매덕스호가 어뢰정 공격을 받았고 항공모함 탑재 전투기가 즉시 반격했다는 것이었다. 미국 공군은 통킹만의 북베트남 어뢰정 기지와 석유 저장소 네 곳을 공습하고 선박 스물다섯 척을 격침했다. 그것은 단순한 군사행동이 아니라 제2차 베트남전쟁의 '공식적인' 시작이었다. 미국 의회는 만장일치에 가까운 찬성으로 행정부에 '전쟁권'을 부여했다.

베트남은 세계에서 가장 가난한 지역이었으며 인구는 남북을 합쳐 3,500만 명 정도였다. 1945년 독립을 선언한 베트남민주공화국은 프랑스를 상대로 벌인 제1차 베트남전쟁에서 이겼지만 북위 17도선을 경계로 분단됐다. 북베트남은 공산당이 주도했고 베트남공화국(이하 남베트남)은 미국의 지원을 받았다. 통킹만 사건이 벌어졌을 때 남베트남에서는 정부와 남베트남민족해방전선(이하 해방전선)이 몇 년째 내전을 벌이는 중이었다. 해방전선 게릴라들은 남북 베트남의 경계선과 서쪽 캄보디아·라오스의 산악을 넘나들며 활동했다.

미군은 통킹만 사건 전부터 비공식적으로 전쟁을 하고 있었다. 1964년 늘어 수순히 북베트남의 철노와 교량을 공습하고 연안 시설을 폭격했다. 7월 30일 밤에는 미국 해군이 통킹만의 섬 두 곳을 공격했고 구축함과 항공기가 8월 3일까지 북베트남 본토를 폭격했다. 북베트남 정부가 매덕스호의 통킹만 접근을 공격 준비 행위로 간주할 이유는 충분했으며, 그 때문에 미군이 전쟁의 구실을 찾으려고 공격을 유도했다는 주장도 나왔다. 그런데 북베트남이 실제로 어뢰정을 발사했는지 여부는 확인되지 않았다. 선장을 포함한 매덕스호 승무원 누구도 어뢰정을 보지 못했다.

북베트남의 운명은 바람 앞의 등불로 보였지만 미군은 이기지 못했다. 1969년 1월 취임한 후임자 리처드 닉슨(Richard Nixon) 미국 대통령은 베트남의 수렁에 더 깊이 들어갔다가 패배를 인정하고 1973년 봄에 물러섰다. 북베트남과 해방전선은 1975년 4월 30일 남베트남의 수도 사이공(지금의 호찌민)을 점령하고 남북 전역에 베트남사회주의공화국을 세웠다. 베트남전쟁은 20세기의 '마지막 제국주의 침략전쟁'이었다. 제2차 세계대전까지 미군은 참전한 모든 전쟁에서 이겼다. 한국전쟁에서는 이기지 못했지만 진 것도 아니었다. 그러나 베트남에서는 군사적으로 패배했을 뿐 아니라 도덕적·정치적으로 큰 상처를 입었다.▪

베트남은 굴복하지 않는 민족의 땅이다. 중국과 국경이 맞닿아 있어서 고대부터 한자를 사용하는 등 문화적으로 깊고 넓은 영향을 받았고 종종 정치적 간섭과 군사적 침략에 시달렸지만 베트남 민중이 싸우지 않고 항복한 적은 없었다. 그들은 민족의식이 강하고 외세에 맞서 투쟁한 민족영웅을 높이 받든다. 미국 대

<hr>

▪ 베트남전쟁의 주요 전개과정은 『미국의 베트남 전쟁』(조너선 닐 지음, 정병선 옮김, 책갈피, 2004)과 『베트남 10,000일의 전쟁』(마이클 매클리어 지음, 유경찬 옮김, 을유문화사, 2002)을 기본 자료로 삼아 서술했다.

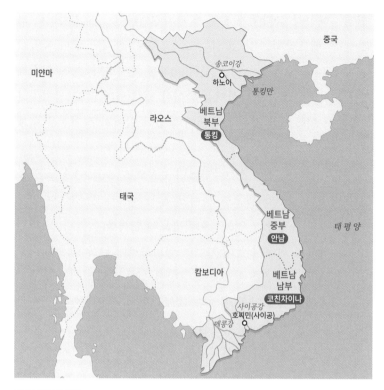

지도5 베트남 국토

통령과 국방부 장군들은 베트남 민중을 과소평가했다.

베트남 국토는 인도차이나반도의 등뼈인 안남산맥 동쪽 경사면에 남북으로 길게 뻗어 있다. 서쪽은 라오스와 캄보디아, 동쪽은 남중국해, 북쪽의 산악은 중국 윈난성과 광시성을 만난다. 남북의 길이는 1,600km나 된다. 동서 폭은 북부의 넓은 곳이 650km에 이르는가 하면 중부의 가장 좁은 곳은 50km도 되지 않는다. 그래서 프랑스는 베트남을 셋으로 나누어 지배하면서 중국 윈난성에서 흥하(紅河, 송꼬이강)가 흘러드는 북부는 '통킹', 중부는

'안남', 메콩강 삼각주가 드넓게 펼쳐진 남부는 '코친차이나'라고 했다. 베트남에는 50개 넘는 소수민족이 살지만 예나 지금이나 비엣족(베트남족, 킨족)이 인구의 90%를 차지한다. 서쪽에서 베트남을 침략하려면 안남산맥을 넘어야 해서 쉽지 않다. 남쪽이나 북쪽에서 쳐들어갈 경우 보급선이 한없이 길어져 장기전을 수행하기 어렵다.

베트남의 마지막 봉건국가였던 응우옌(Nguyen, 阮) 왕조는 조선과 비슷한 과정을 밟으며 무너졌다. 19세기 중반 영국이 인도를 선점하자 프랑스는 인도차이나반도에 눈독을 들였다. 1847년 천주교 박해와 선교사 살해 사건을 빌미로 베트남을 침공해 각종 이권을 빼앗고 항구를 차례차례 점령했으며, 1883년에는 총칼로 왕을 협박해 보호조약을 맺었다. 캄보디아와 라오스까지 인도차이나반도의 동쪽 절반을 집어삼켰다.

프랑스는 영국과 마찬가지로 자본주의제도를 이식해 식민지를 수탈했다. '인도차이나은행'을 내세워 경지의 20%를 장악하고 소출의 50%를 소작료로 징수했다. 저임금 노동자를 고용해 고무·커피·차·면화 농장을 경영했다. 주석·텅스텐·아연·납·구리·철 등 광물을 마구잡이로 채굴했으며 담배·술·유리·종이를 독점 공급했다. 베트남의 토착 수공업과 제조업은 완전히 몰락했다. 통킹·안남·코친차이나에 서로 다른 통치제도를 세우고 응우옌 왕조의 왕족과 관리, 촌락의 장로와 지주, 가톨릭 신도를 하수인으로 삼았다.■ 제국주의 수탈정책의 내용과 형식은 '만국 공

■　프랑스의 식민지 지배 정책은 『베트남 민족해방 운동사(유지열 편역, 이성과현실, 1986), 23~43쪽을 참조했다.

통'이었다. 영국·프랑스·벨기에 같은 유럽 민주주의국가든 천황제 일본이든 잔혹하기는 매한가지였다.

2천 년 동안 중국의 패권에 맞섰던 베트남 민중은 프랑스를 상대로 100년의 민족해방투쟁을 전개했다. 초기 투쟁은 혼란스러웠고 위력도 없었다. 프랑스가 보호조약을 체결하자 일부 관리들이 농민을 규합해 봉기를 일으켰지만, 새로운 국가에 대한 전망이 없었고 프랑스 군대의 신무기를 상대할 전략 전술도 없었다. 그러나 20세기에 들어서자 민족의 독립과 근대국가 수립을 지향하는 새로운 운동이 고개를 들었다. 신해혁명을 본 베트남 민족주의자들은 중국 국민당을 성공모델로 삼아 전투조직을 만들었고 지식인들은 청년교육운동과 농촌계몽운동을 전개했다.

혁명적 민족주의자들은 광복회를 조직해 프랑스 총독과 관리를 겨냥한 테러를 감행했다. 제1차 세계대전에 병사나 군속으로 참전해 민족주의와 사회주의를 학습하고 유럽의 노동조합과 혁명운동을 목격한 10만여 명의 베트남인이 귀환하자 민족해방투쟁은 한 단계 도약했다. 프랑스 총독이 농촌계몽운동과 교육운동 등 합법적인 활동을 강력하게 탄압하자 지식인과 청년들은 지하로 들어가 무장투쟁에 합류했다. 호찌민(胡志明)은 그런 흐름을 타고 등장했다. 레닌과 마오쩌둥을 빼고는 러시아와 중국의 혁명을 서술할 수 없듯이, 베트남전쟁은 호찌민 없이는 이야기할 수 없다.

호찌민이라는 사람

1919년 6월 우드로 윌슨 미국 대통령, 조르주 클레망소 프랑스 총리, 로이드 조지 영국 총리 등 연합국 지도자들이 베르사유궁전에서 제1차 세계대전의 전후 처리 방안을 논의했다. 그때 '응우엔아이쿠옥(阮愛國)'이라는 남자가 나타났다. 베트남에서 가장 흔한 성씨에 '애국'이라는 이름을 붙였으니 누가 봐도 가명임에 분명했다. 응우엔아이쿠옥은 「안남 민족의 요구」라는 '안남애국자연합'의 청원서를 프랑스 대통령과 국회의원들에게 직접 전달했다. 외국 대표에게 그 청원서를 주겠다며 세탁소에서 빌린 남의 양복을 걸치고 베르사유궁전 복도를 배회했다. 사회주의 계열 신문사에 제보해 기사를 싣게 하고, 좌파 단체의 지원을 받아 인쇄한 청원서를 거리에서 배포했다.

청원서는 민족자결주의 원칙에 따라 베트남인의 자유권과 평등권을 보장하고 정치적 자치를 허용하며 강제노동과 불합리한 세금을 폐지하라는 요구를 담고 있었다. 프랑스에 거주하던 5만여 명의 베트남 노동자와 유학생 사이에 그 남자에 관한 소문이 퍼졌다. 파리 경찰청은 '응우엔아이쿠옥'이 안남 지방 공무원의 아들 응우엔꿍(Nguyên Sinh Cung)이라는 사실을 파악했지만 체포하지는 않았다. 그가 베트남의 민족 지도자가 되어 30년 뒤 프랑스 군대에 궤멸적 패배를 안기리라고는 상상하지 못했다.[■]

응우엔꿍은 1890년 베트남 북중부 응에안성의 시골 마을에

[■] 호찌민의 생애는 『호치민 평전』(윌리엄 J. 듀이커 지음, 정영목 옮김, 푸른숲, 2003)을 참고했다.

서 식민지 하급 관리의 세 남매 가운데 막내로 태어났다. 아버지한테 한자를 배우고 중국 고전을 읽으며 자랐고 프랑스 사람이 운영하는 학교를 나와 초등학교 교사가 됐다. 그가 성장하는 과정에는 '신화적 요소'가 전혀 없다. 평범한 어린이가 흔히 볼 수 있는 청년으로 자랐을 뿐이다. 응우옌꿍은 중국 신해혁명이 일어난 1911년 홀연히 자취를 감췄다. 그 자신의 회고와 연구자들의 조사에 따르면 학교를 떠난 응우옌꿍은 '내일이 없는' 인생을 살았다. 선박 보조 요리사, 선원, 기자, 집사, 노동자, 영업사원, 정원사, 웨이터, 댄서, 사진사 등 온갖 직업을 전전하며 프랑스와 아프리카 식민지의 여러 도시를 방문했다. 런던과 뉴욕을 비롯한 대도시에 체류하면서 영어·스페인어·독일어를 익혔다. 나중에는 중국어와 러시아어도 했다.

'8년의 세계일주'를 마친 1919년부터 응우옌꿍은 완전히 다른 삶을 살았다. '오늘이 없는', 오로지 내일만 바라보는 인생이었다. 프랑스사회당에서 정치활동을 시작한 그는 '호찌민'이라는 이름으로 공개 장소에 나온 1945년 8월까지 160여 개의 가명과 필명을 쓰면서 '26년간 지하활동'을 했다. 목표는 오직 하나, 베트남 민족의 해방이었다. 사회당이 식민지 해방에 관심이 없다는 이유로 탈퇴하고 프랑스공산당에 들어갔으며, 레닌이 표방한 반제국주의 정책을 믿고 소련공산당의 지도를 받았다. '프랑스 식민지 인민연맹'을 결성해 식민지 수탈의 야만성을 고발하는 선전활동을 하고 코민테른의 동아시아 담당 상임위원으로 활약했다. 중국공산당의 지원을 받으려고 광둥성에 베트남혁명청년협회를 조직했고 제1차 국공합작에 참가했으며 홍군 부대에 들어갔다. 허노이와 사이공에 공산당 세포조직을 구축하고 인도차이나공산당을 결성해 무장봉기를 일으켰다. 각계각층의 민족주의 세력을 모은 베트남독립동맹(이하 베트민)을 결성한 1941년 5월부터는 다른 이름을 버리고 '호찌민' 하나만 썼다. 호찌민은 장제스의 지원을 받으려고 노력했으며 미국 첩보기관과도 협력했다. 베트남의 해방에 도움이 된다면 악마와도 손잡을 사람이었다.

호찌민은 처음에는 볼셰비키와 중국공산당의 전술을 따랐지만 결국 베트남에 맞는 정치노선과 투쟁방법을 찾아냈다. 가뭄과 홍수가 번갈아 덮친 1930년 베트남에서 400건의 농민봉기와 100여 건의 노동자 파업이 일어났다. 인도차이나공산당은 1,500명의 당원과 10만여 명의 지지자를 얻었다. 프랑스 군대가 농민봉기와 파업을 무력으로 진압하던 그해 9월, 안남 지방의 응에안 성과 하띤성 농민들이 죽창을 들고 관청을 점령해 응에띤 소비에트 정부 수립을 선포하고 지주의 토지와 재산을 몰수해 빈농에게 나눠줬다. 그러나 그들은 프랑스군의 화력을 당해내지 못했다. 프랑스군은 1만여 명의 '적색분자'를 체포하고 수백 명을 처형해 공산당 조직을 무너뜨렸고, 민중의 불만을 무마할 목적으로 파리에 있던 응우옌 왕조의 후예 바오다이를 귀국시켰다.

인도차이나공산당은 1935년 코민테른 제9차 대회의 결의에 따라 '파시스트 제국주의자와 투쟁하기 위해' 사회주의혁명을 미루고 독립을 원하는 모든 계층 모든 세력과 제휴하는 통일전선 전술을 채택했다. 온건한 민족적 요구를 내걸고 선전활동을 하던 공산당에게 제2차 세계대전은 좋은 기회였다. 독일이 프랑스를 정복했고 일본군이 인도차이나의 프랑스군을 밀어냈기 때문이다. 공산당은 프랑스군의 무기를 빼앗아 최초의 무장 유격대를 조직했지만 병력과 화력이 우세한 일본군에게 연전연패했다. 호찌민은 중국 홍군의 전술을 받아들였다. '프랑스·일본 제국주의 반대'를 슬로건으로 내걸고 '민족의 독립이 공산당과 노동자·농민의 당파적·계급적 이익에 우선한다'는 원칙을 세웠다. '지주의 토지 몰수' 정책을 '제국주의자와 매국노의 토지 몰수' 정책으로 바꿨고 각계각층의 민족혁명 세력을 규합해 베트남독립동맹을 결성했다. 베트민은 각계각층에 구국회를 만들고 무장봉기를 준비했으며 독립국가를 수립할 조직적 토대를 구축했다.

호찌민은 1942년 초 장제스의 지원을 받으려고 충칭에 갔다가 국민정부 당국에 붙잡혀 18개월 동안 억류당한 끝에 요행히 풀려났다. 태평양전쟁이 일어난 뒤에는 미국 첩보기관 OSS의 지원을 받으면서 항일 게릴라를 양성해 국내 진공작전을 폈다. 일본군의 혹독한 수탈과 만행으로 전국에서 200만 명이 굶어 죽는 사태가 벌어진 터라 미룰 수 없었다. 1945년 3월 일본군이 프랑스군을 완전히 몰아내고 바오다이를 황제로 내세워 또 다른 괴뢰정부를 수립했다. 호찌민은 일본의 패전을 예측하고 때를 기다리다가 8월 13일 총봉기를 결정하고 베트남 전역의 행정기관을 접수해 인민위원회를 설치했다. 베트민은 9월 2일 호찌민을 수반으로 하는 베트남민주공화국 임시정부 수립을 선포했다. 연합군이 들어오기 전에 일본군의 무장을 해제하고 주권국가를 세운 것이다. 호찌민은 직접 쓴 「베트남민주공화국 독립선언」(이하 「독립선언」)에서 이렇게 말했다.▪

"모든 사람은 평등하게 태어났다. 창조주에게 절대적 권리를 부여

▪ 호치민 지음, 일든 '벨로 엮음, 배기헌 옮김, 『후치민』, 프레시안북, 2009, 101~104쪽.

받았으며 그중에는 생명, 자유 그리고 행복추구권이 있다." 1776년 미합중국 독립선언문에 등장했던 불멸의 문구입니다. 더 넓게 해석한다면 모든 민족은 태어날 때부터 평등하며 살 권리, 행복할 권리, 자유로울 권리를 지닌다는 말입니다. 1791년 프랑스혁명 때 발표한 「인간과 시민의 권리선언」에서도 이렇게 말합니다. "모든 인간은 평등한 권리를 가지고 자유롭게 태어났으며, 항상 평등한 권리를 가지고 자유롭게 살아야 한다." 이는 실로 거부할 수 없는 진실입니다.

그는 베트남이 자유로운 독립국가로서 민주공화정을 수립했으며, 프랑스가 베트남을 대표해 승인한 모든 조약을 파기하고 프랑스가 누리던 모든 특권을 폐지한다고 선언했다. 「독립선언」은 민족통일전선의 대의를 충실하게 반영했다. '공산주의'나 '프롤레타리아독재' 같은 말은 그림자도 비치지 않았다. 호찌민은 베르사유궁전 복도를 서성거렸던 26년 전의 '응우옌아이쿠옥'과 동일한 민족주의자였다.

제1차 베트남전쟁

호찌민은 '연합국이 베트남의 독립을 인정할 것으로 확신한다'고 썼지만 「독립선언」의 마지막 문장에서 짙은 불안감을 드러냈다. "베트남 민족이라면 누구나 몸과 마음을 다해 생명과 재산을 희생하면서까지 자유와 독립을 수호할 각오가 되어 있다." 자기 힘만으로 제국주의 군대를 물리친 게 아니었으니 불안할 수밖에 없었다. 예감은 적중했다. 베트남 북부에 장제스의 국민정부군이 들어왔고 남부에는 영국군이 상륙했다. 일본군에게 쫓겨났던 프랑스군도 질서 유지 활동을 보조한다는 명분으로 영국군의 뒤를 따라 들어왔다.

9월 22일 프랑스군이 남부 코친차이나의 행정기관을 무력 점령했다. 베트민은 총파업을 결의하고 사이공에서 민중봉기를 일으켰다. 프랑스 정부는 대규모 병력을 증파했고 사이공 도심은 전쟁터로 변했다. 프랑스는 유럽에서는 나치 점령군과 영웅적으로 싸운 레지스탕스의 나라였지만 인도차이나에서는 제국주의 침략자일 뿐이었다. 베트민은 프랑스를 상대로 제1차 베트남전쟁의 봉화를 올렸다. 누가 이길지 뻔했다. 프랑스군은 전투기·장갑차·대포를 가져왔지만 베트민 전사들은 식량과 탄약을 등에 지고 다니며 소총으로 싸웠다. 프랑스 공군은 통킹만의 하이퐁 항을 폭격해 민관군을 가리지 않고 6천여 명을 죽이고 수도 하노이를 공격했다. 그러나 그 기세는 오래가지 않았다. 전쟁은 중국에서 벌어졌던 일본군과 홍군의 대결처럼 흘렀다. 프랑스군은 베트남 땅 전체를 점령할 수 없었다. 민족의식에 눈뜬 적대적인 주민에게 포위당한 상태에서 전쟁을 수행해야 했다.

베트민은 점령지의 토지를 몰수해 농민에게 나눠줬고 농민들은 게릴라에게 식량을 제공했다. 도시의 지지자들은 약품을 비롯한 생필품을 공급하고 프랑스군의 동향 정보를 알려줬다. 밀림에 은신한 베트민 전사들은 죽창과 함정 같은 원시적인 수단을 활용했다. 불리하면 도망치고 유리하면 공격하는 유격전을 펼쳤다. 적의 보급로를 차단하고 봉쇄망을 무너뜨렸으며 활주로를 파괴해 전투기의 이착륙을 방해하고 소총으로 적기를 격추했다. 전황이 불리하게 돌아가자 프랑스 정부는 1949년 6월 또 바오다이를 내세워 사이공에 '프랑스연방 베트남왕국'이라는 괴뢰정부를 세웠다. 최악의 경우 베트남 땅의 절반이라도 차지하겠다는 심산이었다. 영국과 미국은 프랑스가 베트남·라오스·캄보디아에 세운 괴뢰국가를 모두 승인했다.

베트민은 1953년 공세로 전환했으며 1954년 봄 디엔비엔푸 전투에서 적에게 회복할 수 없는 타격을 안겼다. 디엔비엔푸는 하노이에서 서쪽으로 300km 떨어진 라오스 국경 근처 계곡 지역이다. 프랑스는 라오스와 캄보디아를 포함한 인도차이나 전체에 대한 지배권을 유지하고 남부로 이동하는 베트남 게릴라를 공격하려고 병력과 물자를 수송기로 실어와 그곳에 거대한 현대식 군사기지를 건설했다. 미국은 프랑스군에 막대한 양의 군수품과 수송기를 지원했고 중국은 베트민에 무기를 제공했다.

10만 전투원과 더 많은 지원 인력을 동원해 디엔비엔푸 군사기지를 포위한 베트민은 3월 13일 공격을 시작해 5월 7일 전투를 끝냈다. 55일 동안 베트민은 2만 5천 명의 사상자를 냈다. 프랑스군은 1만 6천여 명 가운데 1,500명이 전사하고 4천 명이 부상을 입었으며 탈출에 성공한 70여 명을 뺀 나머지는 항복했다. 1만여 명의 포로 중에는 장군 한 명과 영관급 간부 16명, 위관급 장교와 부사관 1,749명이 포함되어 있었다. 프랑스 정부는 17개 정예 보병대대, 3개 포병대대, 1개 공병대대가 전멸했다는 충격적인 보고를 받았다.[ ]

디엔비엔푸만이 아니었다. 1954년 봄 프랑스군은 베트남 전역에서 10만 병력을 잃었다. 남부에 20만 넘는 군인이 남아 있었지만 프랑스에서 거센 반전운동이 일어난 탓에 전쟁을 이어가기 어려웠다. 베트민 전사들은 "이제 죽지만 내 의무를 다했다"는 유언을 남긴 100년 전의 독립운동가와 달랐다. 그들은 "나는 죽어도 동지들이 끝까지 싸울 것이다"라고 외치면서 총살당했다.

1954년 7월 21일 북베트남과 프랑스는 제네바에서 휴전협정을 맺었다. 10월 9일, 하노이를 점령했던 프랑스군의 마지막 부대가 철수했다. 북베트남 휴전협상 대표는 북위 17도선을 경계로 국토를 분리하고 2년 안에 통일을 위한 전국 총선거를 실시한다는 절충안을 거부했지만, 중국 외교장관 저우언라이가 프랑스군이 철수하면 베트남은 어차피 당신네 것이 될 거라며 설득하고 압박해 합의를 성사시켰다. 중국공산당은 베트남의 통일을 반기지 않았다. 프랑스가 전국 총선거 실시 약속을 지킨다는 보장도 없었다. 호찌민은 그런 위험을 알면서도 중국의 중재를 뿌리치지 못했다.

프랑스의 배신, 미국의 개입

제네바 휴전협정을 맺었지만 전쟁은 끝나지 않았다. 세계 최강 미군과의 싸움이 베트남을 기다리고 있었다. 미국은 오래전 베트남에 들어왔다. 1950년 2월 프랑스가 세운 괴뢰국가 베트남왕국을 외교적으로 승인하고 사이공에 군함을 보냈으며 베트남왕국

■　보응웬지압 지음, 강범두 옮김, 『디엔비엔푸』, 길찾기, 2019. 494~497쪽. 이 책은 베트남 전쟁 영웅 보응웬지압(Võ Nguyên Giáp) 장군의 회고록이다. 저자는 열다섯 살에 독립투쟁을 시작해 베트남 인민군 총사령관으로 제1차 베트남전쟁을 치렀으며 제2차 베트남전쟁에서도 주도적인 역할을 했다.

과 상호방위조약을 체결하고 군사고문단을 파견했다. 1954년까지 베트남왕국과 프랑스군에 23억 달러의 전쟁 지원금을 제공했다.▪

　　미국에는 그럴 만한 이유가 있었다. 제2차 세계대전이 일어났을 때 사회주의국가는 소련 하나뿐이었다. 그런데 전쟁이 끝나자 동유럽과 중국 대륙이 붉게 물들었다. 미군은 냉전시대의 첫 열전이었던 한국전쟁에서 이기지 못했다. 아시아·아프리카·라틴아메리카에서 레닌과 마오쩌둥을 따르는 공산주의 세력이 고개를 들었다. 미국 사회는 반공 히스테리에 빠졌다. 자유세계의 국가들이 차례차례 쓰러진다는 '공산주의 도미노 이론'이 유행했다. 1950년 공화당 전당대회 때 조지프 매카시 상원의원이 미국 행정부와 의회에서 암약하는 공산주의자 297명의 명단을 갖고 있다며 폭로전을 개시했다. 언론이 앞을 다투어 대서특필하면서 '매카시즘(McCarthyism)'이라는 정치적 광란이 벌어졌다. 매카시 의원은 추가 폭로를 이어가면서 상원 조사위원회에 수백 명을 불러 공개·비공개 청문회를 열었다. 사상 검열의 탁류가 미국을 집어삼켰다.

　　33개 주 의회가 법률을 제정해 교사와 교수의 충성서약을 강제했으며 자유주의 서적을 포함해 반공주의를 비판하는 책을 도서관 서가에서 없앴다. 뛰어난 교수와 연구원들이 대학과 연구소에서 쫓겨났다. 800만 공무원과 방위산업체 노동자들은 익명의 밀고 때문에 언제든 소환당할 처지에 놓였다. 퇴임한 해리 트

▪　D. F. Fleming, *The Cold War and Its Origin*; 리영희 지음, 『베트남전쟁』, 두레, 1985, 39쪽에서 재인용.

루먼 대통령이 러시아 간첩을 은닉했다는 혐의로 고발당했고, 아이젠하워와 케네디는 공산주의자라는 비난을 들었다. 300명 넘는 할리우드의 영화배우·감독·작가들이 해고당했고 블랙리스트에 오른 수만 명의 항공기 승무원, 선원, 노동조합원이 직장에서 쫓겨났다. 시민들이 서로를 적의 간첩일지도 모른다고 의심하게 만든 '빨갱이 사냥'은 중세 교회의 마녀사냥이나 스탈린의 대숙청과 근본적으로 다르지 않았다. 언론의 팩트 체크, 사상과 표현의 자유를 중시한 연방대법원의 판결, 상원의 매카시 청문회를 거치면서 허위 폭로의 진상이 드러난 1954년까지 미국 사회는 발전과 창조가 아니라 무엇인가에 '반대'하는 데 힘을 소진했다.

매카시즘의 위력은 미국 사회 안에만 머물지 않았다. 미국 정부는 공산주의를 이롭게 한다는 의심이 들면 무슨 일이든 간섭하고 개입하며 '세계의 경찰'을 자처했다. '베트남의 공산화'는 묵인할 수 없는 사태였다. 군사전략적·경제적 이익을 도모하려는 장삿속도 물론 작용했다. 인도차이나는 동남아시아와 태평양에서 중국과 러시아의 팽창을 저지하는 데 요긴한 전략적 요충지였으며 주석과 텅스텐 같은 자원이 풍부했다. 미국 국방부의 장성들과 군수산업 자본가들은 평화를 반기지 않았다. 그들은 대중의 반공 정서를 이용해 행정부를 쥐락펴락하고 의회를 움직여 대규모 전쟁예산을 편성했다. 전쟁의 승패가 어찌 되든, 베트남 민중과 미국의 젊은이들이 얼마나 죽든 상관하지 않았다.

미국 정부는 제 발로 전쟁의 늪으로 걸어 들어갔다. 중앙정보국(CIA)이 '베트남의 이승만'으로 점찍은 응오딘지엠(Ngo Dinh Diem)은 1955년 10월 국민투표를 실시해 왕정을 폐지하고 베트남공화국을 수립했으며, 유권자보다 투표자가 많았던 선거에서 대통령이 됐다. 프랑스가 낳은 남베트남을 미국이 양육하기 시작했다. 프랑스는 제네바 휴전협정의 전국 총선거 시한을 석 달 앞둔 1956년 4월 주둔군 사령부를 일방적으로 해체함으로써 제네바 휴전협정에 따른 의무를 내팽개쳤다. 전국 총선거는 없던 일이 됐고 잠정적 군사경계선인 북위 17도선은 국경선이 됐다.

남베트남에는 활주로 겸용 도로를 비롯한 미군 시설이 들어서고 미국산 소비재와 상업문화가 퍼졌다. 베트남 개입에 부정적이었던 존 F. 케네디가 1961년 1월 미국 대통령에 취임했지만 달라진 것은 없었다. 프랑스의 샤를 드골(Charles de Gaulle) 대통령은 민족이 일단 눈을 뜨고 궐기하면 아무리 강대한 외부 세력도 자기 의사를 강요할 수 없으며, 베트남에 발을 들여놓으면 군사적·정치적 수렁에 밑도 끝도 없이 빠질 것이라고 충고했지만, 케네디는 아랑곳 않고 대규모 군사 고문단과 지원단을 증파했다. 열정이 아니라 불안 때문에 내린 결정이었다. 군사적 개입의 효용이 의심스러웠지만 이미 시행 중인 개입 정책의 실패를 인정하고 중단하기보다는 효과 없는 프로그램을 계속 추진하는 편이 더 쉬웠다.[■] 케네디가 특별보좌관으로 발탁한 경제학자 월트 로스토(Walt Rostow)는 남베트남의 사회 혼란과 혁명적 정치 상황은 북베트남의 배후조종 때문에 일어난 것이므로 북베트남을 폭격해 잿더미로 만들면 해결할 수 있다고 주장했다.

응오딘지엠은 지나치게 열심히 일한 탓에 남베트남의 멸망을 앞당겼다. 그는 치안유지법을 제정해 모든 형태의 반정부운동

■ 데이비드 핼버스탬 지음, 송정은·황지현 옮김, 『최고의 인재들』, 글항아리, 2014, 349쪽. 이 책은 베트남전쟁에 책임이 있는 미국의 정치인·관료·군인들이 최고 엘리트임에도 왜 어리석은 결정을 내렸는지 흥미진진하게 분석한다.

을 탄압했다. 야당과 사회단체뿐만 아니라 정부와 군대에까지 '칸라오'라는 비밀조직을 심어 사찰과 테러를 저질렀다. 북베트남에서 도망쳐 나온 가톨릭 신도가 중심이 된 칸라오는 불교 탄압으로 악명을 떨쳤다. 응오딘지엠 정부는 프랑스인 소유 토지를 지주에게 넘겼고 게릴라들이 빈농에게 나눠준 토지도 회수해 돌려줬다. 장교들은 예산을 착복했으며 관리들은 뇌물을 받고 탈세를 용인했다. 남베트남 정부군은 농촌 게릴라를 소탕한다면서 9천여 개의 전략촌을 지정해 농민을 강제로 수용하고, 제네바협정 이후 귀향한 6천여 명의 베트민 전사를 색출하기 위해 대대적인 수색작전을 전개했다.

정부가 부패와 폭정을 저지르자 전국의 농촌에서 무장 세력이 출현했다. 남베트남과 미국 정부는 '베트콩(베트남 코뮤니스트)'이라 했지만 대부분 지식인과 불교도였으며 소수민족도 일부 있었다. 정부군과 미군한테서 빼앗은 총으로 무장하고 각양각색의 깃발을 들었던 남베트남 무장 세력은 1960년 해방전선을 결성하고 전국적인 게릴라전에 들어갔다. 해방전선은 점령한 해방구에서 토지개혁을 실시하고 도시의 노동조합을 끌어들여 지지 기반을 넓혔으며 행정기관과 군대 내부를 파고들어 협력자를 찾았다. 얼마 지나지 않아 해방전선은 남베트남 땅의 절반 이상을 장악했다.

미국 정부가 응오딘지엠에 대한 신뢰를 거두자 1963년 11월 다른 장군이 쿠데타를 일으켜 응오딘지엠을 축출했다. 두 달 뒤에는 또 다른 장군이 또 다른 쿠데타를 일으켰다. 미군이 철수할 때까지 군부는 쿠데타를 끝없이 되풀이했다. 미국은 1959년 수천 명에 불과하던 병력을 1964년 3만 명으로 늘렸다. 남베트남 성부노 징규군과 경칠을 끽끽 17만과 9만 명 수준으로 증강했다.

미국 공군은 1961년 가을부터 해방전선이 장악한 지역을 5천 번
넘게 공습했다.

제2차 베트남전쟁

미국 정부는 북베트남의 침략에서 남베트남의 민주주의와 자결
권을 보호하기 위해 전쟁을 한다고 주장했다. 제네바 휴전협정의
북위 17도선은 베트민과 프랑스의 잠정적 군사경계선이지 국경
선이 아닌데 '침략'이라는 말을 쓸 수 있느냐는 질문에는 대답하
지 않았다. 북베트남 병력은 미군 전투부대가 상륙한 뒤에 남하
했다는 사실도 무시했다. 남베트남이 보호할 가치가 있는 민주국
가인지 여부는 따지지 않았다. 그래서 한국전쟁 때 유엔연합군을
파병했던 나라 대부분이 파병 요청을 거부했고, 한국과 호주처럼
미국의 대외정책을 추종한 몇몇 국가만 지원 요구를 수락했다.
　세계는 숨을 죽이고 지켜봤다. 화력이 변변치 못한 북베트남
과 해방전선을 세계 최강이라는 미군이 제압하는 것은 시간문제
인 듯했다. 30만 미군은 5만 한국군과 호주 등의 측면지원을 받
았으며 50만 남베트남 군대와 합동작전을 펼쳤다. B52 폭격기는
북베트남의 공업시설을 폭격해 하노이·하이퐁·남딘 같은 대도
시를 '석기시대'로 돌려놓았다. 학교·교회·병원을 비롯한 민간
시설도 폭격했고 3천℃의 열을 내뿜으며 폭발 지점 근처의 산소
를 없애버리는 네이팜탄을 투하해 민간인까지 닥치는 대로 살상
했다. 밀림의 게릴라 근거지를 없애려고 독성물질인 고엽제와 제
초제를 뿌리고 해방전선이 장악한 마을을 불도저로 밀어 없앴다.

베트남에 간 미군 전투원은 모두 150만 명이었는데, 1968년 이 54만 명으로 가장 많았다. 미국 정부는 당시 액수로 110억 달러 이상의 전쟁비용을 지출했으며 핵폭탄과 독가스를 제외한 대량살상 무기를 모두 투입했다. 그러나 6만여 명의 전사자와 15만 명의 부상자를 내며 싸웠는데도 북베트남 정규군과 해방전선 게릴라를 제압하지 못했다. 미군 병사들은 전쟁의 명분을 확신하지 못한 채 낯선 땅에서 싸웠다. 병력이 많고 화력이 우세하다고 해서 이길 수 있는 전쟁이 아니었다.

해방전선은 병력과 무기의 열세를 자기네 방식으로 이겨냈다. 미군은 유격전으로 상대했고, 미국 정부와 남베트남 정부는 정치투쟁으로 흔들었으며, 남베트남 군대는 설득공작으로 무너뜨렸다.[■] 유격전부터 살펴보자. 베트남에 상륙한 미군은 세 종류의 적을 만났다. 가장 먼저 민간인 사이에 숨은 민병과 게릴라가 미군을 기습하고 함정에 빠뜨렸다. 도시와 농촌 모든 곳이 전장이었다. 다음에는 소규모 지방군이 기동전으로 공격했고, 마지막으로 정규군이 밀림에서 미군의 주력을 타격했다. 미군 보병은 공격을 받으면 일단 물러났고 포병과 공군이 적의 진지를 폭격했다. 보병이 다시 진입해 수색할 때, 진지를 빠져나온 해방전선 게릴라는 후방의 포병부대와 전투사령부를 습격했다.

미군은 적대적인 민간인과 게릴라에게 스물네 시간 동안 포위됐다. 현지 음식과 물을 믿을 수 없어서 필리핀에서 공수한 식수와 콜라를 마시고 통조림을 먹었다. 해방전선은 손실을 입어도 농민과 도시 노동자, 청년 학생과 지식인, 불교도와 산악 소수민

■   유지열 편역, 『베트남 민족해방 운동사』, 이성과현실, 1986, 194~210쪽.

족의 지원 덕분에 금방 회복했다. 그들은 땅굴·죽창·함정 같은 원시적인 수단뿐만 아니라 소련제 첨단무기도 사용했다. 1965년부터 3년 동안 소련은 북베트남에 15억 달러 규모의 원조를 제공했다. 맨발의 게릴라가 소련제 휴대용 로켓포로 최신형 미군 전투기를 격추하는 일이 드물지 않았다.

해방전선의 정치투쟁도 위력이 있었다. 미국 국민은 AP통신 기자가 사진을 찍어 보도한 1963년 6월 11일의 틱꽝득 스님 소신공양(燒身供養) 사건에 큰 충격을 받았다. 그는 남베트남 군대가 게릴라 소탕을 명분으로 저지른 농촌 마을 파괴와 응오딘지엠 정부의 불교 탄압에 항의하기 위해 사이공 시내 미국대사관 옆 네거리에서 가부좌를 튼 채 자기 몸에 가솔린을 붓고 불을 붙였다. 컬러 TV로 그 장면을 본 미국 시민들은 미국의 베트남 정책이 타당한지 의심하기 시작했다. 남베트남 정부는 아예 상대가 되지 않았다. 바오다이 왕부터 마지막 독재자 응우옌반티에우(Nguyên Văn Thiêu)에 이르기까지 남베트남 권력자는 모두 외세의 앞잡이였다. 미군 점령지 남베트남에서는 공무원과 장교가 뇌물을 받았고 인신매매 조직과 마약상이 활개 쳤다. 그러나 노동자는 일자리를 찾기 어려웠으며 소비자는 물가인상에 시달렸다. 미국계 기업의 노동자와 운수노동자가 주도한 1966년의 사이공 117개 노조 연대투쟁을 비롯해 노동자의 파업이 끊이지 않았다. 학생과 언론인들은 부정부패 척결과 언론자유를 요구하며 시위를 벌였고 승려들이 이끄는 불교도의 정치투쟁도 격렬해졌다. 해방전선의 정치투쟁은 남베트남 정부를 궁지에 몰아넣고 미국의 반전 여론을 증폭했다.

그 무렵 미국사회의 최대 현안은 마틴 루서 킹(Martin Luther

목사가 이끈 흑인민권운동이었다. 흑인들은 법률적·관습적 차별의 철폐와 빈곤층에 대한 복지정책 확대를 요구했다. 그러나 빈곤 추방을 국가 과제로 선포하고 사회복지 예산의 대폭 확대를 공언했던 케네디 대통령도 베트남 전비가 끝없이 늘어난 탓에 약속을 지키지 못했다. 흑인민권운동과 반전(反戰) 평화운동이 손을 잡자 미국 사회는 남북전쟁 이후 가장 거센 정치투쟁의 격랑에 휩싸였다. 미군의 양민학살 사건이 드러나면서 베트남전쟁을 비판하는 국제사회의 여론도 높아졌다.

해방전선은 남베트남 정부군 병사들을 상대로 '설득공작'을 펼쳤다. 미군은 점령지의 청년을 강제로 징집해 남베트남 정부군 병력을 100만 수준으로 늘렸다. 해방전선은 친척과 친구를 통해 병사들과 접촉했다. 결정적인 기회가 있을 때 미군을 공격하고 탈출하면 해방구의 땅을 줬다. 해마다 10만여 명의 남베트남 병사가 탈주했고 일부는 해방전선에 가담했다. 부사령관이 사령관을 죽이고 투항하거나 병사가 야간 보초를 서다가 미군 숙소에 기관총을 난사하고 달아나는 사건이 빈발했다. 점령지 청년을 강제징집한 행위는 배가 고프다고 폭탄을 삼킨 것과 같았다.

북베트남과 해방전선은 '뗏(음력설)' 기간이던 1968년 1월 30일부터 사이공을 포함한 남베트남 전역에서 대공세를 전개했다. 주요 도시의 미군 시설을 타격하고 땅굴을 통해 사이공에 들어가 대통령궁과 미국대사관을 공격했다. 미군은 화력을 총동원해 초기의 열세를 뒤집고 군사적 승리를 거뒀지만 정치적으로는 참패했다. TV를 타고 미국 가정의 안방에 전해진 전투 장면은 큰 충격을 안겨줬다.▪

그날 아침 터널에서 나온 전사들이 사이공 시내 미국대사관 일부를 장악했고 세계인이 그 장면을 TV에서 봤다. 시가지에서 교전이 벌어졌는데 경찰서장이 체포한 게릴라의 머리를 권총으로 날려버리는 장면을 카메라가 포착했고 미국인에게 전해졌다. 응우옌 왕조의 수도 후에의 게릴라들은 고색창연한 제국의 도시와 아름다운 건물을 장악하고 탈진한 미군 해병과 시가전을 벌였다. 세계 사람들이 폐허가 된 벽 위로 총을 든 게릴라 전사와 절망적인 시선을 던지고 있는 해병대 부상병이 함께 찍힌 사진을 봤다. 미국 국민은 백악관이 거짓말을 해왔다는 사실을 알았다. 미국인 사진기자, TV 카메라맨, 기자들은 분노한 전문가로서 반전의 기회를 발견했다. 거리에서 촬영하고 취재한 내용으로 진실을 드러내 대중이 베트남을 있는 그대로 인식하기를 바라면서 보도국에 압력을 행사했디. 세계인이 목격한 진실은 온갖 무기를 지닌 세계 최강국의 커다란 백인 병사들이 베트남의 농민에게 수모를 당했다는 것이었다.

미국과 유럽에서 반전운동이 거세졌다. 미국에서는 흑인 민권운동과 손잡았고 독일을 비롯한 서유럽 국가에서는 기성 사회 질서와 문화를 전복하려는 청년 세대의 '68혁명'과 결합했다. 해방전선은 미군과 한국군의 양민학살 사건을 공개해 반전 여론을 더욱 고조했다. 대표적인 사례가 퐁니·퐁넛 사건과 미라이 사건이었다. 두 사건 모두 뗏 공세 직후 베트남 중남부 지역에서 벌어졌다. 1968년 2월 12일 한국 해병대가 꽝남성 디엔반현의 퐁니·퐁넛 마을에서 어린이와 여자를 포함한 비무장 민간인 70여 명

<hr>

■ 조너선 닐 지음, 정병선 옮김, 『미국의 베트남 전쟁』, 책갈피, 2004, 142~143쪽.

을 학살했다.■■ 3월 16일에는 미군이 미라이 마을 일대에서 17명의 임신부와 200여 명의 어린이를 포함해 500여 명의 민간인을 죽였다. 한국군과 미군은 진상을 감추려 했지만 미국 정부 고위 인사들은 사태의 심각성을 알고 있었다. 3월 31일 존슨 대통령은 북베트남에 대한 폭격 작전 규모를 크게 줄이기로 결정하고 재선 포기 의사를 밝혔다.

1969년 7월, 대통령이 되면 소련을 방문하겠다는 선거공약으로 '데탕트'를 예고했던 리처드 닉슨 대통령은 내전이나 침략을 받은 아시아 국가는 스스로 문제를 해결해야 한다는 이른바 '닉슨 독트린'을 발표했다. 미국의 국력에 한계가 있음을 인정하고 베트남에서 물러설 뜻을 내비친 것이다. 호찌민은 평화협상 개시를 앞둔 1969년 9월 2일 파란만장했던 80년 생애를 마감했다. 베트남 민중과 해방전선 게릴라들이 실제로 '호 아저씨'라고 불렀던 그는 몇 달 전 미리 쓴 유언장에서 이렇게 말했다.■■■

미국의 침략에 맞선 저항전쟁은 오래 지속될 수 있지만 완전한 승리를 믿어 의심치 않습니다. 미제국주의자들은 반드시 물러나야 합니다. 남과 북에 있는 우리 동포는 한 지붕 아래 다시 뭉칠 것입니다. 더 오래 더 많이 조국과 혁명과 인민을 위해 봉사할 수 없다

■■ 퐁니·퐁넛 학살 사건은 1999년 9월 『한겨레21』 구수정 호찌민 통신원의 르포 기사를 통해 한국에 처음 알려졌다. 『한겨레21』은 생존자 인터뷰와 미군의 비밀문서 등 후속 보도를 바탕으로 사건의 전모를 밝혀냈다. 2001년 김대중 대통령이 쩐득르엉 베트남 주석에게 사과하고 피해지역에 병원과 학교를 짓기로 약속했으며 2004년 시민단체 '나와 우리' 회원들이 성금을 모아 현지에 희생자 위령비를 세웠다. 학살의 실상과 도덕적·정치적 의미를 자세히 알고 싶은 독자에게는 『1968년 2월 12일』(고경태 지음, 한겨레출판, 2015)를 추천한다.

■■■ 호찌민, 앞의 책, 311~314쪽.

는 것을 제외하면 어떤 후회도 없습니다. 제가 떠난 후, 인민들이 돈과 시간을 낭비하지 않도록 대규모 장례식을 치르지 않았으면 합니다. 인민과 당, 군인들, 조카 같은 청년과 아이들 모두에게 저의 무한한 사랑을 남깁니다.

9월 12일 『타임』지는 미국의 적이었던 호찌민의 얼굴을 표지에 올리고 다음과 같은 고별사를 실었다.

호찌민은 독립한 통일 베트남 건설에 일생을 바쳤다. 북베트남과 인민은 이런 미래상을 이루려고 전력을 다한 그의 헌신 때문에 심한 고통을 겪었다. 그러나 그들은 애정 어린 마음으로 '호 아저씨'를 이해했다. 남베트남 사람들도 같은 감정을 품고 있다. 살아 있는 민족 지도자 중에서 이 사람만큼 오랫동안 꿋꿋하게 적의 총구 앞에서 버틴 이는 없다.

펜타곤 페이퍼

1971년 6월 13일 『뉴욕타임스』가 이른바 '펜타곤 페이퍼'에 관한 특종 연재를 시작했다. 국방부의 1급 비밀문서 「미국 베트남 관계: 1945~1967」이었다. 연방 법무부는 '치명적이고 회복할 수 없는 안보 이익 침해'를 이유로 소송을 걸어 법원의 보도 금지 명령을 끌어냈다. 그러자 같은 문서를 입수한 『워싱턴 포스트』가 폭로를 이어나갔다. 연방대법원은 언론보도에 대한 사전검열을 금지한 헌법 제1조를 엄격히 적용해 두 신문사의 보도 권리를 인정하는 판결을 내렸다.

'펜타곤 페이퍼'를 작성한 책임자는 1961년부터 7년 동안 재직한 로버트 맥너마라(Robert McNamara) 국방장관이었다. 문서를 맨 처음 입수한 『뉴욕타임스』 기자는 호텔 방에 숨어 기사를 썼으며, 한동안 제보자의 정체를 감췄다. 제보자는 MIT 부설 연구소의 연구원으로 문서 작성에 참여했던 전직 해군장교 대니얼 엘스버그(Daniel Ellsberg)였다. 베트남 정책 수립을 위한 조사 연구 작업부터 전쟁 수행 계획까지 국방부의 의사결정 과정 전체를 목격한 그는 국방부가 명분도 없고 이길 수도 없는 전쟁을 옳지 않은 방식으로 수행하면서 국민을 속인다고 판단해 기자에게 비밀 문서 원본을 통째로 건네줬다.

문서 유출에서 언론보도와 연방대법원의 판결에 이르기까지 놀라움의 연속이었던 그 사태에서 가장 놀라운 것은 '펜타곤 페이퍼'의 내용이었다. 그 문서는 미국 정부의 베트남 개입 동기가 처음부터 추악했고 전쟁을 수행하는 과정에서 거짓과 조작을 일삼았다는 사실을 있는 그대로 보여줬다. 미국 국방부가 어떤 목적에서 어떤 자세로 베트남에 개입했는지 보여주는 몇몇 문서만 살펴보자.■

「남베트남 행동계획」 최종 각서(1964년 8월 3일, 비밀문서 제19호)

만일 최악의 경우 남베트남이 붕괴하든가 도저히 참을 수 없게 되

■ 리영희 지음, 『전환시대의 논리』, 한길사, 2006, 467~469쪽. 이 책은 1970년대 대한민국에서 베트남전쟁의 진상을 알려준 사실상 유일한 대중 교양서였다. 저자는 펜타곤 페이퍼를 면밀하게 분석하고 미국 언론의 보도를 둘러싼 법정 공방과 연방대법원 판결의 의미를 한국인에게 알린 활동 때문에 억울한 옥고를 지렀다.

어 남베트남을 버리기로 결정한다면, 훌륭한 의사가 최선을 다해 치료했는데도 환자는 죽고 말았다는 인상을 대외적으로 주게끔 노력한다.

미국의 베트남 개입 목적(1964년 11월 29일, 국방성 비밀문서 제27호)
① 침략에 반대하는 보호자라는 명성을 지킨다.
② 동남아시아에서 공산화 도미노 현상을 저지한다.
③ 남베트남을 '붉은 손'에서 지킨다.

미국의 베트남전쟁 목적(1965년 3월 24일, 맥너턴 국방차관보가 맥너마라 국방장관에게 보낸 「남베트남을 위한 행동계획」)
70%: 미국의 굴욕적인 패배를 저지한다.
20%: 남베트남(그리고 이웃 나라들)의 영토를 중공의 손에서 지킨다.
10%: 남베트남 국민에게 더 나은 자유생활을 보장한다.
그리고 수락 불가능한 폐해가 남지 않게 하면서 위기에서 빠져나간다. 만약 미군 철수를 요청받을 경우에는 그대로 남아 있기 어렵지만, 우리의 목적은 벗을 돕는 것이 아니다.

'벗을 위해서'가 아니라 '자기 자신의 이익과 체면을 위해서' 전쟁을 벌이던 미국 정부는 도저히 이길 수 없다는 판단이 서자 냉정하게 남베트남을 버렸다. 1973년 새해 벽두에 닉슨 대통령은 북베트남 폭격을 중단시켰다. 1월 27일 파리에서 미국·북베트남·남베트남·해방전선이 4자 평화협정을 맺었다. 미군은 8천여 명의 지원 병력만 남기고 철수했다. 그러나 베트남에 곧바로 평화가 찾아든 건 아니었다.

미군의 무기와 장비를 넘겨받은 남베트남 정부는 병력을 대폭 증강했고 해방전선은 남베트남임시혁명정부를 세웠다. 미국 정부는 파리 평화협정을 위반할 경우 북베트남과 해방전선을 응징하겠다고 공언했다. 그런데 1974년 8월 닉슨 대통령이 사임했다. 2년 전 대선 때 측근들이 민주당 선거사무소를 침입한 워터게이트 사건과 관련해 거짓말을 한 사실이 밝혀진 탓이었다. 제4차 중동전쟁과 아랍연맹의 석유무기화 정책으로 물가와 실업률이 치솟아 미국도 경제 상황이 좋지 않았다. 북베트남과 해방전선 지도부는 미군이 다시 오지 못하리라고 판단했다.

1975년 3월 10일 새벽, 라오스와 캄보디아 산악의 '호찌민 루트'를 타고 은밀히 남하한 북베트남의 15만 병력은 전면전을 개시했다. 물밀듯 중부 해안으로 내려와 남베트남 주력부대를 무너뜨리고 고속도로를 따라 남하하면서 미군 지원 병력이 주둔한 다낭·뚜이호아·냐짱 등의 전략 거점을 빼앗았다. 남베트남 군대는 도주하기 바빴고 미군은 비행기로 미군과 미국인을 실어냈다. 가족과 재산을 미리 해외로 내보낸 티에우 대통령이 대통령궁을 탈출한 4월 21일 북베트남과 해방전선 병력이 사이공을 포위했다. 4월 28일, 남베트남 정부를 넘겨받은 즈엉반민 장군은 모든 미국인에게 당장 베트남을 떠나라고 말했다.

북베트남 육군은 포위망을 좁혔고 공군 조종사들은 노획한 전투기로 사이공을 공습했다. 4월 29일 새벽부터 30일 아침까지 미국대사를 비롯한 1,300여 명의 미국인과 수천 명의 남베트남 협력자들이 헬리콥터를 타고 해상의 구축함으로 탈출했다. 마지막 해병대원들이 성조기를 챙겨 미국대사관을 떠나자 북베트남 군대가 시내에 진입했다. 해방전선 게릴라들이 대통령궁 꼭대기에 임시혁명정부 깃발을 올렸다. 북베트남 군대가 사이공을 포위한 열흘 동안 미군 헬기는 미국인과 남베트남 협력자 20만 명을 실어냈고 사이공 함락 후에도 7만여 명이 바다로 탈출했다. 그렇게 제2차 베트남전쟁이 끝났다.■ 1976년 7월 2일 베트남사회주의공화국이 탄생해 유엔의 149번째 회원국이 됐다.

전쟁이 끝난 뒤

베트남의 사회주의혁명은 프랑스·일본·미국 군대와 싸운 백년의 전쟁이었고 말 그대로 '상처뿐인 승리'를 거뒀다. 북베트남의 도시와 산업시설은 융단폭격에 잿더미가 됐다. 밀림의 풀과 나무는 화학물질에 말라 죽었고 미군 불도저가 파괴한 마을은 황무지로 남았다. 수많은 애국자가 죽었고 팔다리를 잃은 부상자와 전쟁고아가 넘쳐났다.

　미국은 파리 평화협정에서 약속한 전쟁배상금 지급을 거부하고 베트남의 대외교역을 봉쇄했다. 전쟁이 끝나자 소련과 중국의 원조도 끊겼다. 사회주의 경제정책은 민중의 저항에 부딪쳤다. 해방전선을 지지했던 메콩 델타의 농민들은 땅을 지키려 했다. 협동조합에 참여하지 않았고 정부의 쌀 수매 정책에도 협조하지 않았다. 중부와 북부 지역은 심각한 식량위기를 맞았다. 베

■　베트남전쟁의 마지막 50일 상황은 『베트남 10,000일의 전쟁』, 559~613쪽을 참조해 서술했다.

트남은 경제원조를 받으려고 1978년 소련과 상호방위조약을 맺었다가 캄보디아·중국과 전쟁을 치렀다.■■

　캄보디아공산당 '크메르 루주(Khmer Rouge)'는 1970년 쿠데타로 시아누크 국왕을 몰아낸 론 놀(Lon Nol)의 군사정부와 싸웠다. 파리 평화협정을 존중할 생각이 전혀 없었던 그들은 수도 프놈펜 공격을 중단하라는 베트남공산당의 요청을 무시했다. 결국 미군이 B52 폭격기를 투입해 캄보디아인 수십만 명을 살상했다. 폴 포트(Pol Pot)가 이끈 크메르 루주는 1975년 프놈펜을 점령했다. 국가사회주의를 건설하겠다며 도시 거주자를 추방하고 지식인과 기술자를 죽였으며 베트남인을 비롯한 소수민족을 학살했다. 베트남계 주민 40만 명은 국민의 30%가 목숨을 잃은 '킬링필드'를 탈출했다.

　1978년 12월 베트남군이 캄보디아를 침공해 프놈펜을 점령하고 정권을 교체했다. 크메르 루주 잔당은 태국 국경 지대로 도망쳤다. 복수심에 불타던 미국 정부와 베트남의 세력 확대를 못마땅하게 여긴 중국 정부가 인도적 지원을 명분으로 크메르 루주에게 식량과 돈과 무기를 제공했다. 베트남은 서부 산악에 근거지를 세운 크메르 루주와 10년 동안 5만 전사자와 20만 부상자를 내며 싸웠다. 게다가 중소 국경분쟁 때 소련 편을 든 것을 괘씸하게 여긴 중국이 1979년 2월 30만 병력을 동원해 베트남을 침공했다. 그러나 중국군은 치열한 전투를 벌인 끝에 아무 성과 없이 돌아갔다.

■■　통일 이후 베트남 국내 상황과 캄보디아·중국과의 전쟁 경위는 『미국의 베트남전쟁』, 249~285쪽을 참고해 서술했다.

민중이 사회주의 경제정책을 거부한다는 사실을 직시한 베트남공산당은 1986년 제6차 당대회에서 '도이머이(쇄신)' 정책을 채택했다. 집단영농 협동조합을 점진적으로 해체해 토지를 농가에 돌려주고 쌀 거래를 자유화했다. 국영기업을 민영화하고 최저임금과 소득세 제도를 도입했으며 외국 자본을 유치하고 수입대체산업과 수출산업을 육성했다. 경제는 빠르게 성장했지만 빈부격차를 비롯한 부작용이 뒤따랐다. 공산당 간부와 협동조합 관리자들은 신흥 기업인과 중산층이 됐고 부정부패가 생겨났다. 격분한 농민과 노동자들이 항의 시위와 파업을 벌였는데, 정부는 극단적인 경우가 아니면 주모자를 형사처벌하지 않았다. 도이머이 정책은 클린턴 대통령이 경제봉쇄를 해제한 1994년 이후 제대로 효과를 냈다. 베트남은 미국과 외교관계를 수립하고 국제 분업체제에 진입해 경제성장률이 6%를 넘나드는 발전을 이뤘다. 도이머이를 채택할 때 100달러였던 1인당 국민소득은 2020년 3,500달러로 세계 115위가 됐다.

베트남공산당의 정치문화는 러시아나 중국 공산당과 달랐다. 1945년 베트남민주공화국을 수립한 직후 공산당의 주도권을 세우려고 다른 정파를 일시적으로 억누른 것을 제외하면 심각한 정파투쟁을 하지 않았다. 스탈린의 대숙청이나 문화대혁명 같은 야만행위는 물론 없었다. 국가사회주의 정책이 민중의 저항에 부딪치자 소련이나 중국보다 신속하고 유연하게 정책노선을 바꿨다. 호찌민과 레닌·마오쩌둥의 인격적 특성에서 비롯한 차이 때문일 수도 있고 혁명 과정에서 형성된 공산당과 민중의 결합도가 달라서일 수도 있다. 어쩌면 둘 다일지도 모른다.

베트남전쟁은 명백한 제국주의 침략전쟁이었다. 미군은 5만여 명이 전사하고 수십만 명이 부상을 입었다. 살아서 귀환한 참전 군인들은 심각한 '외상 후 스트레스장애'와 고엽제 후유증을 앓았다. 전쟁비용을 충당하려고 달러를 너무 많이 발행한 탓에 연방준비은행은 금 태환을 중지해야 했다. 우연의 일치인지 모르겠지만 미국 경제는 1973년을 기점으로 활력을 잃고 저성장의 늪에 빠졌다.▪ 그러나 모든 것을 잃지는 않았다. 미국 국민은 독립전쟁을 벌여 영국의 식민지에서 벗어날 때 내세운 자유와 민주주의의 가치를 지켰다. 베트남전쟁의 추악한 진실을 알린 엘스버그와 기자들, 언론 자유를 수호한 연방대법원 판사들, 반전운동을 벌인 시민과 투옥의 고통을 감수하며 징집을 거부한 청년들, 전쟁의 부당성을 지적하고 비판한 지식인들, 그들 모두가 함께 미국의 민주주의를 구했다.

한국은 비전투병을 처음 파견한 1964년 9월부터 마지막 부대가 철수한 1973년 3월까지 연인원 32만 명을 파병했다. 5천여 명이 전사하고 10만 명이 부상을 입었다. 독성 화학물질에 노출된 참전 군인들은 심각한 후유증을 앓았다. 대한민국은 1992년 베트남과 외교관계를 맺었고 2015년에는 자유무역협정을 발효했다. 도로 공사, 전화통신망 설치, 산업기술 이전, 지하자원 개발 등 여러 분야에서 합작을 이뤘다. 베트남은 대한민국의 중요한 교역상대가 됐으며, 수출입 물량이 다른 어느 나라보다 빠르게 늘어나고 있다. 문화·스포츠 분야에서도 활발하게 교류하고 있다.

그러나 역사의 그림자는 걷히지 않았다. 베트남 참전이 잘못

▪ 폴 크루그먼 지음, 김이수·오승훈 옮김, 『폴 크루그먼의 경제학의 향연』, 부키, 1997, 84~85쪽.

이었다고 하면 참전 군인과 가족은 마음이 아플 것이다. 하지만 그렇다고 해서 베트남전쟁의 기억을 지우는 것은 떳떳한 일이 아니다. 용맹하기로 명성이 높았다는 '따이한 부대'가 그토록 많은 사상자를 냈다면 변변치 못한 무기를 들고 싸운 해방전선의 손실은 얼마나 컸겠는가. 한국군은 퐁니·퐁넛 사건과 같은 양민학살을 다른 곳에서도 저질렀고 베트남 여성이 낳은 한국계 자녀를 모두 버리고 철수했다. 베트남전쟁의 상처는 어디까지나 '가해자'로서 입은 것이었다.

그 문제를 덮어두고 한국과 베트남의 우호관계를 말하는 것은 남과 자기 자신을 모두 속이는 일이다. 그런 식이라면 합리화하지 못할 죄악이란 없다. 조선 침략과 식민지 지배를 가리켜 '제국주의 시대에 조선과 일본 사이에서 불가피하게 일어난 불행한일'이라거나 '좋은 미래를 위해 어두운 과거를 얼른 잊어버리는게 좋다'고 하는 일본 우익과 다를 바 없다. 베트남에 파병한 덕에 우리 기업이 사업 기회를 잡았고, 그렇게 벌어들인 외화로 산업화를 성공시켰으니 잘된 일이라고 한다면, 정당화할 수 없는 침략전쟁은 없을 것이다.

검은 프로메테우스

1861   1865   1890

4월 12일
남북전쟁 개전

12월 18일
미국 노예제 폐지

12월 29일
운디드니 학살
미군에 의해
운디드니 언덕에서
벌어진 인디언
대학살 사건이다.

2월 1일
롱고메리 보이콧
미국 남부
롱고메리시에서 흑인
여성 로자 파크스가
백인 버스 운전사의
요구에 불응했다가
폭력당한 것을
시작으로 일어난 버스
탑승 거부 사건을
말한다. 이를 계기로
버스 흑백분리 규정이
위법 판정을 받았다.

8월
〈증오가 낳은 증오〉
방송
이슬람을 기반으로
미국 안에 흑인
국가를 세우려고 했던
일라이자 무하마드와
이슬람단체에 대한
다큐멘터리다. 맬컴
엑스는 단체 대변인을
맡으며 미국 사회에
처음 이름을 알렸다.

8월 28일
「나에게는 꿈이
있습니다」
마틴 루서 킹 목사가
워싱턴 대행진에서 한
연설로, 흑인과
백인의 평등과 공존을
요구하는 내용이
담겼다.

7월 2일
민권법 제정
인종, 민족, 여성
등을 차별하는 것을
불법화시킨 법안으로
린든 존슨 대통령이
서명하면서 흑인들은
법적으로 평등을
보장받을 수 있게
됐다.

맬컴 엑스
Malcolm X,
1925~1965

마틴 루터 킹
Martin Ruther King,
1929~1968

무하마드 알리

1967년 2월 6일 무하마드 알리(Muhammad Ali)는 세계권투협회 헤
비급 챔피언 어니 테럴(Ernest Terrell)을 심판 전원일치 판정승으로
이겼다. 그런데 적지 않은 권투 팬들이 알리를 비난했다. 녹아웃
(KO) 기회가 여러 차례 있었는데도 일부러 15라운드까지 경기를
끌면서 상대를 두들겨 팼다는 것이었다. 그렇게 의심할 만한 이
유가 있었다. 그날 알리는 큰 펀치를 넣을 때마다 소리를 질렀다.
내 이름이 뭐야? 내 이름이 뭐냐고! 알리는 계체량 행사 때 테럴
이 자신을 '캐시어스 클레이'(Cassius Clay)라고 불러서 크게 화를
냈다. 그 이름을 버린 지 3년이나 됐는데도 테럴이 일부러 그랬
다고 생각했기 때문이다.

　알리는 두 달 뒤 입대식에서 징병위원회가 정한 선서 절차를
이행하지 않는 방식으로 '신념에 따른 징집 거부' 의사를 밝혔다.
검찰은 그를 기소했고 법원은 법정 최고형량인 징역 5년과 벌금
1만 달러를 선고했다. 1960년 로마올림픽 권투 금메달을 땄던
'국민영웅 캐시어스 클레이'는 '반역자 무하마드 알리'가 되어
챔피언 타이틀과 선수 자격을 박탈당했다. 사각의 링 안에서 패
한 적이 없는 챔피언이었지만 더는 링에 오르지 못하게 됐다. 알
리는 그 모든 불이익을 감수한 이유를 밝혔다. "자유는 자신의 종
교를 따를 수 있다는 뜻일 뿐 아니라 옳고 그름을 선택할 책임을
진다는 말이다. 사람들이 베트남에서 헛되이 죽고 있다는 것을

알고 내가 옳다고 생각하는 대로 살아야 한다고 생각했다. 미국이 미국답기를 바란다."■

정치인과 언론인을 비롯해 유명 운동선수와 배우들까지 알리를 비판했다. 미국 전역에서 흑인 폭동이 일어나 수천 명의 사상자가 나온 때였다. 정부는 알리를 정치적 위험인물로 간주했으며 연방수사국(FBI) 요원들은 그를 미행하고 도청하면서 일거수일투족을 감시했다. 알리가 맬컴 엑스(Malcolm X)라는 인물과 가깝게 지낸다는 점이 무엇보다 큰 문제였다. 알리는 백인 노예소유주가 조상에게 준 본래 성씨를 버리고 이슬람식 이름을 쓰면서 징집을 거부했다. 연방수사국은 알리의 등 뒤에 맬컴이 있다고 봤다.

맬컴은 1959년 8월 미국 사회에 처음으로 이름을 알렸다. 일라이자 무하마드(Elijah Muhammad)가 이끄는 '이슬람민족(Nation of Islam)'이라는 단체를 뉴욕의 TV 방송사가 밀착 취재해 만든 5부작 다큐멘터리 〈증오가 낳은 증오〉를 통해서였다. 미국에서 태어난 일라이자 무하마드는 이슬람을 기반으로 미국 안에 흑인 국가를 세우려고 했다. 백인 시청자에게 놀라움과 두려움을 안겨준 그 다큐멘터리를 맬컴은 이렇게 평가했다.■■

충격적인 장면이 가득했다. 일라이자 무하마드 씨와 내 설교, 강건

■　무하마드 알리가 징집을 거부한 경위는 『더 그레이티스트』(월터 딘 마이어스 지음, 이윤선 옮김, 돌베개, 2017), 102~110쪽을 참조했다.

■■　알렉스 헤일리 지음, 김종철·이종욱·정연주 옮김, 『말콤 엑스(하)』, 창작과비평사, 1978, 46~47쪽. 맬컴은 이 자서전에서 범죄로 얼룩진 자신의 과거와 흑인 해방에 관한 생각을 있는 그대로 밝혔다. 이 글에 인용한 맬컴의 말은 상·하 두 권으로 엮은 이 자서전에서 가져왔는데, 독자의 편의를 위해 불필요한 문장 요소를 삭제하는 등 글을 다듬어 실었다.

한 흑인 남자들, 흰 너울을 쓰고 흰 가운을 입은 이슬람 여인들, 기이한 의식, 이슬람 사원의 전경, 제작자들은 모든 장면을 충격적으로 보이게끔 편집했다. 그들의 의도대로 시청자들은 녹초가 됐을 것이다. 대중의 반응은 1930년대 오슨 웰스가 라디오 프로그램에서 화성인이 실제로 지구를 공격한 것처럼 묘사해 미국인을 놀라게 한 때와 비슷했다.

'알라의 메신저'를 자처한 일라이자 무하마드와 이슬람민족 회원의 언행을 보고 시청자들은 경악했다. 백인들은 특히 단체의 대변인 맬컴에게 큰 충격을 받았다. 그는 백인을 악마이자 흑인의 적으로 규정했다. 기독교를 '세뇌의 수단'이라고 비판했다. 백인은 흑인이 금발에 푸른 눈인 예수와 하느님을 숭배하고 찬양하면서 죽은 뒤에나 간다는 천국을 꿈꾸며 기도하게끔 세뇌하고, 정작 자기네는 황금과 달러가 깔린 땅에서 젖과 꿀이 흐르는 천국을 즐긴다고 비꼬았다. 방송이 나가자 이슬람민족 회원 가입 신청이 쇄도했고 맬컴은 언론 취재의 표적이 됐다. 기자와 방송 진행자들은 인터뷰할 때마다 왜 흑인지상주의와 백인을 향한 증오를 가르치느냐고 물었다. 맬컴의 대답은 한결같았다.

백인이 우리더러 흑인지상주의를 가르친다고 비난한다 해서 자신들이 저질러온 백인지상주의 범죄를 감출 수 있는 것은 아니다. 우리는 흑인의 정신과 사회적·경제적 조건을 향상하려고 노력할 뿐이다. 죄 많은 백인은 자신이 무엇을 원하는지 결정짓지 못하고 있다. 노예였던 우리 선조들이 이른바 '흑백통합'을 주장했다면 목이 잘렸을 것이다. 그런데 지금 우리가 '흑백분리'를 주장하자 증오를 가르치는 파시스트라고 비난한다. 백인이 흑인에게 나를 증오하느냐고 묻는 것은 강간범이 강간당하는 사람에게, 또는 늑대가 양에게 나를 증오하느냐고 묻는 것과 같다. 백인은 다른 사람의 증오를 비난할 도덕적 자격이 없다. 우리의 선조들이 못된 뱀한테 물렸고 나 자신도 물려서 내 아이들에게 뱀을 피하라고 주의를 주는데, 바로 그 뱀이 나더러 증오를 가르친다고 비난하면 되겠는가?

언론은 맬컴에게 십자포화를 퍼부었다. 인종주의자·폭력배·파시스트·안티크리스트·공산주의자라는 딱지를 붙였다. 그는 공격하기 쉬운 이력의 소유자였다. 뉴욕 빈민가의 깡패, 중증 마약 중독자, 포주, 절도범, 무장 강도, 징역 10년 형을 선고받고 복역한 전과자였다. 백인 노예소유주가 지어준 본래의 성(姓) '리틀'을 버리고 뿌리를 확인할 수 없는 노예의 후손이라는 의미를 담은 미지수 X를 성으로 썼다. 맬컴처럼 백인에게 큰 두려움과 격렬한 반감을 안긴 흑인은 없었다.

'짐 크로 법' 시대

미합중국은 이주민의 나라였다. 원주민의 도움을 받으며 아메리카 대륙에 정착한 17세기 이후 유럽인들은 대륙의 모든 곳에서 원주민을 내쫓고 그들이 살던 땅을 빼앗았다. 19세기 중반 일확천금의 꿈을 안고 사금이 나오는 캘리포니아로 몰려갔을 때는 원주민을 '보호구역'이라는 황무지에 가뒀고, 19세기 말에는 운디드니(Wounded Knee)를 비롯한 여러 곳에서 저항하는 원주민을 학살했다. 이른바 '서부개척시대'는 자본주의 탐욕과 인종주의 폭력이 난무한 야만의 시간이었다.

그게 다가 아니었다. 백인은 아프리카의 주민을 납치해 노예로 부렸다. 1억 명 가까운 아프리카 사람이 노예 사냥꾼과 싸우다 죽거나 현지 수용소에서 대서양을 건너 아메리카로 이동하는 도중에 목숨을 잃었다. 노예 해상무역을 법으로 금지한 19세기 초까지 살아서 아메리카 대륙에 도착한 1천만 명 이상의 흑인 가운데 65만 명 정도가 미국에 들어갔다. 그들은 주로 목화와 담배 따위를 재배하는 남부의 농장에서 일하거나 노예소유주의 시중을 들었다. 영국을 상대로 독립전쟁을 시작한 1775년 미국의 13개 주 모두에서 노예제는 합법이었으며, 흑인 노예는 70만 명으로 전체 인구의 18% 정도였다. 남부에는 흑인 노예가 인구의 40%를 차지한 주도 있었다. 18세기 후반 버몬트를 비롯한 북부 주 대부분이 노예해방 법률을 제정했지만 1789년 조지 워싱턴 대통령 정부를 출범시킨 연방헌법은 도망친 노예를 잡아올 소유주의 권리를 인정함으로써 노예제를 용인했다. 남북전쟁이 임박했던 1860년, 흑인 노예는 400만 명으로 늘어났다.▪

노예는 '말하는 가축'이었다. 백인 소유주는 송아지를 어미 소에게서 떼어내듯 아이들을 부모에게서 떼어내 사고팔았다. 남자를 지쳐 쓰러질 때까지 일하게 했고 여자를 제멋대로 겁탈했다. 반항할 엄두를 낼 수 없게 하려고 갖가지 형태의 잔혹한 폭행과 고문 방법을 개발했다. 반항하면 신체 일부를 절단했고 도망

▪ 정상환 지음, 『검은 혁명』, 지식의숲, 2010, 18~51쪽. 이 책은 18세기 노예무역 시대부터 최초의 비백인 대통령이 등장한 21세기까지 미국의 백인들이 흑인을 어떤 방식으로 착취하고 차별해왔는지, 흑인들이 자유와 정의를 위해 얼마나 처절하게 투쟁했는지 일목요연하게 보여준다

치면 잡아다 나무에 매달았다. 몰래 글을 익혔다고 죽인 사례도 드물지 않았다. 병들거나 늙어 쓸모가 없어지면 굶어 죽게 방치했다. 미국에서 태어난 노예들은 조상의 고향이 아프리카라는 사실을 몰랐다.

1861년부터 4년 동안 이어진 남북전쟁에서 연방군이 승리하면서 흑인 노예의 삶에 변화가 찾아왔다. 미합중국 수립 때부터 있어온 노예제 폐지 논쟁이 갈수록 격렬해지자 연방의회는 국토 정중앙 미주리주의 가입을 계기로 노예제를 폐지한 주와 인정하는 주를 동수로 유지한다는 정치적 타협을 이뤘다. 그런데 노예제 폐지를 강력하게 주장한 에이브러햄 링컨(Abraham Lincoln)이 대통령에 당선되자 취임도 하기 전에 남부 7개 주가 연방을 탈퇴했다. 1861년 4월 남부연합군이 연방군 기지를 공격해 전쟁이 터지자 4개 주가 또 탈퇴했다.

1865년 연방의회는 '노예 또는 유죄판결을 받은 경우를 제외한 비자발적 예속상태'를 금지하는 '수정헌법 제13조'를 의결해 미국 전역에서 노예제를 폐지했다. 의회는 흑인에게 투표권을 제외한 시민권을 부여하는 민권법을 의결했고, 1869년에는 '수정헌법 제15조'를 처리해 투표권까지 인정했다. 미시시피주 상원과 하원에 최초의 흑인 의원이 탄생하고 남부 여러 주 의회와 공직에 흑인이 진출했다. 흑인 아이들이 학교를 다니기 시작했고 대다수 흑인이 글을 읽고 쓰게 됐다.

그러나 흑인이 곧바로 백인과 동등한 자유를 누린 것은 아니었다. 남부와 북부를 불문하고 백인은 흑인을 '열등한 인종'이라 믿었고 흑인 스스로도 그렇게 생각했다. 흑인의 '열등함'을 입증할 증거는 너무나 많았다. 흑인은 법률적으로 자유인이 됐을 뿐

실제로는 '하등 시민'이었다. 무엇보다 땅과 재산이 없었다. 교육

실제로는 '하등 시민'이었다. 무엇보다 땅과 재산이 없었다. 교육받지 못했고 문화생활을 해본 경험도 없었다. 자기에게 어떤 재능이 있는지 발견할 기회를 얻지 못했다.

유럽에서 온 정복자들은 흑인 노예를 부리면서 전부터 지니고 있던 인종주의를 더 강화했다. 그러나 흑인도 똑같은 인간이라고 생각하는 백인도 적지 않았다. 그들은 노예제도를 현대의 야만이라고 비판하면서 노예무역을 금지하고 노예제를 폐지하려고 투쟁했고 남부의 노예를 구출해 숨겨줬다. 북부의 정치인과 지식인이 노예제에 대한 도덕적 혐오감을 공공연히 드러내자 남부 백인은 격분했다. 그들이 오로지 기득권을 지키려는 탐욕 때문에 연방을 탈퇴하고 전쟁을 벌였다고 할 수는 없다. 열등한 흑인을 동등한 존재로 인정하라는 요구에 그들 나름의 '도덕적 분노'를 느꼈다. 사상의 힘은 그토록 강력하다.

패전도 남부 백인의 인종주의를 없애지 못했다. 남북전쟁에서 돌아온 백인들이 'KKK'를 비롯한 폭력조직을 만들어 잔혹한 테러를 저질렀다. 흑인은 1877년 다시 암흑기를 맞았다. 유권자 투표에서 민주당 후보에게 뒤진 공화당 후보 러더퍼드 헤이스(Rutherford Hayes)가 남부에 주둔하는 연방군을 빼내고 내정에 간섭하지 않겠다는 약속을 하고서 남부 선거인단의 몰표를 받아 대통령이 됐기 때문이다. 연방군이 철수하자 백인우월주의 단체들은 마음껏 폭력을 휘둘렀고 주 의회들은 앞다퉈 흑인의 투표권을 사실상 박탈하는 유권자등록제도를 도입했다. '분리하되 평등하게(separate but equal)'라는 구호를 내세워 학교를 비롯한 공공시설에서 흑인을 백인과 격리하는 법률을 제정했다. 인종차별을 제도화하고 흑인의 투표권을 극도로 세약한 일련의 법률에는 흣날

'짐 크로 법(Jim Crow Laws)'이라는 멸칭이 붙었다. 짐 크로는 흑인 장애인 분장을 하고 우스꽝스러운 노래를 부른 1820년대의 코미디언이다. 실질적으로 남부 주에서 투표할 수 있는 흑인은 거의 없었다. 짐 크로 법 시대 80년 동안 단 한 명의 흑인도 연방의회에 들어가지 못했다. 남부는 법률과 제도로 차별했고 북부는 사실상 차별했다.

미국 사회는 흑인에게 '아메리칸 드림'을 허락하지 않았다. 노예제를 폐지한 이후 농업노동자나 소작인으로 남부에 살던 흑인 600만 명이 20세기 들어 도시로 이주했다. 맬컴이 충격적 데뷔를 한 1950년대 말에는 흑인의 80%가 도시에 살면서 미숙련 노동과 허드렛일로 생계를 꾸리고 있었다. 미국 역사에서 특별한 일은 아니었다. 새로운 이주자는 언제나 그랬다. 영국과 네덜란드에서 온 청교도가 먼저 자리를 잡은 뒤 대기근에 시달리던 독일과 아일랜드 이민자가 몰려왔다. 폴란드와 이탈리아 사람이 뒤를 이었고 대열의 마지막은 히틀러의 박해를 피해 건너온 유대인이 채웠다. 그들도 '고참' 이주자의 조소와 경멸을 받았고 종종 폭행과 약탈의 대상이 됐다. 하지만 그런 일은 일시적인 '텃세'에 지나지 않았다. 신참 이주자는 경제적 지위가 가장 낮은 미숙련 일자리에서 시작해 숙련 기능직과 사무직을 거쳐 전문직까지 계층 상승의 사다리를 타고 올라갔으며 빈자리는 다른 신참 이주자가 채웠다.

흑인은 예외였다. 피부색이 어둡다는 이유로 계층 상승 사다리에 아예 발을 올리지도 못했다. 신참 백인 이주자는 고향이 어디든 '인종의 용광로'에 녹아들어 아메리칸 드림을 추구할 수 있었지만 흑인은 아니었다. 교수·의사·변호사·정치가는 말할 나위도 없었고 공무원이나 사무직 노동자도 되기 어려웠다. 그들에게 허락된 직업은 청소부, 점원, 구두닦이, 접시닦이, 호텔 종업원, 웨이터, 하인이나 공장노동자뿐이었고, 그런 직장이라도 있으면 그나마 잘된 축이었다.

흑인에게 좋은 일을 한 백인은 한 명도 없느냐고 기자가 물었을 때 맬컴은 '굳이 말하자면 딱 두 사람'이라고 대답했다. 히틀러와 스탈린. 제2차 세계대전과 냉전 때문에 군대와 방위산업에 사람이 부족해지자 어쩔 수 없이 흑인을 고용하기 시작했다는 사실을 꼬집은 것이다. 흑인은 몇백 년 동안 남부의 토지를 경작하고 공장에서 일했으며 전쟁에 나가 피를 흘렸지만 얻은 게 없었다. 미국의 모든 기업과 토지는 백인 것이었다. 뉴욕 빈민가의 식당과 슈퍼마켓과 임대주택도 마찬가지였다. 백인은 흑인 동네에서 번 돈으로 한적한 교외의 전원주택에 살았다.

맬컴 엑스와 마틴 루서 킹

맬컴은 1925년 미국 중부 네브래스카주 오마하에서 침례교 목사 얼 리틀의 아들로 태어나 미시간주 랜싱에서 자랐다. 흑인 노예의 딸이지만 백인과 비슷하게 생겼던 어머니 루이즈는 얼굴도 본 적 없는 백인 겁탈자를 너무나 미워한 나머지 자기처럼 피부가 적갈색이고 머리카락이 붉은 맬컴을 구박했다. 리틀이 흑인들에게 선조의 고향인 아프리카로 귀향하자는 설교를 하고 다닌 탓에 형제 여럿이 KKK의 테러에 목숨을 잃었고 그 자신도 맬컴이 일곱 살 되던 해에 살해당했다. 루이즈는 남편을 잃은 충격과 극심한 생활고에 시달리다가 정신을 놓아버렸고, 맬컴의 일곱 남매는 위탁가정으로 흩어졌다.

맬컴은 초등학교에서 말썽을 일으켜 쫓겨났다. 1937년 조 루이스 배로가 백인 제임스 브래덕을 꺾고 최초의 흑인 복싱세계 챔피언이 됐을 때 다른 흑인과 마찬가지로 기뻐했다. 적어도 권 투만큼은 흑인이 열등하다고 말할 수 없다는 사실을 루이스가 증 명했기 때문이다. 맬컴도 권투를 배웠지만 소질이 없어 그만뒀 다. 여러 비행을 저질러 소년원에 가긴 했어도 소년 맬컴은 재능 이 있었다. 8년제 중학교에서 열심히 공부해 우수한 성적을 얻었 다. 그런데 졸업을 앞두고 진로를 상담하다가 절망에 빠졌다. 성 적이 신통치 않은 백인 아이들한테 의사·변호사·교사가 되라고 권하던 교사들이 변호사가 되겠다는 맬컴에게는 목수가 되라고 한 것이다. "깜둥이(nigger)라는 현실을 알아야지!" 그 말을 듣고 그는 마음을 닫았다.

맬컴은 매사추세츠주 보스턴에서 흑인 빈민가를 처음 만났 다. 흑인들이 저마다의 방식으로 살아가는 분위기에 이끌려 뉴욕 할렘으로 갔다. 열네 살 때부터 7년 동안 구두닦이에서 열차 판매 원, 식당 종업원, 사창가 삐끼, 마약 밀매꾼을 거쳐 절도와 강도에 이르기까지 갖가지 직업을 전전하고 온갖 범죄를 저지르면서 도 박과 마약에 빠졌다. 백인을 닮아보려고 머리 가죽이 벗겨질 듯 한 아픔을 참으며 곱슬머리를 빳빳한 '콩크머리' 스타일로 바꿨 고 권총을 여러 자루 지니고 다녔다. 1946년 2월 맬컴은 백인 자 매를 포함한 절도단을 만들어 백인의 집을 털다가 붙잡혔다. 절 도범은 보통 징역 2년 정도를 받았는데, 판사는 "참한 백인 아가 씨들을 망쳐놓은 빌어먹을 깜둥이"라며 징역 10년을 선고했다.

맬컴 같은 흑인 청소년은 미국 대도시 빈민가 어디에나 있었다. 아무런 죄의식 없이 범죄를 배우고 저질렀으며 가난의 고통과 체포의 두려움을 잊으려고 마약과 독주에 취했다. 맬컴은 이름난 갱단 두목과 범죄자를 우상으로 여겼고 교도소에서 '사탄'이라는 별명을 얻었다. 그런데 갇힌 지 2년쯤 됐을 때 동생 레지널드가 찾아와 '흑인을 위한 진짜 종교' 이야기를 들려줬다. 백인은 악마야. 우리는 진짜 성도 모르잖아? 백인 악마들이 우리 조상을 죽이고 강간하고 아직 태어나지도 않았던 형까지 빼앗아온 거야. 알라의 사도 일라이자 무하마드 선생의 가르침대로 돼지고기·술·담배·마약을 다 끊어야 해. 백인의 세계는 이제 내리막이야. 백인은 우리가 고대 문명인의 자손이고 위대한 왕들을 두었던 인종의 후손이라는 사실을 여태껏 감춰왔어. 그런 내용이었다.

맬컴은 처음으로 인간과 사회를 진지하게 생각해봤다. 할렘의 생존법칙과 자신의 과거와 그동안 만났던 백인들을 돌아봤다. 무하마드에게 편지를 쓰고 책을 든 그는 죽는 순간까지 다시는 술·담배·마약에 손대지 않았다. 책에 모르는 단어가 자꾸 나오자 사전을 통째로 외워 어휘를 늘렸다. 책을 너무 많이 읽어서 심한 난시가 왔지만 5년 동안 꾸준히 지식을 습득했다. 최초의 인간이 출현한 장소가 아프리카라는 사실을 알았다. 백인 노예상인들이 왜 그토록 잔인한 짓을 했는지, 흑인 노예들이 얼마나 비참하게 죽고 살았는지, 16세기 이후 유럽의 백인들이 아메리카·인도·중국·아프리카를 어떻게 침략하고 지배했는지 공부했다. 이름난 철학자의 저서와 아프리카·라틴아메리카의 고대문명에 관한 책을 읽고 미국 역사도 깊게 들여다봤다.

맬컴은 1952년 가석방으로 출소해 에스(X)른 성으로 쓰는 이슬람 성직자로 변신했다. 뉴욕 빈민가의 옛 이웃과 친구들을 찾아다니며 백인은 악마고 흑인은 위대하다는 설교를 했다. 베티 엑스와 혼인해 딸 넷을 낳았다. 믿기 어려운 인생역전이었다. 그러나 맬컴은 직접 만난 소수의 흑인만 아는 무명인사에 지나지 않았다. 그가 〈증오가 낳은 증오〉에 출연했을 때까지만 해도 미국인과 세계인이 아는 미국 흑인 지도자는 단연 마틴 루서 킹 목사였다. 킹 목사는 '몽고메리 보이콧'으로 높은 명성을 얻고 세계에 널리 알려졌다.

'몽고메리 보이콧'의 발단은 1955년 12월 1일 남부 앨라배마주 몽고메리시의 버스에서 일어난 사건이었다.▪ 흑인 여성 로자 파크스(Rosa Parks)는 만석 버스에 방금 올라탄 백인 남자한테 자리를 내주라고 한 백인 운전사의 요구에 불응했다가 욕설을 듣고 폭행을 당하고 경찰에 끌려갔다. 파크스는 아무것도 하지 않았다. 입을 꽉 다물고 자기 자리에 꼼짝 않고 앉아 있었을 뿐이다. 그렇지만 짐 크로 법 시대 미국 남부에서 그런 용기를 낸 흑인은 극히 드물었다. 소식을 들은 몽고메리의 목사 몇 명이 파크스의 재판이 열리는 12월 5일에 버스를 타지 말자고 제안하는 성명을 발표했다. 큰 기대는 하지 않았는데 놀랍게도 그날 버스를 탄 흑인이 거의 없었다. 직장인들은 새벽에 집을 나와 먼 길을 걸어 출근했고 승용차가 있는 흑인들은 이웃을 태워 날랐다. 법원은 파크스에게 벌금형을 내렸다. 흑인들은 탑승 거부를 멈추지

▪ 몽고메리 보이콧의 전개과정은 『나에게는 꿈이 있습니다』(클레이본 카슨 엮음, 이순희 옮김, 바다출판사, 2018), 77~136쪽을 참고해 서술했다. 킹 목사는 몽고메리의 덱스터 애비뉴 교회 담임목사로 재직하고 있었기 때문에 사건 초기부터 참여했고 자서전에 그 사태의 진행과정을 정밀하게 서술했다. 이 글에 인용한 그의 연설문은 모두 이 책에서 가져왔다.

않았다.

　1956년 1월 30일 밤, 백인 테러 단체가 킹 목사의 집 현관에 폭탄을 터뜨렸다. 격분한 흑인들이 현장에 모여 폭동을 일으키자는 얘기를 꺼냈다. 킹 목사가 말했다. 적에게 사랑을 베풀고 우리가 그들을 사랑하다는 것을 그들이 알게 합시다! 흑인들은 울면서 흩어졌고 킹 목사는 '미국의 간디'라는 칭호와 도덕적 영향력을 얻었다. 수많은 백인이 그에게 찬사를 보냈다. 시 당국이 보이콧 운동과 승용차 카풀을 모두 불법으로 규정하고 킹 목사를 비롯한 참가자들을 체포하자 흑인들은 자신도 범법자라며 줄지어 경찰에 출두했다. 몽고메리 보이콧은 전국적 관심사로 떠올랐다. 1956년 12월 연방대법원은 버스 흑백분리 규정을 위법으로 판결했다. 몽고메리 보이콧의 승리와 함께 미국 사회를 달군 흑인민권운동의 시대가 열렸다.

　연방헌법에 어긋나는 법률·제도·관습을 타파하고 흑인의 시민권을 보장함으로써 '흑인과 백인의 평등과 통합'을 실현하려 한 흑인민권운동은 KKK단의 테러와 경찰의 탄압을 받으면서도 진보적인 백인 대학생들의 지원을 얻어 미국 전역으로 퍼져나갔다. 대기업이 흑인을 고용하기 시작했고 흑백 구별을 폐지한 학교와 식당·호텔·상점·버스·화장실이 늘어났다. 운동의 주력은 사회의 주류에 진입한 전문직 흑인이었다. '인종문제의 평화적 해결'에 기여한 공으로 1964년 노벨평화상을 받은 킹 목사는 몽고메리 보이콧으로 기소되어 법정에 섰을 때 흑인민권운동이 짐크로 법 시대의 종식을 목표로 삼는다는 점을 분명히 밝혔다.

　민주주의를 살리려면 흑백분리제도를 죽여야 합니다. 어떤 논리를 동원해도 두 제도의 철학을 융합할 수 없습니다. 흑백분리제도는 국가의 암이며, 그것을 제거해야 민주주의가 건강해질 수 있습니다. 우리는 한때 흑백분리제도를 용인하고 살아보려 했습니다. '분리하되 평등하게'라는 원칙을 따르면 살 수 있다고 생각한 적도 있었습니다. 1896년 연방대법원은 그것을 법률적 원칙으로 선포했습니다. 그런데 그 결과가 어땠습니까? 평등을 실현할 의도는 눈곱만치도 없이 분리만 엄격하게 강제하지 않았습니까? 분리하되 평등한 것 따위는 존재하지 않습니다.

마틴 루서 킹은 맬컴보다 4년 늦은 1929년 조지아주 애틀랜타에서 침례교 목사의 아들로 태어났다. 부모와 교회 신도들의 극진한 보살핌과 사랑을 받으며 자란 그는 고등학교를 조기졸업하고 열다섯 살에 애틀랜타의 모어하우스칼리지에 입학했다. 인종차별에 강력한 저항감을 품고 있던 그는 목사가 되기로 마음먹고 펜실베이니아주 델라웨어에 있는 흑백공학 신학교에 들어가 고전철학과 여러 종교의 교리를 배우면서 마르크스주의를 비롯한 혁명적 사상도 공부했다. 성격이 활달하고 놀기 좋아했으며 공부도 열심히 한 마틴은 비폭력 저항을 주장한 헨리 데이비드 소로와 마하트마 간디의 사상에 특히 끌렸다. 보스턴대학에서 신학박사 학위를 받았으며 설교 연습에 많은 공을 들였다.[■] 킹 목사는 음악을 공부하던 코레타 스콧과 혼인해 딸과 아들을 둘씩 낳았다.

■ 마셜 프래디 지음, 정초능 옮김, 『마틴 루터 킹』, 푸른숲, 2004, 35~65쪽. 킹 목사의 자서전에는 젊은 시절의 사상 편력과 지적 성장과정에 관한 이야기가 별로 없어서 객관적으로 서술한 이 평전을 참고했다.

킹 목사는 흑인민권운동의 절정이었던 1963년 8월 28일 '워싱턴 대행진'에서 '인생연설'을 했다. 미국 역사에서 그렇게 많은 시민이 한자리에 모인 것은 처음이었다. 백인과 흑인, 노인과 어린이, 종교·직업·신분과 지지 정당이 다른 시민과 상이한 목표를 추구하는 단체들이 인종차별 철폐라는 하나의 소망을 안고 저마다의 경로를 거쳐 워싱턴에 모였다. 케네디 대통령은 20만이 넘는 시민이 모인 그 집회가 의회를 움직여 흑백의 평등과 통합을 실현할 시민권법을 제정하기를 바랐다. 연단에 선 킹 목사는 밤새 준비한 원고를 접어두고 벌써 여러 번 한 적이 있는 내용을 연설했다. '나에게는 꿈이 있습니다(I have a dream)'였다.

나에게는 꿈이 있습니다. 조지아주의 붉은 언덕에서 노예의 후손들과 노예의 주인의 후손들이 형제처럼 손을 맞잡고 나란히 앉는 꿈입니다. 나에게는 꿈이 있습니다. 이글거리는 불의와 억압이 존재하는 미시시피주가 자유와 정의의 오아시스가 되는 꿈입니다. 나에게는 꿈이 있습니다. 내 아이들이 피부색이 아니라 인격을 기준으로 사람을 평가하는 나라에서 사는 꿈입니다. 지금 나에게는 꿈이 있습니다!

TV 방송은 워싱턴 행진을 중계했다. 백인들은 처음으로 흑인 지도자들의 격조 있는 연설을 들었고 집회 참가자들의 진지한 태도를 봤다. 많은 백인 정치가와 언론인과 지식인이 흑인민권운동의 취지를 받아들이고 지지 의사를 밝혔다. 킹 목사는 미국을 넘어 세계의 지도자로 떠올랐다. 그런데 맬컴은 그 행사를 '피크닉' 또는 '소극(笑劇)'이라고 조롱했다. 왜 그랬을까?

통합과 분리

맬컴은 통합이 아니라 분리를 미국 인종문제의 해결책으로 여겼다. 유대인이 유럽 기독교 사회에 통합되는 것이 불가능하다고 판단한 헤르츨처럼 맬컴은 미국 사회의 흑백통합은 불가능하다는 절망감에 사로잡혀 분리를 주장했다.

우리는 왜 통합이 미국 인종문제의 해결책임을 부인하는가? 제정신이 있는 흑인이라면 어느 누구도 통합을 원하지 않는다. 제정신이 있는 백인도 마찬가지다. 제정신이 있는 흑인이라면 백인이 자기네의 체면을 유지하기 위한 통합 이상의 것을 주리라고 믿지 않는다. 미국 흑인문제의 유일한 해결책은 백인에게서 완전히 분리하는 것이다.

모든 백인이 모든 흑인을 무시하고 경멸하지는 않았다. 백인이 흑인의 요구와 집단적 투쟁을 모두 배척한 것도 아니었다. 킹 목사와 맬컴은 똑같이 인종의 완전한 평등이라는 목표를 추구했지만 선택한 방법이 달랐다. 두 사람은 '다른 환경'에서 자랐고 '다른 경험'을 했으며 '다른 학습' 과정을 거쳤고 '다른 기질'을 지녔으며 '다른 감정'을 느끼며 살았다. 킹 목사는 흑인뿐 아니라 백인도 이해하고 수용할 수 있는 방식을 쓰려고 노력한 반면 맬컴은 흑인의 정체성을 일깨우고 흑인을 조직하는 데 집중했다. 맬컴은 흑인민권운동에 대한 일부 백인의 지지를 위선으로 여겼고 흑인민권운동 지도자들을 백인에게 빌붙는 배신자로 여겼다.
맬컴의 생각은 이랬다. 백인은 자신이 흑인을 증오한다고 생각하지 않으며 흑인이 분수를 알고 선을 넘지 않는 정도의 요구를 적절한 방법으로 하는 경우에는 환영하고 격려할 마음이 있다. 그러나 만인이 정말 평등하다고 믿으면서 함부로 행동하는 '불순한 흑인'은 용납하지 않는다. 그런 자들이 흑인 대중을 선동하지 못하게 하려고 흑인민권운동의 요구 가운데 합리적인 것을 일부 수락한다. 그렇게 해서 마치 문제를 다 해결한 듯이 꾸미는 것이다.

맬컴은 흑인사회 내부의 계급분화 현상을 눈여겨봤다. 20세기 들어 농촌의 흑인들이 도시로 대거 이주하고 소득과 교육 수준이 전반적으로 높아지자 백인과 백인 기업이 공급할 수 없거나 공급하고 싶어 하지 않는 시장 수요가 생겼다. 교사·목사·의사·변호사·이발사·미용사·장의사·보험업·흑인신문 같은 분야에서 백인이 흑인에게 서비스를 제공한다는 것은 상상하기 어려웠다. 그래서 흑인 전문직업인 집단과 소규모 기업이 탄생하고 '중산층 흑인' 또는 '흑인 부르주아지'가 등장했다. 그들은 미국 사회에 통합되기를 원해서 기독교와 백인 문화를 받아들였다. 백인은 그들이 흑인사회에 큰 영향력을 행사한다는 점을 인정하고 대기업과 행정기관에 받아들이는 한편 '흑인향상협회'나 '인종평등협회' 같은 민권운동 단체를 지원했다. 그런데 이런 정책은 빈민가의 흑인과 무관했다. 그래서 맬컴은 이슬람을 선택하고 통합을 거부했으며 흑인민권운동 지도자들을 '백인화한 흑인'이라고 비난했다.

오늘날 엉클 톰은 머리에 수건을 매지 않는다. 현대적인 20세기 엉클 톰은 실크 모자를 쓰고 있다. 옷도 잘 입고 교육도 많이 받았다.

세련된 교양의 화신일 수도 있다. 때로 예일이나 하버드 악센트로 말한다. 교수님, 판사님, 목사님이거나 무슨무슨 주교님에다 박사님을 겸하는 경우도 있다. 20세기 엉클 톰은 '전문직' 흑인이다. 백인을 위해 일하는 흑인 노릇이 그의 전문직이라는 말이다. 흑인 몸뚱이에 백인 대가리를 달아놓은 친구들이다.

민권운동 지도자들은 맬컴이 백인 인종주의자와 똑같은 주장을 하면서 폭력을 선동한다고 비판했다. 그러자 맬컴은 '분리(separation)'는 '격리(segregation)'와 다르다고 받아쳤다. '격리'는 강자가 약자에게 강제하는 것이지만 '분리'는 평등한 둘이 서로의 이익을 위해 자발적으로 하는 것이라고 주장했다. 흑인이 백인에게 종속되어 있으면 언제나 일자리와 의식주를 구걸해야 하며 백인이 마음만 먹으면 언제든 흑인의 생활을 규제하고 '격리'할 수 있다는 게 그의 문제의식이었다. 그래서 '흑인의 능력 향상'과 미국 내부의 '흑인공동체 형성'을 과제로 제시했다.

미국 흑인은 자기 사업과 품위 있는 가정을 세우는 데 모든 노력을 기울여야 한다. 다른 민족이 그런 것처럼 흑인도 가능한 모든 곳에서 모든 방법으로 동족끼리 사고팔고 동족끼리 고용해서 자급자족할 능력을 갖추도록 나아가야 한다. 이것이 미국 흑인이 존경받을 수 있는 유일한 길이다. 백인이 흑인에게 절대로 줄 수 없는 것이 자존심이다. 다른 사람이 스스로를 위해서 하는 것을 흑인도 스스로를 위해서 하고, 다른 사람이 가지고 있는 것을 흑인도 갖기 전까지는 결코 자주적이고 평등한 인간으로 인정받지 못한다. 빈민가의 흑인은 자신의 물질적·도덕적·정신적 결함과 죄악을 스스로 바로잡아나가야 한다. 자기 자신의 가치관을 높여야 한다.

킹 목사는 소수의 인종주의자를 제외한 대부분의 백인과 흑인에게 지지와 축복을 받았다. 그러나 맬컴은 소수의 흑인 동조자를 제외한 모든 미국인에게 비난과 저주를 받았다. 그는 일라이자 무하마드에게 절대적으로 충성하는 이슬람민족의 2인자였다. 그렇지만 가난하고 교육받지 못한 흑인 대중의 언어를 썼고 폭넓은 지식을 동원해 날카로운 논쟁을 벌였기 때문에 1인자보다 더 큰 대중의 관심을 받았다. 그런데 빈민가 흑인들은 맬컴에게 열광하면서도 이슬람민족에 가입하지는 않았다. 지나치게 엄격한 규율 탓이었다. 거짓말·도둑질·가정폭력·흡연·음주·마약 금지는 충분히 이해할 만했다. 그러나 혼전 성관계 금지, 돼지고기·춤·도박·데이트 금지, 영화·스포츠 관람 금지는 지나쳤다. 게다가 규칙을 어기면 이슬람 율법을 적용해 회원 자격을 박탈하고 내쫓았다. 이슬람민족은 맬컴에게 너무 작은 세계였다.

암살

1963년 11월 22일, 텍사스주 댈러스에서 퇴역 해병 리 하비 오즈월드(Lee Harvey Oswald)가 케네디 대통령을 저격했다. 경찰서 유치장에서 다른 사람이 오즈월드를 총으로 쏴 죽였다. 사회정의와 차별철폐를 위해 노력했던 젊은 대통령의 암살 배후는 어둠에 묻혔다. 그날 뉴욕 맨해튼센터에서 강연할 예정이었던 일라이자 무하마드는 맬컴을 대신 보냈다. 맬컴은 '뿌린 대로 거두리라'라는 제목의 강연을 했는데, 케네디 대통령 암살에 대한 의견을 묻는 질문이 나오자 이렇게 말했다. "백인의 증오가 무방비 상태의 흑인을 끊임없이 죽여왔으며, 억제되지 않고 허용됐던 그 증오가 마침내 대통령을 죽인 것이다." 신문과 방송은 이 말을 대서특필했다. 제목은 '흑인 무슬림 맬컴 엑스: 자업자득'. 비난이 소나기처럼 쏟아졌다. 일라이자 무하마드는 맬컴을 불러 '90일 침묵' 징계를 내렸다.

일라이자 무하마드는 맬컴을 시기하고 의심했다. 자기가 두 여비서와 통정해 사생아를 낳은 비리가 드러난 뒤로 맬컴이 예전만큼 자신을 존경하지 않는다고 느꼈다. 그는 맬컴의 자격을 정지하고 암살 명령을 내렸다. 맬컴을 존경한 행동대원이 그 사실을 알려줬다. 일라이자 무하마드의 불신에 전혀 근거가 없는 건 아니었다. 1963년 봄 메카를 순례하고 여러 나라 흑인 지도자를 만나면서 맬컴은 인종차별이 미국만의 문제가 아니라는 것을 깨달았으며 일라이자 무하마드의 사상과 활동방식에 한계가 있다고 판단했다. 그래서 사단법인 '무슬림사원'과 비종교 조직인 '아프리카계 아메리카인 단결기구(OAAU)'를 창설했다.

맬컴과 킹 목사는 단 한 번 만났다. 1964년 3월 26일이었다. 케네디의 잔여 임기를 승계한 존슨 대통령이 흑인 투표권을 보장하기 위한 시민권법 제정을 추진하자 상원이 법안 토론회를 열었다. 그 토론회에 참석한 두 사람은 웃는 얼굴로 악수하고 복도를 걸으며 짧은 대화를 나누었다. 작별인사를 나누면서 맬컴은 킹 목사한테 말했다. "이런, 조사라도 하실 셈입니까?"■

▪ 제이스 H. 콘 지음, 정철수 옮김, 『맬컴X vs. 마틴 루터 킹』, 갑인공방, 2005, 474~517쪽.

1964년 여름 미국은 흑인폭동으로 들끓었다. 낡고 더러운 집에 살면서 실업과 가난에 시달리는 빈민가 흑인들의 절망적인 폭동은 자연 발화한 들불처럼 번져나갔다. 차별을 향한 적개심이 너무 오래 쌓인 탓에 조그만 사건만 생겨도 대형 폭발이 일어났다. 킹 목사도 맬컴도 닥치는 대로 부수고 불 지르고 총을 쏘아대는 흑인들을 말리지 못했다. 흑인폭동은 이후 몇 년 동안 여름마다 일어났다.

맬컴은 킹 목사가 방법은 다르지만 자신과 같은 목표를 추구한다고 인정했다. 통합운동과 분리운동 어느 쪽이 옳은지는 아무도 모른다고 했다. 올바른 백인이 할 수 있는 것이 무엇이냐는 질문에 없다고 대답해 백인 소녀를 울렸던 일을 후회한다고 말했다. 인종차별 철폐에 동의하는 백인에게 백인사회 안에서 인종차별주의와 투쟁하라고 권했다. 각자 자기 종족 속에서 일하며 협력하자는 뜻이었다.

맬컴은 OAAU를 통해 미국 흑인이 정치적 공동체와 경제 네트워크를 형성해 마약과 범죄를 끊고 자주적이고 인간적인 삶을 찾게끔 도우려 했다. 그러나 성과를 내는 데 필요한 최소한의 시간을 허락받지 못했다. 1965년 2월 21일, 뉴욕 맨해튼에서 열린 OAAU 행사에서 끝내 정체가 밝혀지지 않은 괴한들이 수십 발의 총탄을 퍼부었다. 아내 베티와 딸들이 함께 있었다. 킹 목사의 시간도 길지 않았다. 1968년 4월 4일, 테네시주 멤피스의 숙소 발코니에 선 그를 백인 암살자가 쏘았다. 두 사람은 마지막 순간이 그런 방식으로 찾아오리라는 것을 잘 알고 있었다. 특히 맬컴은 죽음 이후에 올 일도 분명하게 내다봤다.

매일 아침 '또 하루를 빌렸구나' 생각한다. 나는 '이슬람민족'의 무슬림에게, 또는 어떤 백인 인종차별주의자에게, 아니면 백인이 고용한 흑인의 손에 죽을 것이다. 언론이 나를 '증오'의 편리한 상징으로 이용한 것처럼 백인들은 내 죽음도 이용할 것이다. 두고 보라. 나는 잘해야 '무책임한' 흑인이라는 딱지가 붙을 것이다.

미국 사회는 킹 목사를 '위대한 지도자'로 추앙했다. 연방의회는 그의 생일을 기념해 1월 셋째 주 월요일을 연방공휴일로 지정했다. 초대 대통령 조지 워싱턴과 같은 반열에 올린 조처였다. 킹 목사가 암살당한 4월 첫째 주에는 해마다 수만 수십만 시민이 워싱턴으로 '꿈의 행진'을 했다. 그러나 맬컴은 거의 아무도 추모하지 않았다. 소수의 흑인과 극소수 백인만 그를 기억했다. 맬컴 숭배자들은 격분했지만 당연한 결과일지도 모른다.

킹 목사는 미국 정치와 사회를 크게 바꿨다. 연방의회의 민권법 제정을 끌어냄으로써 흑인의 참정권을 실현했다. 도덕적 지도력을 발휘해 수많은 백인의 양심을 일깨웠다. 목사로서 미국 기독교를 내부에서 비판해 백인 교회의 인종주의를 걷어내고 신학의 발전을 북돋웠다. 베트남전쟁을 비판해 인기가 떨어졌지만 흔들리지 않고 신념을 지켰다. 자신의 오류와 도덕적 결함을 인정했고 성인이라는 칭찬을 거절했다. 분노를 표출하기보다는 유머로 소통하면서 대중을 비폭력운동으로 이끌었다. 인류의 지도자로 손색이 없었다.

맬컴은 '악역'이었다. 대중의 사랑과 존경을 얻기는 불가능했다. 그는 흑인의 정체성을 깨우쳐 미국 흑인의 '자기혐오'를 깨뜨리려 했다. "검은색이 아름답다"거나 "흑인이어서 자랑스럽다"고 말했다. 무슬림의 시선으로 외부에서 기독교와 백인 교회의 인종주의를 폭로하고 공격했다. 극단적인 비난을 받으면서도 추악한 현실을 드러내기를 멈추지 않았다. 세상의 밑바닥에서 자기 발로 걸어 나와 불의한 세상과 맞선 용감한 사람이었다. 때로 폭력투쟁을 옹호하는 듯한 말을 했지만 실제로 폭력을 조직하거나 행사하지는 않았다.

맬컴은 대학가의 인기 강연자였지만 신랄하고 공격적으로 흑백분리를 주장한 탓에 킹 목사 같은 정치적 영향력을 행사하지는 못했다. 그러나 흑인의 자주적 사고방식을 일깨우고 북돋운 점에서는 킹 목사를 능가했다. 맬컴은 미국 흑인에게 '정체성의 자각'을 가져다줬다. 인간에게 불을 가져다준 죄로 바위에 묶인 채 독수리에게 간을 쪼인 프로메테우스처럼, 죽은 뒤에도 그로 인해 자신이 비난받으리라는 것을 알고 있었다.

미국의 인종 불평등

흑인민권운동은 짐 크로 법 시대를 끝냈다. 그러나 미국 백인의 인종주의와 특권의식이 사라진 것은 아니었다. 1960년 1억 8천만 미국인 가운데 백인은 85%였고 흑인은 11%였다. 중남미 출신 이민자를 통칭하는 '히스패닉(hispanic)' 또는 '라티노(latino)'와 아시아계는 각각 3.5%와 0.6%에 지나지 않았다. 2000년 미국 인구 2억 8,100만여 명 가운데 백인은 69.1%, 흑인은 12.1%, 히스패닉은 12.5%, 아시아인은 3.6%였다. 둘 이상의 인종을 표시할 수 있게 했기 때문에 특수응답지기 적잖이 나왔고 인종 표시를 거부한 시민도 많았다.■ 1천만 명 안팎으로 추산되는 불법이민자는 포함하지 않은 통계였다. 2050년 미국 인구는 4억 4천만 명으로 늘어날 것으로 짐작되는데, 흑인은 13%로 큰 변화가 없는 반면 히스패닉은 29%, 아시아인은 9%로 늘고 백인 비율은 47%로 줄어들 전망이다.

우세한 무기와 운송수단을 먼저 확보한 유럽인은 지구의 모든 대륙을 정복하는 과정에서 피부색과 신체 특성을 기준으로 '인종(人種, race)'을 구분하고 '인종 집단' 사이에 타고난 능력의 우열이 있다는 관념을 형성했다. 신을 들먹이거나 과학을 빙자해 외모가 다른 인종 집단을 죽이고 착취하고 차별했다. 그러나 인종은 실체가 없는 가상의 관념이다. 과학자들은 '인간 게놈 프로젝트'를 통해 모든 인간의 유전자가 99.9% 이상 동일하다는 사실을 밝혀냈다. 호모사피엔스는 겨우 20만 년 전에 출현했고 유전학적으로 구분할 수 있는 집단을 형성할 만큼 오래 존재하지 않았다. 인종 개념은 생물학적 근거가 없다. 백인·흑인·히스패닉·아시아인·원주민 등으로 인종을 구분하는 미국 인구센서스도 과학적 토대는 없다.

미국 인종문제의 책임은 '소수인종'이 아니라 '백인'에게 있다. 그들은 인종주의 사상을 바탕으로 미국을 건립했으며 인종주의적 특권의식에 의거해 흑인 노예를 부렸다. 누가 백인인지는 자기들도 모른다. 처음에는 앵글로 색슨계 이민자만 백인이었다. 독일·아일랜드와 북유럽 이민자가 뒤를 이었고 이탈리아와 그리

■   신의항·신택진·임민·정지욱 지음, 「미국의 2000년 인구총조사에 관련된 쟁점」, 한국조사연구학회, 2001, 23쪽.

스를 비롯한 남유럽인과 동유럽 유대인이 합류했다. 유럽 식민지였던 라틴아메리카 사람도 대거 섞여들었다. 그들은 피부색과 신체 특성이 모두 달랐고 자기네끼리 혼인해 유전자가 뒤섞였다. 백인의 경계는 불분명하고 내부 구성은 복잡 다양하다. '인종'과 마찬가지로 '백인'도 객관적인 실체를 확인할 수 없는 사회적 발명품이라는 말이다.▪▪

　미국의 인종차별제도는 없어졌지만 차별은 남아 있다. 수백 년 이어진 흑백차별이 초래한 소득과 부의 불평등도 여전하다. 중간소득을 기준으로 보면 흑인의 연간소득은 백인의 절반을 겨우 넘는다. 미국의 새로운 소수인종이 된 히스패닉은 흑인보다 조금 나은 수준이고 아시아계는 백인보다 오히려 높다. 1970년대 이후 미국에서 학사 이상의 고등교육 학위 소지자와 그렇지 못한 사람의 소득 격차가 크게 벌어진 점을 고려하면 인종 간 소득 불평등은 교육과 어느 정도 관련이 있다고 볼 수 있다. 아시아계와 백인의 고등학교 졸업 비율은 90%에 육박하는 데 견주어 히스패닉과 흑인은 75% 안팎이다. 고등학교 졸업자의 대학 진학 비율은 아시아계가 압도적으로 1등이고 백인이 2등인데, 백인과 흑인·히스패닉 사이는 차이가 그리 크지 않다.

　더 심각한 문제는 교육 수준이 같아도 소득이 차이가 난다는 점이다. 박사 수준에서는 인종 간 소득 격차가 거의 없지만 학사를 포함한 다른 교육 수준에서는 백인과 아시아인이 흑인과 히스패닉보다 현저히 높은 소득을 얻는다. 노동시장에 인종에 따른 차별이 있음을 보여주는 현상이다. 결정적인 차이는 재산에서 드

▪▪　신구섭 지음, 『누가 백인인가?』, 푸른역사, 2020, 18~51쪽.

러난다. 백인 가구의 재산 중간값은 흑인과 히스패닉 가구의 열 배나 된다. 토지·건물·주식·예금 등 재산을 기준으로 보면 미국은 백인의 나라임이 분명하다.■

어느 시대 어느 사회든 교육 수준이 낮고 재산과 소득이 적고 사회적 지위가 낮으면 손쉬운 차별의 대상이 된다. 게다가 미국 백인은 지난날 흑인을 노예로 부렸다. 그들이 흑인에 대한 인종주의적 편견을 완전히 끊어내기는 쉽지 않다. 그러나 미국 국민은 아프리카 출신 아버지를 둔 버락 오바마(Barack Obama)를 대통령으로 뽑았다. 인종주의 정서를 부추겨 대통령이 됐던 도널드 트럼프(Donald Trump)의 재선을 허락하지 않았다. 시간이 더 걸리겠지만 언젠가는 인종문제를 해결하고 킹 목사의 꿈을 실현할 것이다.

그렇지만 그 꿈을 실현하고 싶은 흑인은 맬컴의 권고를 기억해야 한다. 그는 말했다. "도덕적 수준을 높이고 서로 도우며 경제적 능력을 기르자. 백인에게 생계를 의존하거나 구걸하지 말자."

■ 김정규 지음, 『미국의 인종과 민족』, 에듀컨텐츠휴피아, 2016, 235~258쪽.

에너지의 역습

8월 13일
맨해튼 프로젝트 시작

7월 16일
최초로 핵폭탄 폭발
실험 성공

8월 6~9일
원자폭탄 투하
미군 B29 폭격기가
일본 히로시마
상공에 원자폭탄
'꼬마'를(6일),
나가사키에 원자폭탄
'뚱보'를(9일)
투하했다.

7월 9일
「러셀-아인슈타인
선언」
물리학자 알버트
아인슈타인과 철학자
버트런드 러셀이
핵무기 반대하는
내용을 담은 글을
발표했다.

10월 22일
쿠바 미사일 위
소련의 핵탄도미
쿠바에 배치하려
시도를 둘러싸
미국과 소련이
대치하여 핵전쟁
직전까지 갔던
위기로 11월 2
11일간 이어졌

알버트 아인슈타인
Albert Einstein,
1879~1955

버트런드 러셀
Bertrand Russell,
1872~1970

1982 1986 2011

월 5일
확산방지조약 발효
국과 소련이 새로운
보유국의 출현을
기 위한 목적으로
설했다.

12월 12일
'남자들의 장난감을
빼앗자'
세계 각지에서 온
여성 3만 5천여 명이
영국 잉글랜드의
그린햄 커먼 공군기지
정문에서
여성평화캠프를
만들어 반핵운동을
펼쳤다.

4월 26일
체르노빌 4호기 원전
사고

3월 11일
후쿠시마 제1원전
사고

여성평화캠프

1981년 여름, 여성평화운동단체 회원들이 영국 잉글랜드 남부 버크셔의 '그린햄 커먼' 공군기지 정문에서 미국과 나토의 중거리 핵미사일 배치 결정 철회를 요구하는 시위를 벌였다. 정부가 36명을 체포해 기소했지만 그들은 기지 근처에 '여성평화캠프'를 만들어 눌러앉았다. 경찰이 캠프를 철거하고 주동자를 구금하자 더 많은 여성이 찾아와 캠프를 재건했다. 1982년 12월 12일 그들은 '남자들의 장난감을 빼앗자'는 구호를 내걸었다. 세계 각지에서 온 여성 3만 5천 명이 '인간 사슬'을 만들어 공군기지를 에워쌌고 남자들은 커피를 끓이거나 샌드위치를 만들었다. 그들은 기지 철조망에 소중히 여기는 것을 걸고 묶고 붙였다. 연인과 가족의 사진부터 아끼는 옷과 곰인형, 반핵 시(詩)까지. 1991년 미국 정부가 핵미사일을 철거하면서 기나긴 싸움이 끝났다. 영국 정부는 공군기지를 폐쇄하고 생태공원을 조성했다.

핵군축을 요구하는 시민운동은 1980년대 내내 미국과 유럽 전역에서 벌어졌다. 1979년 12월 나토가 소련의 SS20 중거리 탄도미사일에 맞서 미국의 순항미사일 464기와 퍼싱2 미사일 108기를 유럽에 배치하기로 결정한 것이 발단이었다. 소련을 압박해 결과적으로 핵무기 감축 협상을 여는 성과가 났지만 나토의 그 결정은 강력한 비판 여론을 일으켰다. 미국 레이건(Ronald Reagon) 대통령이 '스타워즈(Star Wars)' 계획을 발표해 핵무기 경쟁을 기속화하자 비판은 더 거세졌다. 1980년 10월 26일 7만 시민이 런던 중심가를 행진하면서 영국의 나토 탈퇴를 요구하고 레이건 대통령을 비난했다. 1981년 가을에는 서독 본에 10만, 런던 하이드파크에 15만, 나토 본부가 있는 브뤼셀에 20만, 로마에도 20만 시민이 집결해 핵미사일 배치를 규탄했다. 1982년 6월 레이건 대통령이 유럽을 방문하자 이탈리아와 영국에서는 각각 30만 시위대가 항의 집회를 열었고, 그가 나토 정상회의에 참석하려고 서독의 수도 본에 갔을 때는 45만 시민이 '평화를 위한 특별열차'를 타고 라인강 건너편에 모여 반전평화 집회를 열었다. 뉴욕에서도 100만 명이 반핵 평화행진을 했다.■

반핵운동은 정치이념의 울타리를 뛰어넘었다. 핵무기가 새로운 것이었으니 반핵운동도 새로울 수밖에 없었다. 무엇보다 참여 주체가 전통적인 사회운동과 달랐다. 지식인과 작가에서 사회주의자·공산주의자·자유주의자·페미니스트·교사·과학자·의사·회사원·기업인·예술가·배우·가수·학생·주부·농민·청소년·기독교도·가톨릭교도·노동조합·환경단체·여성단체에 이르기까지 남녀노소를 가리지 않았으며 직업과 피부색의 차이도 묻지 않았다. 그린햄 커먼 여성평화캠프는 그 운동의 상징이 됐다.

대중적 반핵투쟁은 유럽의 정치지형에 큰 변화를 몰고 왔다. '반핵·반전'의 기치를 든 독일 녹색당은 핵 문제에 모호한 태도를 보인 거대정당들의 표를 빼앗아 원내 제3당이 됐다. 런던·암스테르담·브뤼셀 등 유럽 1천여 곳의 지방정부가 핵무기를 취급

■　구준모, 「1980년대 유럽 평화운동: 최초의 핵무기 감축을 이끈 퍼싱-2 반대운동」, 「오늘보다」, 2016. 4. 제15호 참조.

하거나 반입하지 않는다는 「비핵 자치단체 선언」을 채택했다. 1983년 5월 5일 미국 하원은 핵 동결법안을 통과시켰고 비(非)군수산업 경영자들은 반핵 모임을 결성했다. 뉴질랜드와 호주를 비롯해 많은 나라가 '비핵 3원칙'을 선언하고 핵무기의 생산·보유·반입을 거부하기로 결정했다. 반핵운동은 체코·동독·소련 등 사회주의국가의 지식인과 대학생에게도 영향을 끼쳤다.

전쟁과 과학

20세기의 가장 큰 '정치적 사건'은 볼셰비키혁명이었고 가장 중대한 '기술적 사건'은 핵무기 개발이었다. 사회주의혁명은 지나갔다. 그러나 문명과 지구 생태계를 완전히 파괴할지도 모를 핵무기의 위험은 21세기에도 인류와 공존한다.

인간은 직립보행을 시작한 순간부터 싸웠고 농업혁명으로 정착 생활을 시작한 뒤로는 더 심하게 싸웠다. 역사 기록이 시작된 이후 지금까지 전쟁이 전혀 없었던 해는 매우 적다. 과학기술이 발달할수록 전쟁은 더 참혹해졌다. 인간이 다른 인간을 죽이는 방법을 찾기 시작한 순간 과학은 전쟁과 손을 잡았고, 둘의 협력이 최고 수준에 다다랐을 때 핵폭탄이 태어났다.[**] 과학자에게 책임이 없지는 않지만 그들만 책임져야 할 일은 아니었다. 핵폭탄 발명에 기여한 모든 과학자가 의도적으로 전쟁과 손잡지는 않았다. 대다수는 지적 호기심과 열정에 이끌려 물질의 세계를 탐

[**] 어니스트 볼크먼 지음, 석기용 옮김, 『전쟁과 과학, 그 야합의 역사』, 이마고, 2003, 28~29쪽.

사했을 뿐이며 과학의 발달에 기여한 공으로 노벨 물리학상이나 화학상을 받은 이도 많았다.[■]

독일 과학자 빌헬름 뢴트겐(Wilhelm Röntgen)은 1895년 진공관 방전을 연구하다가 정체불명의 광선을 발견하고 '엑스선(X-ray)'이라는 이름을 붙였다. 이듬해에 프랑스의 앙리 베크렐(Henri Becquerel)은 엑스선이 방전 실험에 쓴 우라늄에서 나온다는 사실을 밝혀냈다. 2년 뒤에는 베크렐의 제자인 퀴리 부부가 우라늄보다 훨씬 강한 방사능을 내뿜는 라듐을 우라늄 광석에서 분리했다. 과학자들은 라돈·폴로늄·악티늄 등 새로운 방사성 원소를 발견해 물리학을 원자의 세계로 이끌었다.

이전의 물리학은 운동·열·빛·소리처럼 사람이 감각기관으로 인지할 수 있는 현상을 연구했다. 물질세계가 맨눈으로 볼 수 없을 만큼 작은 원자로 이루어졌다는 주장은 검증되지 않은 가설이었다. 그런데 뢴트겐의 발견이 상황을 바꿨다. 과학자들은 엑스선이 알파·베타·감마선 세 종류이고 전하를 띤 알파선 입자와 헬륨 원자는 무게가 같다는 사실을 발견했다. 그 이유를 찾으려고 실험을 거듭한 끝에 헬륨 원자의 중심에 양전하를 띤 무거운 원자핵이 있고 전자 두 개가 주위를 도는 구조를 확인했다. 물리학은 뉴턴의 품을 벗어나 '양자 세계'에 발을 들여놓았다.

물질은 에너지를 품고 있다. 라듐 1g은 한 시간에 100kcal씩 2천 년 동안 수십억 kcal의 에너지를 내뿜는데, 그 에너지는 모두 크기가 10조분의 1cm에 불과한 원자핵에서 나온다. 1919년 영

■ 핵폭탄 제조를 가능하게 한 과학의 발달과정은 『전쟁의 물리학』(배리 파커 지음, 김은영 옮김, 북로드, 2015), 424~471쪽을, 핵폭탄의 원리는 『원자핵에서 핵무기까지』(다다 쇼 지음, 이지호 옮김, 한스미디어, 2019)를 참고해 서술했다.

국 물리학자 어니스트 러더퍼드(Ernest Rutherford)는 알파 입자를 충돌시켜 질소 원자를 쪼개는 실험을 통해 원자핵이 양성자와 중성자로 이뤄졌다는 결론을 얻었다. 퀴리 부부의 딸과 사위인 프랑스의 졸리오-퀴리 부부와 영국 케임브리지대학의 제임스 채드윅(James Chadwick)은 양성자 수는 같지만 중성자 수가 다른 방사성 동위원소를 찾아냈다. 1934년 이탈리아 물리학자 엔리코 페르미(Enrico Fermi)는 부서진 원자핵에 중성자가 들어가 방사능을 띤 새로운 원자핵을 만드는 현상을 발견해 인공 방사성 동위원소를 만드는 길을 열었다.

그러나 핵물리학은 아직 '실험실의 과학'이었다. 핵분열은 '경제적 효율성'이 없어서 생산 활동이나 전쟁에 쓸 수 없었다. 알파 입자를 원자핵과 충돌시킬 때 튀어나오는 파편은 에너지를 갖고 있었지만 투입한 에너지보다는 적었다. 알파 입자 대신 중성자를 쓰면 에너지 투입량이 줄지만 파편의 에너지도 줄었다. 그런데 1938년 독일의 화학자 오토 한(Otto Hahn)과 프리츠 슈트라스만(Fritz Straßmann)이 대차대조표를 흑자로 바꿀 가능성을 찾았다. 그들은 수소부터 우라늄까지 모든 원자핵에 차례차례 중성자를 충돌시켜 파괴 과정과 결과를 조사했다. 원자핵은 파편을 방출하고도 무게가 거의 달라지지 않았다. 그런데 우라늄은 특이하게도 원자핵이 둘로 쪼개질 때 중성자를 충돌시키는 데 들어간 것과 견줄 수 없을 만큼 큰 에너지를 방출했다. 우라늄 핵분열의 에너지 대차대조표는 흑자였다.

그러나 원자핵 하나가 분열하면서 내는 에너지로는 모기 한 마리 죽일 수 없었다. 핵물리학을 실험실 밖으로 끌어내려면 연쇄 핵분열의 가능성을 찾아야 했다. 무솔리니 정권이 유대인이 자기 아내를 해칠 것 같아서 1938년 노벨상 시상식장에서 곧바로 미국에 망명한 페르미가 그 일을 해냈다. 그는 컬럼비아대학 동료인 헝가리 출신 실라르드 레오(Szilárd Leó) 등과 함께 실험을 거듭한 끝에 우라늄235의 원자핵이 중성자와 충돌해 분열할 때 둘 이상의 중성자가 튀어나온다는 사실을 발견했다. 연쇄반응을 일으킬 수 있게 된 것이다. 몇 년 지나지 않아 미국은 일본에 핵폭탄을 터뜨렸다.

핵폭탄

1939년 8월 2일, 프린스턴 고등연구소의 '과학 셀럽' 알베르트 아인슈타인(Albert Einstein)이 루스벨트 대통령에게 편지를 썼다. 미국에는 나치의 유대인 박해와 독재를 피해 유럽에서 망명한 과학자가 많았고 로버트 오펜하이머(Robert Oppenheimer)처럼 미국에서 태어나고 자란 천재 물리학자도 적지 않았다. 그들은 핵폭탄 제조가 어려운 일이 아니라는 사실을 알고 히틀러가 먼저 만들 가능성을 걱정하다가 아인슈타인에게 편지 작성을 부탁했다. 편지의 핵심은 이랬다.[■]

> 페르미와 실라르드의 연구를 통해 우리는 가까운 미래에 우라늄을 이용해 새로운 에너지를 얻을 수 있다는 것을 알게 됐습니다. 당신의 관심과 즉각적인 행동이 필요합니다. 대량의 우라늄으로 핵분

■ 정욱식 지음, 『핵과 인간』, 서해문집, 2018, 23쪽의 편지 전문 참조.

열 연쇄반응을 일으킬 수 있으며, 그 연쇄반응은 엄청난 에너지와 대량의 새로운 원소를 만들어냅니다. 이것은 엄청나게 강력한 폭탄 제조로 이어질 수 있습니다. 대통령께서 믿을 수 있는 사람을 지명해 행정부에 진전 상황을 알리고 적절한 대응책을 권고하게 하며, 연구시설을 갖춘 기업과 협력을 촉진하고 예산을 지원해 실험을 독려하기 바랍니다. 독일이 최근 체코슬로바키아의 우라늄 광석 판매를 중단시킨 것은 중대한 의미가 있습니다. 독일 국무부 차관의 아들 폰 바이츠자커가 우리와 비슷한 우라늄 연구를 수행하는 베를린 소재 카이저-빌헬름 연구소에 배속됐기 때문입니다.

루스벨트 대통령은 당장 '우라늄위원회'를 만들었다. 그리고 처칠 총리가 영국에서 독일 출신 과학자들이 수행한 핵폭탄의 위력 계산 결과를 알려준 1941년 10월 9일 핵폭탄을 개발하기로 결정했다. 60억 달러의 예산과 13만여 명의 인력을 투입한 '맨해튼 프로젝트' 연구팀은 1942년 12월 2일 시카고대학 운동장 관중석 밑에 만든 실험용 원자로에서 최초의 핵분열 연쇄반응을 일으켰다. 핵폭탄 설계는 뉴멕시코주의 로스앨러모스 연구소 책임자 오펜하이머 박사가 맡았다. 우라늄 농축시설과 플루토늄 생산 원자로, 플루토늄 재처리 시설 등은 테네시주와 워싱턴주에 만들었다. 연구팀은 비교적 단순한 포신형(gun type) 우라늄235 폭탄과 구조가 복잡한 내폭형(implosion type) 플루토늄 폭탄을 동시에 개발했다.

1945년 4월 12일 루스벨트 대통령이 사망하고 부통령 트루먼이 자리를 이어받았다. 핵폭탄에 관해 아무것도 몰랐던 트루먼은 4월 25일 맨해튼 프로젝트 육군 책임자 레슬리 그로브스 장군에게 첫 보고를 받았다. 그는 두려움을 느꼈지만 전쟁을 끝낼 수 있다는 희망도 얻었다. 5월 8일 독일이 항복해 유럽의 전쟁은 끝났다. 그러나 일본의 400만 주력군은 건재했다.

7월 16일 동트기 직전, 맨해튼 프로젝트 팀은 뉴멕시코의 사막에서 내폭형 플루토늄 폭탄을 터뜨렸다. 3천만 분의 1초라는 짧은 시간에 다이너마이트 2만t과 맞먹는 위력의 폭발이 일어났다. 300km 떨어진 곳에서도 섬광이 보였고 150km 떨어진 지점에서도 굉음이 들렸다. 버섯구름은 1.2km까지 올라갔으며 폭파 지점에는 지름 300m의 웅덩이가 남았다. 반경 1.5km 안의 모든 생명체가 사라졌고 인근 철탑은 증발했다. 트루먼 대통령은 전후 처리 문제를 두고 독일 포츠담에서 스탈린과 지루한 협상을 벌이던 중 실험 결과를 담은 비밀전문을 받았다. 그는 7월 24일 스탈린에게 '이례적 파괴력이 있는 실전용 신무기'를 확보했다고 말했다. 스탈린은 어떤 무기인지 묻지 않고 "일본에 잘 쓰기를 바란다"고 말했다. 그날 밤 스탈린은 숙소에 참모들을 모아 핵폭탄 개발 문제를 논의했다.■ 핵 군비경쟁을 시작한 순간이었다.

일본 정부는 태평양 섬의 부대에 옥쇄항전을 명령하고 주력군을 본토 사수 작전에 투입했다. 트루먼 대통령은 섬을 하나씩 격파하고 일본 본토를 점령하려면 미군 50만 명이 더 전사하는 것을 감수해야 한다는 보고를 받았다. 원자폭탄을 쓰면 피할 수도 있는 희생이었다. 8월 6일 오전 8시 15분, 미군 B29 폭격기가 일본 히로시마 상공에 폭탄 하나를 떨구고 떠났다. 그 폭탄이

■　일본 본토에 원자폭탄을 투하한 경위는 『카운트다운 1945』(크리스 월리스·미치 와이스 지음, 이재황 옮김, 책과함께, 2020)를 참조해 서술했다.

570미터 상공에서 터지는 데는 100만 분의 1초가 걸렸다. 사람들이 섬광에 눈을 감았다 뜨자 도심 전체가 사라지고 없었다.■■ 폭발 중심 근처의 모든 건물과 생물은 3천℃를 넘는 고열에 증발해 버렸다. 500미터 떨어진 주택의 기와가 녹았고 3km 지점의 숲이 불탔으며 4km 떨어진 곳의 주민들이 화상을 입었다. 음속보다 빠른 강풍이 반경 1km 안의 철근콘크리트 빌딩을 무너뜨리고 3km 밖의 목조 주택을 완전히 파괴했으며 15km 떨어진 집의 유리창을 깨뜨렸다. 열과 폭풍이 지나간 도시를 검은 먼지와 방사능 낙진이 뒤덮었고 시커멓게 변한 강물에 시체가 떠다녔다. 8월 9일에는 나가사키에서 똑같은 일이 다시 벌어졌다.

미군이 히로시마에 투하한 '꼬마(Little Boy)'는 우라늄235를 쓴 12.5kt 원자폭탄으로, 구조가 매우 단순한 포신형이라 폭발 실험도 하지 않고 실전에 투입했다. 나가사키에 떨어진 22kt 규모의 '뚱보(Fat Man)'는 뉴멕시코 사막에서 폭발 실험을 한 것과 같은 내폭형 플루토늄 폭탄이었다. '꼬마'와 '뚱보'는 훗날 미국과 소련이 만든 메가톤급 핵폭탄과는 비교할 수 없을 만큼 작았는데도 히로시마 주민의 38%인 16만 명과 나가사키 주민의 27%인 7만 5천 명의 생명을 앗아갔다. 두 도시에는 징용·징병·정신대 등으로 끌려간 조선인이 10만 명이나 있었는데, 둘 중 한 명꼴로 직간접 피해를 입었다. 생존자들은 평생 빈혈·갑상선장애·폐암·혈액암 따위의 방사능 병을 앓았다.

핵물리학은 전쟁과 얽혀 재앙을 불렀다. 미군 조종사들은 폭

■■ 히로시마 시민들이 겪은 핵폭발의 참상을 자세히 알고 싶은 독자에게는 『다큐멘터리 히로시마』(존 허시 지음, 창상생 옮김, 산나슬, 2004)를 추천한다.

탄 투하 버튼을 누르는 단순한 동작 하나로 수십만 명을 살상하고 귀환했다. 핵폭탄은 전투원과 어린이를 구분하지 않았고 탄약고와 병원을 가리지 않았다. 전쟁광과 평화주의자를 모두 죽였다. 미국은 핵폭탄으로 전쟁을 일찌감치 끝냈지만 만족감을 오래 누리지는 못했다. 1949년 8월 소련이 핵폭발 실험에 성공해 미국의 핵독점을 깨뜨렸다. 두 나라는 냉전시대 40년 동안 폭발력이 더 큰 핵폭탄을 경쟁적으로 개발하고, 그것을 적진으로 실어 보낼 미사일을 만드는 데 돈과 인력을 쏟아 부었다.

탄도미사일

핵폭탄은 폭발력이 막강하지만 적진에 보내지 못하면 쓸모가 없다. 효과적인 운송수단이 있어야 위협적인 무기가 된다. 미군이 태평양의 제공권을 장악하지 못했다면 '꼬마'와 '뚱보'를 일본 상공까지 운반하지 못했을 것이다. 한편 나치가 먼저 핵폭탄을 만들었다면 비행기가 아닌 다른 수단으로 파리와 런던을 없앴을 수도 있다. 단거리 탄도미사일 기술을 확보하고 있었기 때문이다.

히틀러는 전쟁 막바지에 과학자와 엔지니어 5천여 명을 동원해 공군의 열세를 극복할 신무기를 개발했다. 세계 최초의 탄도미사일 V2(보복병기 2호)였다. 고성능 폭약 1t을 탑재한 14t짜리 미사일 V2는 1944년 말부터 아무 예고 없이 런던 시내에만 1,150발이 날아와 1만 명 가까운 시민을 죽거나 다치게 했다. 미군은 독일을 점령하자마자 V2 조립공장을 찾아내 100발을 만들 수 있는 부품을 실어갔다. 소련군은 한발 늦었지만 더 많은 부품을 확보했다. 그들은 탄도미사일이 폭탄의 날개가 될 수 있다는 사실을 알고 있었다.

미국과 소련은 미사일의 사거리를 늘리고 정확도를 높였다. 소련은 1955년 5천km 넘게 날아가는 중거리탄도미사일(IRBM)을 제작했고 2년 뒤에는 초장거리 대륙간탄도미사일(ICBM)을 만들었다. 미국은 자기네 항공기술의 우월성을 과신한 나머지 미사일 개발에 소홀했고 소련의 대륙간탄도미사일 개발 선언을 믿지도 않았다. 소련은 1957년 10월 4일 무게 83.6kg의 인공위성 스푸트니크 1호를 지구궤도에 쏘아 올려 미국의 자만심에 찬물을 끼얹었다. 대륙간탄도미사일과 인공위성은 같은 기술을 사용한다. 스푸트니크 1호는 소련이 미사일 경쟁에서 앞섰다는 사실을 증명했다.

그러나 미국은 소련의 우위를 오래 용납하지 않았다. 미국은 1958년 2월 1일 익스플로러 1호를 지구궤도에 올렸다. 소련은 1959년 9월 인공위성으로 달 뒷면을 촬영하고 1961년 4월에는 유인우주선 보스토크 1호를 지구궤도에 올려 또 한 걸음 앞서갔다. 우주에서 지구를 본 최초의 인간인 유리 가가린 소령은 200km 상공에서 자기가 목격한 장면을 타전했다. 지구는 푸르다! 열 달 뒤 미국의 존 글렌(John Glenn) 중령이 160km 상공의 우주선 프렌드십 7호에서 푸른 지구를 봤다. 미국 시간으로 1969년 7월 20일, 닐 암스트롱(Neil Armstrong) 선장과 두 명의 승무원이 아폴로 11호 착륙선을 타고 달 표면에 발을 내디뎠다. 인간이 다른 천체에 가는 데 성공한 문명사적 사건이었다. 미국 국민은 우주항공 분야에서 소련을 다시 앞질렀다는 것을 기뻐했다.

더 작고 더 강력한 핵폭탄을 제조하려는 경쟁도 치열했다.

소련이 원자폭탄 제조에 성공하자 미국은 전술용 소형 핵폭탄을 개발하는 한편 수소폭탄을 만들었다. 수소폭탄은 원자폭탄과 달리 핵을 융합해 에너지를 낸다. 핵분열 에너지를 이용해 수소 동위원소의 핵을 헬륨 원자핵으로 융합한다. 최초의 폭발 실험은 1952년 11월 1일 하와이에서 서쪽으로 5천km 떨어진 마셜제도의 산호섬에서 했다. 미국이 제2차 세계대전 이후 줄곧 사용해온 핵실험 장소였다. 10.4Mt의 수소폭탄 '아이비 마이크'가 터지자 줄기 지름 12.8km, 상단 지름 43.4km나 되는 버섯구름이 48km 상공까지 피어올랐다. 산호섬은 사라지고 지름 1.6km, 깊이 60m의 웅덩이만 남았다. 폭발 지점의 중성자 밀도는 초신성의 1천만 배였고 우주의 모든 원소가 만들어졌으며 자연에 없는 원소까지 생겼다. 소련도 수소폭탄 실험에 성공했다. 중수소화 리튬이라는 고체를 사용한 '건식(乾式)폭탄'이어서 항공기로 운반할 수 있었다.

미국은 1954년 3월 1일 마셜제도의 비키니 산호초에서 농축한 중수소화 리튬을 우라늄 폭탄으로 감싼 열핵폭탄 '캐슬'을 터뜨렸다. 연구진의 계산 착오 때문에 폭발력이 당초 계획한 5Mt보다 세 배나 강력했던 그 폭탄은 방사능 낙진을 널리 흩뿌렸다. 산호섬이 있던 곳에는 깊이 76.2m, 지름 1,980m 웅덩이가 생겼다. 150km 떨어진 곳에서 조업하다가 낙진을 뒤집어쓴 일본 어선의 선원 한 명이 사망하고 22명이 방사능 병에 걸렸다. 마셜제도 주민 수백 명이 생사의 갈림길에 놓였고 거북과 물고기가 뭍으로 올라와 죽었다. 남태평양의 생태계 전체를 극도의 혼란에 빠뜨린 '캐슬'은 히로시마의 '꼬마' 1,200개와 맞먹는 폭탄이었다.￭

과학자들은 고민에 빠졌다. 매카시즘이 미국 사회를 집어삼킨 때였다. 최초의 원자폭탄을 설계한 오펜하이머는 수소폭탄 개발에 반대했다가 반역 혐의로 FBI의 조사를 받았고 비공개 청문회에 불려나갔다. 무혐의 처분을 받았는데도 국가기밀 접근 권한을 박탈당하고 연구팀에서 쫓겨났다. 과학자와 지식인 사회의 반핵 여론이 높아지고 대중이 반핵운동에 참여하기 시작한 1955년 7월 9일, 아인슈타인과 철학자 버트런드 러셀(Bertrand Russell)이 런던에서 「러셀-아인슈타인 선언」을 발표했다. '캐슬' 폭발 실험의 참상을 보고 세계 각국에서 핵무기 반대 강연을 하던 러셀의 주장에 아인슈타인이 동의해 작성한 선언문에는 여러 나라의 저명한 과학자 아홉 명이 연대 서명을 했다. 군비 축소와 전쟁 억제의 첫걸음으로 핵무기를 버릴 것을 요구하고 과학자의 사회적 책임을 강조한 그들은 이렇게 호소했다.■■

우리는 인간 대 인간으로서 호소합니다. 인간성 이외의 모든 것을 잊으십시오. 그렇게 할 수 있다면 우리 앞에 놓인 길이 여러분을 새로운 낙원으로 인도할 것입니다. 만약 그렇게 하지 못한다면 우리 앞에 놓인 길은 지구의 종말로 치달을 것입니다.

세계의 과학자 22명이 캐나다 남동부의 퍼그워시라는 어촌에 모여 '퍼그워시 회의'를 창설했다. 미국인 사업가 사이러스 이턴이 자기 고향에서 그 회의를 열게끔 비용을 지원했다. 회의를 이끈 사람은 「러셀-아인슈타인 선언」에 서명한 폴란드 출신 물

■　수소폭탄 '아이비 마이크'와 열핵폭탄 '캐슬' 폭발 실험은 『수소폭탄 만들기』(리처드 로즈 지음, 정병선 옮김, 사이언스북스, 2016), 823~872쪽과 922~924쪽을 참고해 서술했다.
■■　실번 S. 슈위버 지음, 김영배 옮김, 『아인슈타인과 오펜하이머』, 시대의창, 2019, 132~138쪽.

리학자 조지프 로트블랫(Joseph Rotblat)이었다. 맨해튼 프로젝트에 참가했지만 독일이 항복한 뒤 핵무기 개발에 반대한 그는 동서 진영의 저명한 과학자들을 개인 자격으로 모아 회의를 하고 각국 정부에 핵폭탄 실험 중단과 핵무기 폐기를 요구했다. 노벨상위원회가 1995년 평화상을 수여한 데서 알 수 있듯 로트블랫과 퍼그워시 회의는 국제 여론에 큰 영향을 줬다. 그러나 핵보유국의 정치 지도자를 움직이지는 못했다.

1960년대 중반 미국은 3만 3천 개의 핵탄두를 보유해 최고 기록을 세웠다. 소련은 1980년대 중반 4만 5천 개로 정점을 찍었다. 1985년 소련공산당 서기장이 된 미하일 고르바초프(Mikhail Gorbachev)가 소련 사회를 개혁하고 냉전을 해체하는 결단을 내린 뒤 협상을 통해 보유량을 크게 줄였지만, 미국과 러시아는 각각 1만 개와 1만 2천 개의 핵폭탄을 껴안은 채 21세기를 맞았다. 합치면 히로시마 원자폭탄의 60만 배가 넘고 지구 생태계를 서른 번 파괴할 수 있는 양이다. '공식 핵보유국' 영국·프랑스·중국의 보유량은 각각 300개를 넘지 않고 '사실상 핵보유국'인 이스라엘·인도·파키스탄은 수십 발 수준이다. 21세기 들어 처음 핵실험을 한 북한의 보유량은 그보다 적을 것으로 추정한다. 남아프리카공화국은 핵무기를 폐기했다. 독일·일본·스웨덴·대만·한국·이란·호주·스위스 등은 마음만 먹으면 언제든 핵폭탄을 만들 수 있다.■

컴퓨터 공학은 핵무기를 더욱 정교하게 발달시켰다. 미국과

■   조동준 지음, 「핵확산의 추세 vs. 비확산의 방책」, 이수훈 편, 『핵의 국제정치』, 경남대학교 극동문제연구소, 2012, 51~56쪽.

소련은 핵탄두를 운반하는 미사일의 사정거리와 탄두의 수를 늘리고 표적을 맞히는 능력을 키웠으며 적의 레이더를 피하는 발사 기술과 비행 기술을 개발했다. 소련은 중거리탄도미사일에 핵탄두를 실어 파리와 런던을 타격할 수 있었고 미국도 유럽 배치 핵미사일로 모스크바를 때릴 수 있었다. 대륙간탄도미사일은 모스크바와 워싱턴의 지도자들에게 앉은 자리에서 상대방을 말살할 가능성을 제공했다. 선제 핵공격이나 보복 핵공격을 피하기 위해 잠수함발사탄도미사일(SLBM)과 여러 개의 핵탄두가 제각기 목표를 찾아 흩어지는 다탄두각개목표재돌입체(MIRV), 재돌입 단계에서 목표를 찾아 진로를 바꾸는 기동탄두재진입체(MARV), 컴퓨터를 장착한 정밀유도재돌입체(PGRV)를 개발했고 적의 탄도미사일을 파괴하는 탄도탄요격미사일(ABM)도 만들었다.

그게 전부가 아니었다. 핵폭격기와 핵지뢰, 대포로 쏘는 소형 전술 핵무기도 있었다. 전술 핵무기 중에서 가장 야비하고 무서운 것은 중성자탄이다. 중성자탄은 수소폭탄과 마찬가지로 핵융합 반응을 이용하지만 폭발력과 열은 줄이고 중성자 방출을 늘림으로써 건물과 장비는 파괴하지 않고 생물만 죽인다. 미국과 소련은 국제사회의 격렬한 비난에 떠밀려 1987년 중성자탄을 합의 폐기했다. 미국의 MX미사일은 사정거리, 정확도, 진로 수정, 탄두 교체 등 여러 미사일의 강점을 하나로 모았고 소련의 SS20도 그 못지않았다. 두 나라는 장애물과 지형을 탐지하면서 저공 비행해 적의 레이더를 피하면서 목표를 맞히는 순항미사일도 제작했다.

1983년 3월 23일 레이건 대통령이 인류 역사의 진로를 바꾸는 '전략방위구상(SDI)'을 발표했을 때기 핵무장 경쟁의 절정이었다. '스타워즈'라는 별명이 붙었던 레이건의 구상은 지상과 우주의 모든 첨단기술을 이용해 소련의 핵무기 체계를 무력화하는 것이었다. 적의 미사일을 신속하게 탐지하는 적외선 기술, 미사일을 요격하는 레이저빔 기술, 적의 탄도미사일을 파괴하는 킬러위성, 우주통제기지, 해군과 공군의 우주사령부 통합 등 SF영화에 나옴 직한 전쟁계획이었다. 냉전체제가 무너져 추진할 명분이 없어지지 않았다면 미국 국방부는 천문학적 재정을 투입해 기술적 난제를 해결했을 것이다.

쿠바 위기

'꼬마'와 '뚱보'를 일본에 투하했을 때 미국은 보복 핵공격을 당할 위험이 없었다. 그러나 소련의 핵 개발로 핵 독점이 깨지자 상황이 달라졌다. '다 같이 죽자'고 결심하지 않고는 어느 누구도 먼저 핵무기를 쓸 수 없게 됐다. 게다가 핵전쟁은 두 나라만의 문제가 아니었다. 과학자들은 현존하는 핵무기의 1%만 폭발해도 먼지와 연기가 태양 광선을 가려 지구 전체에 '핵겨울'이 닥치고 인류를 포함한 생물이 대부분 절멸할 것이라고 경고했다. 어떤 핵보유국의 권력자가 그런 사태를 각오하고 계획적으로 핵전쟁을 일으킬 가능성은 매우 낮다. 그러나 우발적인 사건으로 핵전쟁이 일어날 가능성마저 배제하기는 어렵다.

  1962년 가을 실제로 그런 상황이 벌어졌다. '쿠바 미사일 위기'였다.■ 1953년 7월 아바나 대학생들과 함께 정부군 병영을 습격하다가 붙잡힌 스물일곱 살 청년 피델 카스트로(Fidel Castro)는 멕시코로 건너갔다. 1956년 11월 25일 그는 무장 게릴라 80여 명을 이끌고 쿠바로 돌아와 시에라마에스트라산에 숨어들었다. 그러고는 믿기 어려운 전투를 벌인 끝에, 미국의 비호를 받으며 독재와 부패를 저지르던 풀헨시오 바티스타(Fulgencio Batista) 정권을 무너뜨리고 1959년 1월 혁명정부를 세웠다. 쿠바는 '미국을 겨눈 멕시코만의 비수'가 됐다.

CIA가 쿠바인 부대를 투입하고 공군이 수도 아바나를 폭격했지만 미국은 카스트로 정권을 쓰러뜨리지 못했다. 카스트로는 본래 공산주의자가 아니었지만 미국의 압력을 받자 소련에 지원을 요청했다. 1962년 10월 미군 정찰기가 쿠바 산악지대에서 중거리탄도미사일 기지 건설 현장을 포착했다. 미국 정부는 함정 40척과 2만 병력을 동원해 쿠바 해안을 봉쇄하고 소련의 수송선이 검문에 불응할 경우 격침하겠다고 선언했다. 소련 정부는 해적행위라고 미국을 비난했으며 소련 수송선단 16척이 미군의 해상 봉쇄선에 다가섰다. 케네디 대통령은 쿠바에서 미국 본토로 핵미사일이 날아오면 소련 영토를 핵으로 보복공격 하겠다고 말해 세상을 놀라게 했다. 핵전쟁은 인류의 공멸을 초래하기 때문에 이겨도 의미가 없다고 하던 평소 태도와 달랐다. 미국과 소련 함정이 카리브해에서 대치한 13일 동안 인류는 핵전쟁의 공포로 얼어붙었다. 훗날 밝혀진 바에 따르면 소련은 쿠바에 이미 100여 기의 핵미사일을 배치한 상태였고 수송선단을 호위한 잠수함은 핵어뢰를 장착하고 있었다.

■　쿠바 미사일 위기가 발생한 경위와 해소된 과정은 『핵과 인간』, 200~207쪽을 참조해 서술했다.

케네디 대통령은 쿠바의 핵미사일 기지를 선제공격하자는 군부 강경파의 주장을 물리치고 흐루쇼프 소련공산당 서기장과 비밀협상을 해서 사태를 해결했다. 케네디는 모스크바를 겨냥해 터키에 배치한 핵미사일을 철거하라는 소련의 요구를 받아들이고 쿠바에 대한 간섭을 자제하기로 약속했다. 흐루쇼프는 쿠바의 핵미사일 기지 폐쇄 명령을 내리고 수송선단의 뱃머리를 돌리게 했다. 직통전화로 대화하며 쿠바 위기를 해소한 케네디와 흐루쇼프는 군축협상을 시작해 1963년 8월 지상 핵실험 정지조약을 체결했다. 쿠바 미사일 위기는 실재하는 핵전쟁의 위험과 그 위험을 극복하는 인간의 능력을 모두 보여줬다.

미국은 나치독일보다 먼저 핵무기를 확보해야 한다거나 태평양 전선에서 일본군과 싸우던 미군의 희생을 막는다는 명분으로 최초의 핵폭탄을 제작하고 사용했다. 소련은 '핵 균형'을 이루어야 세계평화를 지킬 수 있다고 주장했다. 냉전시대 내내 두 나라는 서로가 서로의 공격을 억제한다는 명분을 들먹여 핵전력을 강화했다. 그러나 역사에서 군비확장 경쟁은 언제나 전쟁으로 귀결됐다. 핵무기 경쟁이라고 해서 완전한 예외가 될 수는 없다.

두 나라 지배자들은 자신의 이익을 위해 핵무기 경쟁을 이용했다. 미국 국방부와 군부, 무기 생산과 연구개발로 막대한 연방 예산을 나눠 가진 군수산업 자본가, 핵 경쟁을 정당화하면서 국방부의 지원금을 챙긴 연구단체의 전문가, 그들을 대변한 정치인들, 군부와 산업계를 연결한 로비스트, 그 모두를 구성요소로 하는 군산복합체가 미국의 여론과 정치를 좌우했다. 그들은 고르바초프가 과감한 핵무기 감축을 제의했는데도 선뜻 응하지 못하게끔 레이건과 부시 대통령에게 압력을 넣었다.

레이건-고르바초프, 부시-옐친, 클린턴-푸틴 등 미국과 소련·러시아 지도자들은 국제사회와 함께 다탄두 대륙간탄도미사일 폐기, 잠수함발사탄도미사일 감축 등 여러 협정을 맺어 세계의 핵탄두와 탄도미사일 보유량을 크게 줄였다.■ 미국과 소련은 1970년 새로운 핵보유국의 출현을 막기 위한 핵확산방지조약(NPT)을 창설했다. NPT는 핵무기가 없는 나라의 핵무기 개발을 막고 핵보유국의 핵전력 강화를 억제하며 핵의 평화적 이용을 허용한다. 비핵국가의 핵무장을 막기 위한 불평등조약이지만 세계 거의 모든 국가가 군사적·외교적 고립을 피하려고 가입했다. 핵의 평화적 이용은 1957년 유엔 산하 독립 전문기관으로 출범한 국제원자력기구(IAEA)가 관장한다. IAEA는 핵의 평화적 이용을 위한 연구개발을 북돋우고 물자와 기술을 지원하며 핵물질이 군사적 용도로 흘러가지 않게 감시한다.

시대의 흐름을 거슬러 핵폭탄을 개발하거나 개발하려 한 나라들이 있었다. 이란은 핵 개발 프로그램을 동결하기로 미국 오바마 행정부와 협정을 맺었지만 트럼프 대통령이 그 협정을 파기한 탓에 한동안 불확실한 상황이 이어졌다. 북한은 냉전시대 미국과 소련이 하던 행동을 뒤늦게 반복했다. 여러 번 핵폭발 실험을 하고 핵전력 보유 선언을 했으며 대륙간탄도미사일 발사 실험을 했다. NPT를 탈퇴하고 IAEA의 사찰을 거부해 유엔의 제재를 자초했다. 대한민국을 공격하려고 수천 킬로미터를 날아가는 대륙간탄도미사일을 만들 필요는 없다. 미국 본토를 핵으로 공격할

■ 박건영 지음, 「핵무기와 국제정치: 역사, 이론, 정책 그리고 미래」, 이수훈 편, 『핵의 국제정치』, 경남대학교극동문제연구소, 2012, 21~34쪽.

수 있는 능력을 확보함으로써 체제의 안전을 보장받으려는 목적이었다. 북한은 '가난한 외톨이'로 핵무기를 품고 살아가는 길과 핵 폐기 요구를 수용하고 국제사회의 일원으로 복귀해 경제적 번영을 추구하는 길 사이에서 오래 번민했다.

핵 없는 세상

핵발전은 석탄·가스·석유를 태우는 화력발전과 달리 온실가스를 방출하지 않는다. 그러나 핵분열은 통제하기 어렵고 방사능 물질이 생긴다는 단점이 있다. 큰 사고가 날 경우 핵폭탄 폭발과 비슷한 후유증을 남기는 것도 심각한 문제다. 전문가들은 기술적으로 완벽하고 안전하다고 주장했지만, 인간이 하는 모든 일이 그러하듯 기술 결함과 인간의 실수와 예측하지 못한 자연재해로 여러 차례 큰 사고가 났다.

IAEA 통계에 따르면, 2020년 지구촌에서 약 440개의 원자로가 인류 전체가 소비한 전기의 10% 정도를 생산했다. 미국이 95개로 단연 많았고 프랑스(57), 중국(47), 러시아(38), 일본(33)에 이어 한국(24)이 6위를 차지했으며 인도(22), 캐나다(19), 영국(15), 우크라이나(15)가 10위권에 들었다. 지금까지 건설한 600여 개의 원자로 가운데 160여 개는 가동을 중지했고 그중 60여 개는 영구 정지했다. 미국과 독일 등에서 20여 개를 완전 해체했다. 가동 중인 원자로 가운데 30년 넘게 쓴 원자로가 절반이나 되기 때문에 원전 해체 사업이 신산업으로 떠올랐다. 새로 건설 중인 원자로도 50여 개나 된다. 독일을 비롯한 서유럽 국가들은 핵발전을 완전히 그만두는 정책을 추진하는 반면 중국과 중동 국가는 더 많은 원자로를 건설하고 있다.

최초의 대형 사고는 1957년 소련 우랄 지역의 지하 핵폐기물 저장시설에서 터졌다. 고준위 방사선 폐기물 저장탱크가 폭발해 서울과 경기도를 합친 것보다 더 넓은 땅에 방사능을 뿌리고 주민들을 병들게 했다. 같은 해에 영국 북서 해안의 윈드스케일(지금의 셀라필드) 원자력단지에서는 원자로의 노심이 불타 다량의 방사능이 주변 지역에 퍼지는 사고가 일어났다. 두 나라 정부 모두 관련 사실을 국가기밀로 지정해 감췄다. 1960년대 들어 천연우라늄235가 부족해지자 핵보유국들은 매장량이 많은 천연우라늄238를 플루토늄239로 만들어 핵분열을 일으키는 고속증식로를 개발했다. 그러나 핵분열 기술의 발달이 위험을 줄이지는 못했다는 사실은 '원자로 노심 손상을 동반한 세 번의 중대사고'에서 분명하게 드러났다. 바로 미국의 스리마일 아일랜드 2호기, 소련의 체르노빌 4호기, 후쿠시마 제1원전 사고다.[■]

1979년 3월 28일 미국 펜실베이니아주의 서스쿼해나강에 있는 스리마일섬 민간 핵발전소 2호기의 노심이 녹아내렸다. 밸브 작동 이상과 실무자의 조작 실수로 냉각 설비가 파손되면서 원자로의 온도가 5천℃를 넘어가 핵 연료봉이 녹은 사고였다. 발전소 건물의 방사능 수치가 급상승해 방호벽이 무너지고 방사성 기체가 대량으로 빠져나갔다. 주 정부가 임신부와 어린이의 대피를 결정하자 두려움에 사로잡힌 주민 10만 명이 황급히 탈출했

■ 중대 원전사고에 관해 더 알고 싶은 독자에게는 『체르노빌』(앤드류 레더바로우 지음, 안혜림 옮김, 브레인스토어, 2020)과 『안전신화의 붕괴』(하타무라 요타로 외 지음, 김해창 외 옮김, 미세움, 2015)를 추천한다.

다. 저렴하고 깨끗한 에너지를 만든다던 핵발전의 이미지는 산산조각 났고 핵발전을 반대하는 시민운동이 고개를 들었다. 지미카터 미국 대통령은 신규 원전 건설을 중단하기로 했다. 사고 뒷수습과 정화 작업에 20억 달러 가까운 돈을 썼지만 인근 지역의 방사능 오염을 완전히 해소하지는 못했다.

　1986년 4월 26일 소련에서는 우크라이나 체르노빌 핵발전소 원자로 4호기가 폭발했다. 기술자들이 안전 시스템을 해제한 채 발전 효율 향상 실험을 하다가 흑연 감속 원자로의 구조 결함과 제어봉 조작 실수가 겹치면서 걷잡을 수 없는 연쇄반응이 일어났다. 수소가 원자로 안에서 폭발하면서 지붕이 깨지고 대량의 핵물질이 날아올랐다. 불을 끄던 소방대원들은 방사능 화상을 입었고 반경 30km 지역이 심각하게 오염됐다. 원자로의 잔해가 다시 한 번 폭발해 아이오딘·세슘·루테늄 등 방사성 동위원소 입자가 에어로졸 형태로 공기에 섞여 나갔고 지르코늄·니오븀·란탄·플루토늄 동위원소를 품은 우라늄 입자도 대기에 흩어졌다.

　헬리콥터로 진흙과 화학물질을 투하해 불을 끄는 데만 열흘이 넘게 걸렸다. 공기에서 높은 수준의 방사능을 검출한 북유럽 국가들이 해명을 요구하자 소련 정부는 그제야 사고가 났다는 사실을 인정했다. 주민 12만여 명을 이주시키고 연인원 60만 명을 투입해 8년 동안 정화작업을 했다. 작업자 가운데 2만 명 이상이 방사능 노출로 인한 질병에 걸려 사망했고 6천여 명의 어린이와 청소년 암환자가 생겼다. 우크라이나와 벨라루스, 러시아 서부 지역에 낙진이 떨어졌고 방사성 물질이 섞인 공기가 유럽 전역으로 퍼졌다. 인간이 떠난 체르노빌의 숲과 들판은 야생동물과 식물의 천국으로 변했지만 과학자들은 방사능이 생물에게 끼친 영향을 아직 검증하지 못했다.

2011년 3월 11일 오후 2시 46분, 일본 동쪽 태평양 해저에서 리히터 규모 9.0 수준의 지진이 일어났다. 한 시간 뒤, 최고 40m의 해일이 동일본 해안을 덮쳤다. 평야지대에는 바닷물이 내륙 10km까지 들이쳐 2만 명 가까운 사망자와 실종자가 생겼다. 방파제를 넘은 파도는 원자로 여섯 기가 있는 민간기업 도쿄전력의 후쿠시마 핵발전소를 덮쳐 전력 공급 시설을 파괴했다. 전력이 끊기자 냉각 시스템이 멈추고 원자로의 온도가 상승해 원자로 1, 2, 3호기의 노심이 녹아내렸다. 연료봉이 물과 접촉해 발생한 수소가 발전소 건물 안에서 폭발해 세슘137을 비롯한 방사성 물질이 대량으로 누출되자 피폭지역 주민 수십만 명이 긴급 대피했다. 녹아내린 핵연료는 빼내지 못했고 연료봉을 식히려고 원자로에 주입한 물은 고농도 오염수가 되어 지하에 고였다. 방사능 오염 지하수는 매일 400t씩 늘어났고, 일본 정부는 사고 10년째가 된 2021년 오염수의 태평양 방류를 결정했다.

중대 사고의 원인은 제각기 달랐다. 알려지지 않았거나 알려졌더라도 피해가 크지 않은 원전 사고는 헤아릴 수 없이 많았다. 대한민국은 핵발전소가 여섯 번째로 많은 국가이며 발전소 주변에 수백만 명이 거주한다. 지금까지 중대 사고는 모두 핵발전을 많이 하는 나라에서 일어났으며 앞으로도 그럴 가능성이 높다. 체르노빌이나 후쿠시마와 비슷한 사고가 날 경우 피해 규모가 얼마나 될지는 추산하기 어렵다.

핵무기와 핵발전소는 알라딘이 요술램프에서 불러낸 지니처럼 고분고분하지 않다. 인간은 스스로 불러낸 물질의 에너지 앞에서 두려움을 느낀다. 히틀러 같은 미치광이 권력자가 핵무기

버튼을 쥔다면 인류는 지구의 모든 생명과 함께 절멸할지도 모른다. 원자로 핵연료의 연쇄반응은 한번 통제를 벗어나면 끌 수 없는 불이 된다. 핵에너지를 평화적으로만 이용할 만한 지혜가 인간에게 있다는 증거는 없다. 그러나 희망의 근거가 아주 없다고 할 수도 없다.

냉전시대 미국과 유럽의 시민들은 대규모 연대투쟁으로 핵무장 경쟁에 제동을 걸었다. 고르바초프는 소련이 미국을 상대로 한 군비확장 경쟁을 영원히 지속할 수 없다는 사실을 인정하고 적극적인 태도로 군축협상을 벌였다. 냉전이 해체되자 군산복합체의 이익을 대변한 미국 강경파의 영향력이 줄어들었다. 미국의 핵 독점이 깨진 지 70년이 넘는 동안 핵보유국끼리 전쟁을 벌인 일은 없었다.

많은 과학자들이 과학과 정치는 무관하지 않다는 사실을 인식하면서 사회적 책임을 다하려고 노력했다. 핵폭탄 개발에 관여한 과학자들과 그것을 일본에 투하한 공군 조종사들 중에도 반핵운동에 참여하는 방식으로 도덕적·정치적 책임의식을 드러낸 이들이 있었다. 인류의 미래는 여전히 불확실하다. 그러나 핵의 위험성을 직시하는 사람이 늘어나고 더 많은 사람이 핵 없는 세상을 만들기 위해 연대한다면, 호모사피엔스는 비관론자들의 예상보다는 오래 생존할 수 있을지도 모른다.

20세기의 폐막

1945

5월 7일
독일이 동독과 서독으로 분단

1961

8월 13일
베를린장벽
동독 정부가 인민군을
동원해 동베를린과
서방3개국의 분할점령
지역인 서베를린 경계에
콘크리트 담장을 설치했다.

5월
서독으로 탈출
헝가리가 오스트리아 사이에
놓인 국경의 철조망을
제거하자 동독인들이
헝가리를 통해 서독으로
탈출했다.

11월 9일
허물어진 장벽
동독과 서독을 가르던 장벽이
무너진 날로, 그 시작은
1985년 3월 12일 미하일
고르바초프가 소련공산당
서기장으로 선출되던 때로 볼
수 있다.

10월 3일
독일 통일

12월 25일
소비에트사회주의공화국연방
해체

미하일 고르바초프
Mikhail Gorbachev,
1931~

베를린장벽

1989년 11월 9일, 독일사회주의통일당(SED, 이하 동독공산당) 정치국은 자국민의 서독 이주를 사실상 허용하는 외국 여행 관련 규정 개정안을 의결했고 오후 7시 대변인이 그 사실을 공지했다. 기자들이 시행 시기를 묻자 그는 단호하게 말했다. 지금 당장, 지체 없이! 소식을 들은 동베를린 시민들이 여권을 챙겨 국경 통행소로 달려갔다. 서베를린으로 가는 브란덴부르크문 통행소 근처에 특히 많은 사람이 모였다. 경비 장교는 상부에서 어떤 지침도 받지 못했지만 스스로 판단해 무력 사용을 금지했다. 밤이 깊어지자 동서독 국경의 모든 통행소가 통제 불능 상태에 빠졌다.[■]

베를린장벽은 독일 분단과 동서 냉전의 상징이었다.[■■] 분단 이후 250만 명 넘는 동독의 지식인과 기술자가 서베를린으로 넘어가자 동독 정부는 1961년 8월부터 서베를린을 156.4km 장벽으로 에워쌌다. 최소 높이 3m의 담장에 전기가 흐르는 철조망, 폭 15m 넘는 출입금지구역, 기관총을 거치한 감시초소, 사냥개, 지뢰, 차량 접근 방지용 해자까지, 넘을 엄두를 내기 어려운 장애물을 설치했다. 그런데도 38년 동안 5,075명의 시민이 동베를린을

[■] 리하르트 폰 바이츠제커 지음, 탁재택 옮김, 『우리는 이렇게 통일했다』, 창비, 2012, 95쪽.

[■■] 베를린장벽의 건설 경위와 구조는 『독일 통일 백서』(베르너 바이덴펠트·칼-루돌프 코르테 엮음, 임종헌 외 옮김, 한겨레출판, 1998), 510~524쪽과 공식 웹사이트(chronik-der-mauer.de)의 정보를 참고해 서술했다.

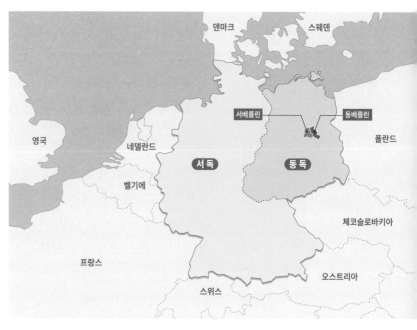

지도6 냉전시대의 동독과 서독

탈출했다. 실패하고 체포당한 수도 비슷했다. 그중 적어도 140명이 목숨을 잃었다. 그런 장벽을 동독 정부가 총 한 발 쏘지 않고 열었으니 믿기 어려운 일이었다. 동서베를린 시민들은 통행소를 넘나들며 얼싸안고 춤을 추고 샴페인을 터뜨렸다. 세계인은 그 장면을 TV로 보면서 20세기의 폐막을 실감했다.

독일인들은 나중에 알았지만, 베를린장벽은 1985년 3월 12일에 시한부 사망선고를 받았다. 소련공산당 중앙위원회 전체회의가 미하일 고르바초프를 서기장으로 선출한 날이다. 전체회의의 첫 연설을 마친 고르바초프 서기장은 전임자 콘스탄틴 체르넨코(Konstantin Chernenko)의 장례식에 참석하려고 모스크바에 온 바르샤바조약기구의 지도자들을 만나 각국의 주권을 존중하겠다고 말했다. 그들은 그 말을 진지하게 받아들이지 않았다. 소련의 최고 권력자는 늘 취임할 때 마음에 없는 말을 하곤 했기 때문이다.■ 그러나 고르바초프는 진심이었다. 몇 년 지나지 않아 동유럽 사회주의국가는 정치적 지각 변동을 맞았고 베를린장벽이 무너졌다. 사회주의 제국 소련도 사라졌다.

소련 정부는 "사회주의 세계 전체의 이익이 개별 사회주의국가의 이익에 우선한다"고 주장하면서 동유럽 사회주의국가의 내정에 간섭했고 헝가리와 체코의 반소 민주주의혁명을 폭력으로 짓밟았다. '제한주권론(制限主權論)' 또는 '브레즈네프 독트린'으로 알려진 패권주의 논리였다. 서기장에 취임하자마자 이를 파기한 고르바초프는 1987년에 펴낸 책에서 이렇게 말했다.■■

사회주의국가 사이의 정치적 관계는 개별 국가의 절대적 독자성을 토대로 삼아야 한다. 모든 사회주의 형제국의 지도자들이 이런 관점을 견지하고 있다. 각국의 공산당이 그 나라가 당면한 문제를 결정하는 주권을 행사하고 국민에게 책임을 진다는 것은 의문의 여지가 없는 원칙이다. 모든 사회주의국가들은 나름의 방법으로 자기혁신과 근본적 전환을 모색하고 있으며 전환의 규모와 형태, 속도와 방법은 각국의 지도자와 인민이 결정한다.

동독도 예외가 아니었다. 베를린장벽의 철거 여부는 동독 정

■ 미하일 고르바초프 지음, 이기동 옮김, 『선택』, 프리뷰, 2013, 265~267쪽.
■■ 미하일 고르바초프 지음, 이몽철 옮김, 『페레스트로이카』, 늘권문화, 1988, 188~190쪽.

부와 인민이 결정할 일이었다. 동독 인민은 철거를 원했지만 정부는 거부하고 있던 1989년 5월, 헝가리 정부가 베를린장벽을 넘지 않고 동독을 탈출할 수 있는 길을 열었다. 헝가리-오스트리아 국경의 철조망을 제거하기로 결정하고 유엔 '난민의 지위에 관한 협약(이하 난민협약)'에 가입한 것이다. 7월이 되자 많은 동독 시민이 해마다 그랬던 것처럼 동유럽으로 여름휴가를 떠났고, 그중 어떤 이들은 헝가리와 오스트리아를 거쳐 서독에 망명했다. 부다페스트·프라하·바르샤바 등 동유럽 주요 도시의 서독대사관에도 동독 시민 수천 명이 모였다.

여름휴가철이 지났는데도 동독 인민 30만 명이 복귀하지 않았다. 의사·교사·엔지니어 등 교육 수준이 높은 전문 인력이 많았다. 동독 정부는 병원과 학교와 대중교통 시스템을 정상적으로 운영할 수 없었다. 그것은 '몸으로 한 국민투표'였다. 동독 시민들은 그런 방식으로 사회주의체제를 끝내고 서독과 통합하라는 뜻을 표현했다. 더 많은 시민은 동독에 남아서 싸웠다. 시민운동가와 지식인이 만든 단체 '노이에스 포럼(Neues Forum)'이 싸움의 중심에 있었다. 시민들은 광장과 거리에서 자기 요구를 드러냈다.

동독 정부 수립 40주년 기념일인 1989년 10월 7일, 정치개혁을 요구하는 시민들이 동베를린과 라이프치히 등 대도시의 거리와 광장을 점거하고 자유선거와 여행자유 보장을 요구하는 집회를 열었다. 기념행사에 참석하려고 동베를린에 온 고르바초프는 에리히 호네커(Erich Honecker) 동독공산당 서기장에게 늦지 않게 스스로 결정하라고 충고했다. 바르샤바조약기구 외무장관 회의는 모든 회원국이 다른 나라의 간섭을 받지 않고 주권을 행사한다는 원칙을 확정함으로써 '브레즈네프 독트린'을 공식 폐기했다. 서방 언론은 프랭크 시나트러의 히트곡 〈마이 웨이〉에 빗대어 '시나트러 독트린'이라는 신조어를 유행시켰다.

18년 동안 권좌에 있었던 호네커는 측근 에곤 크렌츠(Egon Krenz)에게 권력을 넘겼지만 시민들은 그 너머를 보고 있었다. 11월 4일 50만 시위대가 일당독재 폐지와 정권 퇴진을 요구하며 동베를린 시내를 행진했다. 공산당 지도부가 내각과 당 정치국을 전면 개편하고 개혁주의자 한스 모드로브(Hans Modrow)를 총리로 내세웠지만 시위는 가라앉지 않았다. 막다른 골목에 몰린 공산당은 11월 9일 대중의 여행자유 요구를 수용했다. 그 결정은 단순히 여행자유를 허락한 데 그치지 않고 동독의 해체와 독일 통일로 이어졌다. 총성 한 발 울리지 않고 피 한 방울 흐르는 일 없이 국가 하나가 사라졌다. 역사에 그런 혁명은 없었다.

1990년 3월 18일, 동독 지역 총선에서 신속한 통일을 약속한 헬무트 콜(Helmut Kohl) 총리의 기독민주당(CDU)이 점진적 통일을 주장한 사회민주당(SPD)을 누르고 큰 승리를 거뒀다. 공산당의 후신 민주사회당(PDS)은 겨우 살아남았다. 반년이 지난 1990년 10월 3일 0시, 사회주의국가 독일민주공화국은 역사 속으로 들어갔고 약 36만km²의 땅과 8천만 국민을 보유한 독일연방공화국이 탄생했다. 분단 41년 만에 재통일을 이룬 것이다.■ 독일을 분할 점령했던 영국·미국·프랑스·소련 정부와 국제사회는 한목소리로 통일을 축하했다.

■　독일이 통일한 과정은 『브란덴부르크 비망록』(양창석 지음, 늘품플러스, 2020)을 기본 자료로 삼아 서술했다. 이 책은 독일 통일 주역들의 증언을 토대로 베를린장벽 붕괴부터 통일 작업의 완결까지 사태의 전개과정을 입체적으로 보여준다. 학술 연구서의 성격을 갖지만 객관적인 시각을 견지하면서 중요한 사실을 적절한 맥락으로 연결해 서술했다는 점에서 대중적 교양서로도 손색이 없다.

사회주의 세계의 소멸

베를린장벽 붕괴는 우연이 아니었고 독립한 사건도 아니었다. 동유럽 사회주의 세계를 무너뜨린 민주주의혁명 가운데 하나였다.

소련 정부가 정치적 패권주의를 내려놓자 다시는 볼 수 없을역(逆)사회주의혁명의 파도가 동유럽을 덮쳤다. 선두는 1980년에한 차례 체제가 흔들렸던 폴란드였다. 당시 폴란드 인민은 경제불황에 지치고 권력층의 부정부패에 격분했다. 그단스크 조선소노동자들의 파업이 전국적 정치파업으로 번져나가자 정부는 레흐 바웬사(Lech Wałęsa)가 이끈 자유노조의 존재와 파업권을 인정함으로써 눈앞의 위기를 모면했다. 그러나 이듬해 12월 전격적으로 비상계엄령을 선포하고 1천만 조합원을 확보한 자유노조의지도자 바웬사와 반체제 인사 5천여 명을 체포했다. 지하로 숨어들어 꾸준히 민주화운동을 벌이던 자유노조는 1988년 전국적인파업을 일으켜 반격을 개시했다.

고르바초프가 말한 대로 소련이 내정에 간섭하지 않는다는사실을 확인한 폴란드 정부는 1989년 6월 4일 선거를 실시했다.현직 총리와 장관을 포함한 유력 후보가 대부분 낙선하는 등 공산당이 참패하고 자유노조가 압승한 것은 그리 놀라운 일이 아니었다. 진짜 놀라운 일은 공산당이 현실을 받아들이고 진실을 말했다는 사실이다. 그들은 선거를 공정하게 관리하고 선거 결과를인정함으로써 동유럽 민주화의 신호탄을 쏘아 올렸다.■ 이듬해

■ 티머디 가턴 애쉬 지음, 최정호·정지영 옮김, 『인민은 우리다』, 나남출판, 1994, 36쪽. 이하동유럽 민주주의혁명에 관한 서술도 이 책을 참고했다.

에 바웬사는 민주공화국 폴란드의 대통령이 됐다.

두 번째는 1956년 동유럽 최초의 반소봉기를 일으킨 헝가리였다. 1989년 6월 16일 부다페스트 영웅광장에 20만 시민이 모여 소련군에게 처형당한 너지 임레(Nagy Imre) 총리의 장례식을 치렀다. 경찰은 집회를 보호했고 정부 고위인사들이 단상에 앉았다. 넉 달 후 헝가리공산당은 복수정당제, 자유선거, 시장경제 도입, 소련군 철수 등을 명시한 신강령을 채택하고 사회당으로 변신했다. 대중의 궐기 없이 다당제 민주주의로 이행한 것이다.

체코의 체제 전환도 물 흐르듯 이루어졌다. 베를린장벽이 무너진 직후 프라하 대학생들이 민주화 시위를 벌였다. 많은 시민들이 시위에 참여해 혁명적 상황으로 나아가자 정부와 반정부 세력은 평화적인 타협책에 합의했다. 1968년 '프라하의 봄'을 이끌었던 알렉산드르 둡체크(Alexandr Dubček)가 복귀해 연방의회 의장이 됐고 민주화운동을 이끌었던 작가 바츨라프 하벨(Václav Havel)은 체코슬로바키아 사회주의공화국의 대통령이 됐다. 기존 체제의 권력을 인수한 그들은 그 권력으로 체제를 변혁했다. 하벨은 그것을 '벨벳혁명'이라고 했다.

1989년, 동유럽 사회주의는 완전히 사멸했다. 공산당 독재를 무너뜨린 그 혁명은 예전의 정치혁명과 달랐다. 정부는 최루탄을 쏘지 않았고 군대를 투입하지도 않았다. 시민들은 오케스트라가 혁명교향악을 연주하는 광장에서 열쇠를 높이 들어 흔들었고 밤에는 촛불을 켰다. 소련의 압력에서 풀려난 각국의 공산당 수뇌부는 다수 국민의 요구를 온전하게 받아들여 순순히 권력을 내놓았다. 국가가 해체될 것을 각오하고 베를린장벽을 연 동독공산당 수뇌부의 똑같은 태도였다.

루마니아는 유일한 예외였다. 니콜라에 차우셰스쿠(Nicolae Ceaușescu)는 나치와 싸운 전사였지만 독재자가 됐다. 1967년 국가원수가 되어 가족과 친인척을 고위직에 앉혔고 개인숭배를 조장했으며 강력한 공포정치를 폈다. 1989년 12월 루마니아 민중이 민주화를 요구하며 전국에서 시위를 벌이자 그는 경찰에 발포 명령을 내렸다. 시민들이 무장투쟁을 시작하자 경찰과 군의 수뇌부가 '구국전선'을 결성해 혁명에 가담했다. 친위대를 동원하고서도 사태를 수습하지 못한 차우셰스쿠 부부는 헬기로 수도 부쿠레슈티를 탈출했지만 조종사가 협조하지 않은 탓에 국경 근처에서 붙잡혔다. 구국전선은 즉시 군사재판을 열어 사형을 선고했고 방송국은 군인들이 180발의 총탄을 퍼부은 사형집행 실황을 중계했다. 독재자 부부의 시신은 공동묘지에 비석도 없이 따로따로 묻혔다.

마지막은 소련이었다. 1989년 3월 인민대의원대회 선거가 혁명을 예고했다. 각본에 따라 형식적으로 치르던 예전과 달리 치열한 경쟁이 벌어졌다. 오랫동안 권력을 누리던 중앙과 지방의 당 관료들이 무더기로 낙선하고 이름난 작가·과학자·예술가와 무명의 시민운동가들이 당선했다. 대의원 당선자 대부분이 평당원이었으며 당 간부는 15%에 지나지 않았다. 소수 간부들의 결정을 승인하는 거수기였던 인민대의원대회가 국가의 미래를 결정하는 공적 정치공간으로 바뀌었다. 체르노빌 핵발전소 참사와 아르메니아 대지진, 유가 하락과 재정위기로 국민경제가 휘청거리는 상황에서 자유로운 정치 공간이 열리자 좌우 정치세력이 모두 고르바초프를 공격했다. 공산당과 정부의 고위 관료들은 기득권을 잃은 데 격분해 페레스트로이카를 비난했으며 급진 민주주

의자들은 국민의 불만을 등에 업고 정부에 도전했다.■

1990년 3월 인민대의원대회는 소련 헌법 제6조 공산당의 권력 독점 조항을 폐지함으로써 볼셰비키가 만든 국가의 권력구조를 허물었다. 고르바초프는 연방 대통령직을 신설하자는 공산당과 최고 소비에트의 제안을 마지못해 받아들였고 인민대의원대회는 그를 연방대통령으로 선출했다. 그러나 공산당의 권력 상실은 곧 서기장 고르바초프의 권력 상실이었다. 그는 연방정부를 유지하기를 바랐지만 소련은 청 제국이 신해혁명에 무너진 것처럼 허물어졌다.

소련 해체의 주동자는 단연 보리스 옐친(Boris Yeltsin)이었다. 급진 '민주러시아운동'을 이끌었던 그는 러시아가 연방의 족쇄에서 풀려나기만 하면 금방 세계 최고 선진국이 될 것처럼 호언장담하면서 러시아공화국의 주요 선거에서 표를 모았다. 그가 주도한 러시아공화국 의회는 연방이 아니라 러시아공화국이 주권을 행사한다고 선언했다. 그러자 우즈베키스탄·몰도바·벨라루스·투르크메니스탄·아르메니아·타지키스탄·카자흐스탄·키르기스스탄 등 소련의 모든 공화국이 뒤를 따랐다. 옐친이 러시아공화국의 연방 탈퇴를 예고하자 러시아공화국 의회는 연방정부에 납부하는 부담금을 크게 삭감하고 공화국 법률이 연방 법률에 우선한다고 선언했다. 다른 공화국이 같은 결정을 하자 연방정부는 껍데기만 남았다. 1991년 6월 선거에서 옐친은 압도적인 득표율을 기록하며 러시아공화국 대통령이 됐다. 고르바초프는 미합중국처럼 강력한 연방정부를 유지하면서 경제개혁과 민주화를

■ 미하일 고르바초프 지음, 『신념』, 368~370쪽.

추진하고 싶었지만 옐친은 그럴 뜻이 없었다.

소련의 최후는 희극에 가까웠다. 1991년 8월 17일 연방의 보수파 고위 관리들이 고르바초프를 별장에 감금하고 통신을 단절했다. 국가비상사태를 선포하고 사임하라는 요구를 고르바초프가 화를 내며 거부하자, 그들은 8월 19일 국가비상사태위원회를 구성해 비상사태를 선포했다. 모스크바 도심에 탱크와 장갑차를 배치했던 보수파의 쿠데타는 '3일천하'로 끝났다. 고르바초프가 시골 별장에 갇혀 있던 그 시간에 옐친이 탁월한 선동 능력으로 민심을 장악했다. 그는 고르바초프가 임명한 군과 정부와 공산당의 간부들이 쿠데타를 공모했다는 사실을 강조했다. 러시아 의회는 낫과 망치가 든 소련 국기를 버리고 러시아 제국 시절에 썼던 삼색기를 새로운 국기로 채택했다. 비밀경찰 창설자 기념비를 철거하고 쿠데타에 저항하다 숨진 이들의 장례식을 열었다.

고르바초프는 공산당 서기장직을 사임했다. 옐친은 소련공산당의 부동산과 자산을 국유화하고 공산당 활동을 금지했다. 우크라이나를 필두로 몰도바·아제르바이잔·키르기스스탄·타지키스탄·아르메니아·우즈베키스탄이 독립을 선포했다. 1991년 12월 25일, 고르바초프는 이름만 남아 있던 연방 대통령직까지 사임했다. 그렇게 최초의 사회주의국가 '소비에트사회주의공화국연방'은 지나간 역사가 됐다. 20여 년이 흐른 뒤 고르바초프는 자기가 한 일에 대해서 이렇게 말했다.■

최고 지도자 자리에 올랐을 때 눈앞에 놓인 조국의 모습을 바꾸기

■ 같은 책, 413~414쪽. 고르바초프의 가족사와 성장 과정에 관한 정보는 모두 이 책에서 가져왔다.

로 한 그 결정을 나는 후회하지 않는다. 그때 내가 한 선택이 옳다고 생각한다. 나는 지금도 자유·평등·정의·연대감이 사회적·정치적 가치의 핵심이라고 믿는다. 그런 것이 없는 사회는 전체주의나 독재가 된다고 확신한다. 나는 내가 시작한 페레스트로이카를 내가 원하는 방향으로 이끌어가지 못했다. 소련과 세계 정치에 엄청난 빚을 졌다.

미하일 고르바초프

독일 통일의 주역은 동서독 국민과 정치 지도자들이었다. 동유럽 민주주의혁명도 마찬가지였다. 그러나 고르바초프가 없었다면 그런 방식으로 그토록 신속하게 국가의 통합을 이루거나 체제를 전환하지는 못했을 것이다. 독일 통일과 동유럽 민주주의혁명은 어느 정도 '고르바초프가 준 선물'이었던 셈이다. 뜻한 바가 무엇이었든, 고르바초프는 소련을 해체하고 동유럽을 민주화했으며 냉전시대를 끝냈다. 자기 조국을 제외한 모든 곳에서 사랑과 존경을 받았다. 그는 어떤 사람이었으며, 왜 그런 일을 했는가.

고르바초프는 1931년 러시아 남서부의 고지대 스타브로폴에서 태어났다. 부계는 러시아 빈농 또는 농노였고 모계는 우크라이나에 뿌리를 뒀다. 스타브로폴은 데카브리스트 장교 스물다섯 명이 유배 생활을 한, 춥고 건조하고 가난한 제정러시아의 변방이었다. 고르바초프는 스탈린 시대에 유년기와 청소년기를 보냈다. 소련 정부가 농업 집단화 정책에 저항한 농민을 탄압하고 그로 인해 찾아든 대기근에 굶어 죽는 사람이 속출한 시기였다.

조부는 가족을 살리려고 종자용 곡식을 먹었다가 태업 혐의로 체포되어 벌목장에서 유배형을 살았고 외조부는 트로츠키파로 몰려 모진 고초를 겪었다. 제2차 세계대전 때는 스타브로폴을 점령한 독일군에게 온 가족이 학살당할 뻔하기도 했다.

고르바초프는 인생 대부분을 고향에서 보냈다. 모스크바대학 법학부에 들어간 1950년에 처음으로 고향을 떠났지만 대학을 졸업하고 바로 돌아왔다. 대학생 시절 공산당에 가입했고 우크라이나 출신 라이사와 혼인했으며 1955년에 스타브로폴 검찰청 인턴으로 사회생활을 시작했다. 당 활동을 하면서 농업경제학을 공부한 것이 출세의 디딤돌이 됐다. 1970년 스타브로폴 시당위원회 제1서기가 된 고르바초프는 모스크바의 공산당 고위인사들과 교류하면서 과도한 중앙집권체제의 모순을 직시했다. 그는 모든 변화를 거부하는 것이 소련 체제의 병리현상이며 공산당 권력자들도 그렇게 생각하지만 모험을 하고 싶지 않아서 문제를 방치한다고 판단했다.

고르바초프는 1978년 11월 공산당 중앙위원회 농업 담당 서기로 모스크바에 입성했다. 당시 서기장은 늙고 쇠약해진 레오니트 브레즈네프(Leonid Brezhnev)였다. 브레즈네프는 이슬람 근본주의자의 도전에 직면한 친소 세력의 지원 요청을 받고 1979년 12월 아프가니스탄을 침공했다가 국가를 위기에 빠뜨렸다. 미국이 곡물 수출을 중단하는 등의 보복조처를 하자 심각한 식량 부족 사태가 소련을 덮쳤다. 아프가니스탄 전쟁이 끝도 없이 이어지는 가운데 레이건 대통령의 '스타워즈' 계획에 같은 방식으로 대응하느라 국가 재정은 바닥이 났다. 그런데도 공산당 간부 유리 안드로포프(Yurii Andropov)와 체르넨코는 치열한 '궁정암투'를 벌였다.

1982년 11월 10일 브레즈네프가 사망했다. 서기장 자리를 쟁취한 안드로포프는 별로 하는 일 없이 지내다가 열다섯 달 만에 죽었다. 후임자 체르넨코도 서기장 자리에 겨우 열세 달 머무르다 세상을 떠났다. 체르넨코가 사망한 1985년 3월 10일 밤, 몇몇 정치국원과 지방당 책임자들이 고르바초프를 찾아왔다. '늙은 환자'에게 국정을 맡기는 데 신물이 난 그들은 정치국에서 가장 젊고 똑똑하고 지방당 조직의 사정을 잘 아는 54세의 고르바초프가 서기장이 되기를 원했다. 이튿날 정치국은 만장일치로 그를 서기장에 추천했고 중앙위원회 전체회의도 이견 없이 승인했다.

고르바초프는 3월 11일 밤 중앙위원회 전체회의에서 한 첫 연설에서 오래된 개혁 구상을 밝혔다. '과학기술의 진보와 보조를 맞추게끔 경제정책을 전환'하고 '경제 관리 시스템을 개선'하며 '민주주의를 발전'시키는 것을 내정의 중요한 과제로 설정하고 핵무기 동결과 군비축소를 통한 평화 유지를 외교정책의 목표로 삼는다는 내용이었다. 고르바초프는 볼셰비키혁명 이후 태어난 첫 공산당 서기장이었다. 문제의 심각성을 알면서도 위험을 피하려고 외면했던 전임자들과 달랐다. 페레스트로이카(개혁)나 글라스노스트(개방)라는 말을 아직 쓰지 않았다.■ 그러나 그 연설에서 대전환의 방향을 제시했다는 것은 의심할 여지가 없다. 고르바초프가 1986년 3월 소련공산당 제27차 대회에 제출한 「중앙위원회의 정치보고」에도 페레스트로이카와 글라스노스트라는 말은 없었다. 그러나 그 보고서는 고르바초프의 전망과 그가 직

■　순수 러시아 말인 페레스트로이카는 '재건하다' '재편하다'라는 뜻이고 글라스노스트는 '자유롭게 말한다'라는 뜻이다.

면한 난관을 분명하게 드러냈다.

고르바초프는 구체제에서 순조롭게 성장해 권좌에 올랐다. 다른 정치국원과 지방 당 책임자들도 비슷했다. 구체제를 타고 정상에 오른 권력자가 구체제 인물들에게 둘러싸인 가운데 근본적인 체제 혁신을 추진했다. 그런 점에서 고르바초프를 '사회주의 계몽군주'라고 할 수도 있을 것이다. 그는 「중앙위원회의 정치보고」 앞부분에 레닌 어록을 인용하는 방식으로 마르크스주의와 볼셰비키혁명을 찬양하는 말을 늘어놓고 미국을 중심으로 한 서방진영의 사회적 불평등과 대결적 군사정책을 장황하게 비난했다. 구체제 사람들을 안심시키기 위해 '판에 박힌' 말을 늘어놓은 것이다. 그러나 본론에서는 과도한 중앙통제로 인한 경제정책의 실패를 통렬히 지적하고 개인의 권리와 자유를 억압한 정치체제의 결함을 솔직하게 인정했다. 동유럽 우방에 대한 패권주의적 간섭을 철폐하겠다는 의지도 분명하게 밝혔다.[■]

고르바초프는 얼마 뒤 자신의 노선을 분명하게 드러내기 위해 페레스트로이카라는 말을 쓰기 시작했고 체르노빌 참사의 실상을 확인한 뒤에는 글라스노스트도 함께 거론했다. 1987년에는 소련공산당 평당원과 국민 그리고 세계인의 이해를 돕고자 『페레스트로이카』라는 책을 출간했는데, 160개 나라에서 64개 언어로 나온 이 책은 문장과 서술 방식이 「중앙위원회의 정치보고」와 확연히 다르지만 내용은 거의 같다. 다음은 고르바초프다운 생각을 펼친 몇 대목이다.[■■]

[■] 소련공산당 중앙위원회 프로그래스출판사 편, 김정민 옮김, 「페레스트로이카의 기본전략」, 이성과현실, 1990, 43~152쪽.

[■■] 미하일 고르바초프 지음, 「페레스트로이카」, 19·29~30쪽.

소련은 철강과 원자재와 석유와 에너지를 세계에서 가장 많이 생산하는데도 비효율적으로 낭비한 탓에 물자가 부족하다. 곡물을 세계에서 가장 많이 생산하는데도 매년 수백만 t의 사료용 곡물을 수입한다. 인구 천 명당 의사와 병상 수가 세계 최고인데도 보건 시설은 두드러지게 부족하다. 우리의 로켓은 혜성을 추적하고 놀라울 정도로 정확하게 금성까지 날아가지만 가정용 전기제품의 품질은 초라하기 그지없다.

우리 사회에는 사실상 실업이 없다. 게으르거나 작업 규칙을 위반해 해직당한 사람에게도 다른 직업을 준다. 부적격 노동자도 꽤 안락하게 지내기에 충분한 임금을 받는다. 내놓고 기생충처럼 사는 사람의 아이들도 보살펴준다. 우리는 부정직한 자들이 사회주의의 이러한 이점을 악용한다는 것을 안다. 그들은 권리만 찾고 의무는 모른 척하며 불로소득으로 산다.

사회 모든 분야의 폭넓은 민주화가 필요하다. 민주주의가 정상적으로 발전했다면 당면한 여러 어려움을 피할 수 있었을 것임을 우리는 안다. 역사가 준 이 교훈을 잊지 않을 것이다. 사회주의에 내재한 민주주의 형식의 일관된 발전을 이루어야만 생산, 과학과 기술, 문화와 예술의 진보를 이룰 수 있다. 페레스트로이카는 민주주의를 통해서만 구현할 수 있다.

소련의 어두운 역사

고르바초프를 이해하려면 소련의 역사를 살펴야 한다. 레닌은 혁명가였고 스탈린은 차르였다. 스탈린은 잔혹하고 무자비한 정치 테러로 중앙통제 계획경제와 공산당 일당독재체제를 수립했다. 그는 농촌을 사회주의 집단농장으로 바꾸면서 부농과 자영농 수백만 명을 끌어다 수용소에 가두거나 운하와 철도를 만드는 일에 투입했다. 혁명 당시 페트로그라드 무장봉기의 주역 가운데 하나였던 세르게이 키로프가 의문의 암살을 당한 1934년 12월부터 시작한 대숙청의 희생자는 정확한 통계조차 없다. 스탈린은 키로프 암살이 트로츠키 추종자의 소행이라면서 공산당 고위간부와 고참 혁명가를 비롯해 외교관·장교·작가 등을 거쳐 평범한 시민들까지 수없는 인명을 살상했다. 공산당 중앙위원이자 원로 혁명가 그리고리 지노비예프와 레프 카메네프, 총사령관 미하일 투하쳅스키, 정치국원 니콜라이 부하린 등 원조 공산주의자를 줄줄이 처형했다. 숙청의 칼날에 직면하자 스스로 목숨을 끊은 혁명가와 노동조합 지도자도 숱하게 많았다. 그들에게 국제 파시스트의 앞잡이, 트로츠키주의자, 반당분자, 독일 스파이 따위의 혐의를 씌웠다. 비밀경찰은 새벽에 희생자의 집에 들이닥쳤다. 재판도 하지 않고 처형장이나 수용소로 끌어갔다. 소련 인민은 이웃과 친지의 밀고를 두려워하며 눈을 감고 귀를 닫고 입을 다문 채 살았다.

소련은 나치 독일과 다르지 않은 사회였다. 스탈린은 '태양처럼 빛나는 지도자'가 되어 노동조합과 농민단체를 비롯한 사회조직을 공산당의 손발로 삼았다. 문학과 예술을 공산주의와 스탈린주의를 선전하는 수단으로 전락시키고 언론·출판·집회·결사·

학문·사상의 자유를 말살했다. 대외정책은 국내 정치의 연장이었다.

금속노동자 출신 사회주의혁명가 요시프 브로즈 티토(Josip Broz Tito)는 수십만 명 규모의 해방군을 조직해 발칸반도를 점령한 독일과 이탈리아 군대를 몰아내고 '유고슬라비아사회주의공화국연방'을 수립했다. 오늘날의 슬로베니아, 크로아티아, 몬테네그로, 보스니아-헤르체고비나, 마케도니아, 세르비아, 코소보를 아우르는 나라였다. 티토는 소련의 패권을 거부하고 독자적인 사회주의 경제정책을 펼치면서 비동맹 중립노선을 표방했다. 스탈린은 유고슬라비아공산당을 제국주의 앞잡이로 몰아 국제 공산주의 조직에서 축출하고 폴란드공산당 제1서기 브와디스와프 고무우카, 헝가리 내무장관 라슬로 라이크, 불가리아 부수상 이반 코스토프를 비롯해 민족주의 성향을 보인 동유럽의 공산당 지도자를 모조리 숙청했다.

1953년 집권한 니키타 흐루쇼프는 스탈린 격하운동을 벌였지만 개인숭배를 비판하는 데 그쳤을 뿐 체제에는 손대지 않았다. 집권 초기에 소비재 경공업을 진흥해 인민의 삶을 개선하고자 노력하고 쿠바 미사일 위기를 대화로 해결하는 등 평화 공존을 도모했다. 그러나 동유럽 사회주의국가를 폭력으로 지배한 패권주의 행태는 버리지 않았다. 1956년 6월 폴란드 노동자들이 반소 폭동을 일으키자 내정에 간섭해 개혁파를 주저앉혔고, 같은해 10월에는 헝가리 민주혁명을 탱크로 짓밟았다. 부다페스트의 학생과 시민들이 일당독재 철폐와 소련군 철수 등을 요구하며 벌인 시위가 대규모 노동자 파업으로 이어지자 너지 임레를 비롯한 개혁파가 정권을 잡고 바르샤바조약기구 탈퇴를 선언했다. 그러자 소련군은 바르샤바조약기구 회원국 군대와 함께 헝가리 전역을 점령했다. 부다페스트의 학생과 시민 2천여 명이 시가전을 벌이다 목숨을 잃었다. 소련군은 너지 총리를 포함해 개혁파 정치인 수백 명을 루마니아 등으로 끌어가 처형했다.

소련공산당 수뇌부는 1964년 10월 중앙위원회 총회에서 흐루쇼프를 해임하고 브레즈네프를 서기장 자리에 올렸다. 브레즈네프는 스탈린 격하운동을 중단하고 독재를 강화했다. 미국과 군축협상을 하고 핵확산 금지협정을 체결하는 등 일부 전향적 태도를 보였지만 동유럽에 대해서는 흐루쇼프보다 더한 강경책을 폈다. 대표적인 사례가 '프라하의 봄'이다. 1968년, 체코 수도 프라하의 시민들이 민주주의혁명을 일으켰다. 공산당 서기장 둡체크는 '인간의 얼굴을 한 사회주의'를 내세우며 자유선거와 복수정당 제도를 도입하고 노동자의 기업 자주관리 제도를 시행하려 했다. 8월 20일 밤 소련 군대는 체코슬로바키아를 침공해 둡체크를 비롯한 공산당 지도자들을 체포했고 돌과 화염병을 던지며 저항하는 프라하 시민들을 짓밟았다. 브레즈네프는 중국과 국경분쟁을 일으키고 아프가니스탄을 침공하는 등 세계적 긴장을 조성하고 소련 경제를 침체의 늪에 빠뜨렸다. 안드로포프와 체르넨코는 스치듯 권좌를 거쳐갔을 뿐 아무것도 바꾸지 않았다. 고르바초프는 권력을 차지하려고 싸우지 않았다. 가만히 있는 그에게 권력이 다가왔을 뿐이다.

위대한 실험의 참담한 실패

공산주의 또는 사회주의 사상은 자본주의체제의 품에서 태어났다. 산업혁명 이후 유럽 사회의 대세가 된 자본주의체제는 눈부신 생산력의 발전과 함께 극심한 경제적 불평등을 불러들였다. 사회주의자들은 경제적 불평등의 근본원인인 생산수단의 사적 소유를 폐지함으로써 인간에 대한 인간의 착취를 끝내겠다는 원대한 꿈을 꿨다.

한때는 성공을 거둔 듯했다. 그들은 1917년의 낡고 뒤떨어졌던 러시아를 불과 20년 사이에 독일군과 현대전을 벌일 수 있는 산업국가로 키웠다. 과학기술을 발달시켜 미국의 핵 독점을 깨뜨렸고 세계에서 가장 먼저 우주선을 지구궤도에 올렸다. 동유럽과 중국 대륙을 붉은 깃발로 뒤덮어 서구 사회를 두려움에 떨게 했다. 아시아·아프리카·라틴아메리카의 여러 신생국은 소련과 중국을 성공모델로 삼았고 스탈린과 마오쩌둥을 추종하는 청년 사회주의자들은 무장투쟁을 감행했다.

사회주의국가는 모든 국민에게 일자리를 주고 주택과 식량을 배급했으며 교육 기회와 기본 의료혜택을 제공했다. 인신매매와 조직폭력을 비롯한 사회악이 현저히 줄었고 사회를 분열시킬 정도의 심각한 빈부격차는 사라졌다. 그러나 그것은 지속 가능한 성공이 아니었다. 보이지 않는 곳에 체제의 뿌리를 뒤흔들 위험 요소가 쌓였다. 소련공산당의 권력자들은 그 위험을 아예 인지하지 못했거나 알면서도 모른 척했다. 고르바초프가 권좌에 오를 때까지 어느 누구도 위험을 감수하면서 문제를 해결하려고 하지 않았다.

사회주의 경제체제의 핵심은 생산수단을 개인이 아니라 '모든 인민 또는 사회'가 소유한다는 것이다. 그런데 생산수단에 대한 소유권을 법률로 폐지한다고 해도 의사결정권 자체는 없앨 수 없다. 누군가는 공장과 기계와 원료를 조달하고 생산과정을 관리하고 생산물을 처분하고 수익을 분배하는 데 필요한 의사결정을 해야 하며 어떤 방법으로든 집행해야 한다. 자본주의체제에서는 생산수단에 대한 법적 소유자가 그 권한을 행사한다. 소련에서는 '국가'가 그 권한을 차지했다. 그런데 실제로 존재하는 것은 '국가'가 아니라 '정부'고, 더 정확하게는 정부를 구성하는 사람이다. 소련은 공산당 일당독재체제였으므로 중앙과 지방의 공산당 간부들이 의사결정권을 행사했다. 노동자와 농민 또는 인민은 원리상 생산수단의 소유자였지만 현실에서는 소유권을 행사할 수 없었다.

농민은 집단농장에서 일하면서 정부가 정한 가격에 농산물을 내놓았다. 노동자도 정부가 정한 급여를 받으며 시키는 대로 일했다. 공장과 기업은 정부가 정한 생산목표를 달성해야 했다. 사장이 아니라 공산당 간부의 지휘를 받고 기업이 아니라 국가에서 주는 임금을 받는다는 점 말고는 자본주의와 다를 게 없었다. 사회주의혁명가들은 인류를 구원하겠다는 사명감에 불탔지만 모든 인민이 그들과 같지는 않았다. 노동자들은 직장에서 적당히 시간을 보냈고 농민들은 개인 소유가 허락된 텃밭에서 정성껏 감자와 채소를 재배하고 소를 키웠다. 작업 실적에 따라 성과급을 주는 인센티브 제도를 실시해도 별 효과가 없었다.

사회주의 혁명정신으로 모든 사람을 오랫동안 열심히 일하게 하지는 못한다. 공산당이 모든 것을 결정했기 때문에 인민은 책임의식을 가질 필요가 없었다. 경제위기의 원인은 인민이 아니라 제도에 있었다. 중앙통제 계획경제에서는 정부가 모든 것을 계획하고 실행한다. 공산당 간부와 경제 관료들은 어떤 재화와 서비스를 얼마만큼 생산할지 결정할 때 소비자인 인민의 욕구를 존중하지 않았다. 기업 경영자들은 할당받은 생산목표를 초과 달성하는 것만을 목표로 삼았다. 인력과 비용을 절감하고 품질을 개선하기 위해 새로운 과학기술을 활용하거나 생산방식을 혁신하는 일에 관심이 없었다. 그래서 고르바초프가 개탄한 것처럼 에너지와 철강과 곡물의 최대 생산국인데도 연료와 식량과 원자재가 늘 부족했고 세계 최고 수준의 항공우주기술을 보유했는데도 가전제품의 품질이 형편없었던 것이다.

서기장이 된 고르바초프가 가장 먼저 한 일이 알코올중독 퇴치사업이었던 것은 우연이 아니다. 소련 정부는 니콜라이 오스트롭스키(Nikolai Ostrovskii)의 소설 『강철은 어떻게 단련됐는가』를 '인민 필독서'로 여겼지만 그가 묘사한 청년 공산주의자의 눈물겨운 헌신과 자기희생은 옛이야기에 지나지 않았다. 일할 희망과 동기를 빼앗긴 인민들은 술로 절망을 달랬다. 소련 사회에 만연했던 알코올중독은 체제가 만든 사회적 질병이었다.

소련은 미국을 상대로 한 핵무장 경쟁에서는 뒤지지 않아도 체제의 효율성 경쟁에서는 패배했다. 소련·동유럽 사회주의 국가들은 서방의 자본주의 선진국을 빠른 속도로 추격했지만 과학혁명이 생산기술과 산업구조의 급속한 변화를 몰고 온 1970년대부터 뒤처져서 순식간에 격차가 크게 벌어졌다. 서방 세계의 주력산업은 철강·석탄·기계·금속·화학공업에서 반도체·컴퓨터·신소재·생명공학·문화·정보통신 등 새로운 산업으로 이동했고 전통 산업도 신산업과 결합해 발전 속도가 빨라졌다. 반면 사회주의국가들은 신산업을 스스로 일구지 못했다. 서방 진영의 산업기술과 신소재 수출 봉쇄 탓에 밖에서 들여올 수도 없었다.

사회주의혁명가들은 계급 착취와 억압을 철폐함으로써 사회를 '자유로운 개인의 자발적 결사체'로 바꾸려 했다. 생산수단의 사적 소유를 폐지하고 사회제도를 바꾸면 인간의 의식과 가치관과 사회적 관계도 바뀌리라고 믿었다. 하지만 그들이 선택한 방법으로는 '약속의 땅'에 발을 들일 수 없었다. 공산당은 중앙통제 계획경제를 실현하기 위해 생산과 관련한 의사결정권을 독점했다. 그러기 위해 개인의 자유를 말살하고 교육과 언론을 장악했다. 사상과 표현과 직업 선택의 자유가 사라진 세상에는 '자유로운 개인'도 '자발적 결사체'도 존재할 수 없다. 그들은 자기네가 타도한 체제 못지않게 비인간적인 사회를 만들었다.

사회주의체제가 무너졌을 때 볼셰비키혁명의 주역은 이미 죽고 없었으므로 그들의 소회를 들을 기회는 없었다. 그러나 동유럽의 '모범 사회주의국가' 동독은 달랐다. 동독공산당 서기장이었던 호네커는 젊은 시절 나치에 맞서느라 옥고를 치른 이상주의자였다. 베를린장벽이 무너지자 소련으로 달아났다가 독일로 송환되어 권력남용과 부정부패 혐의로 재판을 받았다. 호네커는 자신의 사상을 굽히지 않았고 그 재판을 정치적 보복이라고 비난했으며 고르바초프를 사회주의혁명의 배신자로 규정했다. 말기 암 진단을 받았다는 이유로 당국의 허락을 받아 칠레의 딸 집에서 지내며 '사회주의혁명가로 살아온 일생'에 관한 회고록을 쓰다가 1994년 사망했다. 호네커의 인생은 정의감과 도전정신으로 출발해 한때 극적인 승리와 영광을 안았지만, 결국 수치스러운 몰락으로 끝난 소련·동유럽 사회주의 역사의 축소판이었다.

동독은 본래 발전한 산업국이었고 나치 전범을 철저하게 숙청했으며 나치와 싸운 전사들이 권력을 잡았으니 출발이 나쁘지 않았다. 바이마르공화국 시절에는 시민들이 민주주의를 경험하기도 했다. 문제는 동독공산당이 모든 면에서 소련을 모방했다는 데 있었다. 1989년 민주화 시위 때 시민들이 슈타지(국가보안부) 본부를 습격해 탈취한 기밀문서는 정부가 시민의 일상을 얼마나 치밀하게 감시했는지 증명했다. 마음을 트고 지낸 친구와 친척, 심지어는 배우자가 슈타지에 자신에 관한 정보를 제공했다는 사실을 확인한 시민들은 당혹감을 추스르지 못했다.

고르바초프는 사회주의체제가 막다른 골목에 봉착했고 소련은 이등 국가로 전락했다는 사실을 인정했다. 서방과 평화롭게 공존하면서 경제 시스템을 바꾸고 민주주의를 점진적으로 확대하려 했다. 그것이 페레스트로이카와 글라스노스트의 목적이었다. 그러나 그 시도는 실패로 끝났다. 전임자들이 몸을 사린 데는 그만한 이유가 있었다. 철벽과도 같았던 사회주의체제는 한 귀퉁이가 무너지자 끝을 알 수 없는 혼돈 속으로 추락했다. '마지막 낭만적 공산주의자' 고르바초프는 세계를 바꿨지만 자기 조국을 잃고 공산주의 역사의 휴지통에 던져졌다.▪

▪ 게일 시히 지음, 이병호 옮김, '고르바초프」, 백상, 1991, 434쪽.

프라이카우프

고르바초프는 독일인에게 통일을 선물하지 않았다. 원할 경우 통일할 수 있는 기회를 줬을 뿐이다. 독일 통일은 서독 정부와 시민들이 채비를 갖췄고 동독 인민이 원했기 때문에 이루어졌다. 가장 큰 공은 서독 정당과 정치인의 몫이다. 동독공산당보다 그들이 실질적으로 사회주의 이상에 더 가까운 경제체제를 만들었다. 패전의 후유증이 가시지 않은 1950년대에 우파 기독민주당과 중도 자유민주당 연립정부는 '사회적 시장경제'의 기초를 다졌고 사회민주당이 체제를 완성했다. 독일 보수주의자와 자유주의자들은 자본주의체제의 결함을 인정했다. 경제가 꾸준히 안정적으로 발전하려면 사회정의에 대한 시민의 인식을 존중하고 서민의 생활안정을 보장해 사회평화를 이루어야 한다고 믿었다.

서독은 동독을 흡수 통일할 만한 자격을 갖춘 나라였다. '라인강의 기적'이라는 고도 경제성장을 이뤘을 뿐만 아니라 실업보험·의료보험·노후보험·산재보험·공적부조 등 각종 사회보장정책을 촘촘히 구축했다. 기회의 평등을 보장하기 위해 모든 고등교육기관을 주정부에서 운영하고 등록금을 받지 않았으며 가난한 청년들에게는 학업에 집중할 수 있게끔 생활비를 지원했다. 노동조합의 활동을 완벽하게 보장했고 상장 대기업의 감사위원회에 근로자 대표를 포함시켜 경영 정보를 공유하도록 법률로 강제했다. 언론·출판·집회·결사·사상·학문의 자유를 비롯한 시민의 기본권을 보장하고 정당정치와 지방자치제를 흠잡을 데 없이 가꿨다. 사유재산제도와 경쟁을 핵심으로 하는 시장경제 원리를 기본으로 하면서도 19세기부터 사회주의자들이 주장해온 정책을 대폭 수용한 것이다.

서독은 체제경쟁에서 일찌감치 승리했다. 수많은 증거가 있지만 '프라이카우프(Freikauf)' 하나로 충분하리라 생각한다. 프라이카우프는 '돈으로 자유를 산다'는 뜻이다. 1960년대 초 동독에는 1만 2천여 명의 정치범이 있었다. 서독 정부는 그들을 구출하려고 여러 시도를 했고, 1963년 동독 정부가 처음으로 협상에 응했다. 첫 번째 '거래'에서 여덟 명을 넘겨받고 34만 서독마르크(DM)를 지불했다. '몸값' 산정 근거는 교육비였다. 당시 환율로 계산하면 총액 8만 5천 달러, 한 사람당 1만 달러 조금 넘었다. 학력과 직업에 따라 달랐던 몸값은 점점 올라가 1989년에는 평균 10만 마르크, 그 시점의 환율을 적용하면 5만 달러에 육박했다.

통일 이후 독일 정부가 밝힌 바에 따르면 서독은 26년 동안 35억 마르크를 지불하고 동독 시민 3만 3,755명을 데려왔다.■ 거래를 계속하려면 비밀을 유지해야 했기에 통일 전까지는 아무도 그 일을 거론하지 않았다. 프라이카우프는 콘라트 아데나워(Konrad Adenauer) 총리의 기민당-자유당 중도보수 연립정부에서 시작해 빌리 브란트(Willy Brandt)와 헬무트 슈미트(Helmut Schmidt) 총리의 사민당-자유당 중도진보 연립정부를 거쳐 헬무트 콜 총리의 중도보수 연립정부까지 모든 정부가 이어받았다. 어떤 정파도 관련 정보를 공개하거나 정쟁의 대상으로 삼지 않았다. 서독 정부는 인도적 지원과 동독 교회에 대한 지원을 명분으로 슈타지가 설립한 위장단체에 현금이 아닌 현물을 제공했다. 슈타지는

■ www.bundesregierung.de/breg-de/aktuelles/haeftlingsfreikauf-letztes-kapitel-422280.

그것을 주로 국내에서 사용했지만 일부는 국제시장에 내다 팔았고, 그렇게 획득한 외화를 국가계좌와 호네커 개인계좌에 넣었다. 서독 정부가 통일을 며칠 앞두고 구리·석유·소형트럭 등으로 베를린장벽 붕괴 직전에 넘겨받은 정치범의 몸값 잔금을 지불한 것이 마지막 거래였다.

독일 통일은 동독을 해체하고 서독 체제를 그대로 적용한 '흡수 통일'이었다. 그러나 폭력으로 강제한 것이 아니라 동독 시민의 '몸으로 한 국민투표'와 동서독 정부의 합의에 따라 평화적으로 이룬 '합의통일'이었다. 갑자기 통일했으니 부작용이 없었을 리 없다. 가장 심각한 문제는 실업이었다. 신탁관리청이 경쟁력 없는 동독 국영기업을 정리하고 우량 자산을 떼어 국내외 투자자에게 매각하자 많은 노동자가 직장을 잃었다. 해고를 면한 노동자들은 같은 일을 하는 서독의 노동자보다 훨씬 적은 임금을 받았다.

토지소유권 분쟁에 따른 혼란도 만만치 않았다. 소련군정과 동독 정부의 토지개혁으로 집과 땅을 빼앗긴 사람이 100만 명을 넘었다. 250만 건을 넘는 소유권 소송이 벌어져 부실기업의 자산을 정리하거나 도시계획을 집행하는 데 큰 어려움을 겪었다. 법원 판결에 따라 살던 집에서 쫓겨난 이도 많았다. 정부는 슈타지와 협력한 대학교수·공무원·군인을 해고했다. 동독 국영 방송국과 국영 신문사 직원도 대부분 직장을 잃었다. 공업단지와 소련군 주둔지의 토지 오염도 심각했다. 동서독 화폐를 통합할 때 동독 화폐의 가치를 과대평가한 탓에 한동안 물가인상률이 높았다.

동독 지역에 복지제도를 확대적용하면서 연방정부 재정에 경고등이 켜졌다. 정부가 실업수당, 의료보험 혜택, 양육보조금,

주택보조금, 재해보상금 등의 복지예산을 삭감하자 서독 납세자의 불만이 커졌다. 마침 유럽 전체가 불황이어서 서독 지역의 실업자가 250만 명을 넘어섰고 독일 전체로는 400만 명에 육박했다. 유고슬라비아연방이 해체된 후 내전이 터진 발칸반도에서 수십만 명의 난민이 들어오면서 주택가격이 치솟았으며, 네오나치 폭력배들이 외국인과 난민 탓이라며 독일과 터키의 협정에 따라 합법적으로 취업한 터키인을 폭행하고 주택에 불을 지르는 사건이 빈발했다. '베시(Wessi: 돈만 밝히는 거만한 서독놈)'니 '오시(Ossi: 일은 안 하고 불평만 늘어놓는 동독놈)'니 하는 지역 갈등도 생겼다. 국가의 통일이 사회의 분열을 동반한 셈이었다.

그러나 30년이 흐르는 동안 독일은 문제를 대부분 해결하고 거의 완전한 통합을 이뤘다. 통일 독일은 유럽연합(EU) 출범과 유로 통화 통합을 주도했다. 핵발전을 완전히 폐기하고 신재생에너지산업을 선도하면서 국민경제를 활기차고 안정되게 운영했다. 통일 이후 기민당-자유당의 중도보수 연정과 사민당-녹색당의 신구 좌파연정을 거쳐 앙엘라 메르켈(Angela Merkel) 총리의 기민당-사민당 대연정까지, 좌우 극단주의를 배격하고 대화와 타협의 정치를 폈다. 신규 일자리 대부분이 신재생에너지와 환경산업에서 나왔다는 사실이 알려지면서 녹색당은 기민당과 사민당에 버금가는 지지 기반을 확보했다.

20세기는 사회혁명과 전쟁의 시대이자 민주주의의 시대였다. 볼셰비키혁명은 인류의 오랜 꿈을 실현하려는 이상주의 운동의 산물이었지만 비인간적이고 비효율적인 전체주의체제를 낳았으며 민주주의로 전환하는 과정에서 소멸했다. 독일은 전체주의체제일 때 세상을 두 번이나 불바다로 만들고 대학살을 저질렀지만 서독이 민주주의와 사회적 시장경제의 매력으로 베를린장벽을 무너뜨리고 통일을 이뤘으며 문명의 미래를 열어나가는 환경 선진국이 됐다. 사회혁명과 전쟁의 시대를 증언하던 베를린장벽의 붕괴는 20세기가 경제적 자유와 정치적 민주주의의 승리로 마무리됐음을 선포했다. 고르바초프는 소련 사회를 자기 구상대로 바꾸지는 못했지만 20세기의 문을 닫음으로써 인류가 새로운 시대로 나아갈 수 있게 했다.

알 수 없는 미래

역사의 시간

'우주의 시간'에서는 그 무엇도 영원하지 않다. 인간의 삶과 죽음은 특별한 의미가 없는 '원자 배열상태의 일시적 변화'일 뿐이다. 그러나 '역사의 시간'은 다르다. 적어도 태양은 영원하다. 태양도 언젠가는 '별의 죽음'을 맞겠지만 '역사의 시간'은 그러기 전에 끝날 테니 그렇게 말해도 된다. 기껏해야 100년을 사는 인간에게는 '역사의 시간'도 너무나 길다. 그래서 일시적이고 상대적인 것들을 영원하고 절대적인 것인 양 착각하고 집착한다.

20세기는 태양 아래 그 무엇도 영원하지 않은 '역사의 시간'을 체감하기에 좋은 100년이었다. 그토록 많은 것이 사라지고 생겨난 100년은 없었다. 무엇보다 '제국'이 사라졌다. 권력자가 황제를 칭한다고 해서 제국이 되는 것은 아니다. 광대한 지역에 걸쳐 역사와 문화와 종교가 상이한 여러 인간집단을 하나의 질서 아래 통합한 국가라야 제국이라 할 수 있다. 어떤 제국도 20세기의 강을 살아서 건너지 못했다. 청과 러시아는 사회혁명에 무너졌고 오스만제국과 오스트리아-헝가리제국은 전쟁의 포화에 스러졌다. 제국의 자격이 없으면서 제국을 참칭했던 독일과 일본은 '패전의 축복'을 받아 민주공화국이 됐고 '사회주의 제국' 소련은 20세기에 태어나고 죽었다.

'제국주의'도 소멸했다. 현대의 제국주의는 단순한 정복욕의 표현 형식이 아니었다. 과학혁명을 선두한 유럽 국민국가들의 군사적·경제적 대외정책이었다. 다른 지역을 폭력으로 정복해 자원과 노동력을 착취하던 제국주의 국가들은 전쟁에 기력을 탕진한 끝에 아시아·아프리카·라틴아메리카 식민지 민중의 저항에 밀려났다. 그 시대에 위세를 떨친 군국주의는 민주주의가 발전한 유럽에서 먼저 힘을 잃었고, 냉전시대에 군사독재 형태로 일시 유행하다가 지금은 아프리카와 아시아 일부 지역에서 잔명을 유지하고 있을 뿐이다. 세계는 제국도 식민지도 없는 국민국가의 집합이 됐다. 20세기가 시작됐을 때는 아무도 국제질서가 그렇게 바뀌리라고 상상하지 못했을 것이다.

열병과도 같던 사회주의혁명운동이 지나갔다. 한때 사회주의국가의 공식 이념이었던 마르크스주의는 비판적 사회이론으로 합당한 자리를 찾았다. 20세기는 사회주의체제가 인간을 억압과 착취에서 해방하지 못했음을 증명했다. 여전히 사회주의를 내세우는 중국과 베트남도 공산당의 독점적 정치권력을 유지하고 있을 뿐 경제정책은 사회주의와 멀어진 지 오래다. 조선민주주의인민공화국의 사회주의는 권력집단의 기득권을 지키려고 내세우는 정치적 수사에 지나지 않는다.

지구는 작아지고 세계는 한마을이 됐다. 비행기·열차·자동차·선박이 공간을 압축했다. 정보와 자본은 빛의 속도로 국경을 건너뛴다. 모든 것이 서로 얽혔다. 어떤 중대한 사건도 독립해서 일어나지 않는다. 시장경제 또는 자본주의가 경제체제의 표준이 됐다. 개인의 자유와 만인의 평등을 토대로 삼아 권력자를 선출하고 권력을 제한·분산하는 민주주의가 보편적 정치체제로 자리를 굳혔다. 세계는 문화적으로 예전보다 훨씬 균질해졌다.

'우주의 시간'에서 보면 모든 것이 '헛되고 또 헛된' 일이지만 '역사의 시간'에서는 그렇지 않다. 인간은 그 무엇도 영원하지 않다고 믿으면서 불합리한 제도와 관념에 도전했다. 때로 성공했고 때로는 실패했지만, 그렇게 부딪치고 싸우면서 짧고 부질없는 인생에 저마다의 의미를 부여했다. 20세기는 이렇게 말한다. 그렇게 사는 거야. 불가능은 없어. 아무것도 영원하지 않아! 그렇지만 나는 의심한다. 영원한 건 없어도 지극히 바꾸기 어려운 것은 있지 않나? 나는 '역사의 시간'과 '우주의 시간' 사이에 '진화의 시간'이 있다고 생각한다. 어떤 것은 '진화의 시간' 속에서만 달라질 수 있다. '역사의 시간'에서는 바꾸기 어렵다.

부족본능

호모사피엔스는 지적 재능이 뛰어난 종이다. 자신이 '자연선택을 통한 진화'의 산물임을 파악했고 지구가 그리 특별하지 않은 행성이라는 사실을 알아냈다. 양자의 세계를 탐색하고 우주의 시작과 끝을 추적하며 생로병사의 비밀을 파헤치고 인간 두뇌를 대신할 인공지능을 만든다. 가속적으로 발달하는 과학기술은 인간의 일상과 사회적 관계를 지금 상상하기 어려울 만큼 바꿀 것이다.

그러나 '진화의 시간'에서는 아무 일도 일어나지 않았다. 문명이 생긴 뒤로 호모사피엔스가 생물학적 진화를 이뤘다는 증거는 없다. 핵폭탄과 대륙간탄도미사일을 가진 현대 국가의 권력자와 돌도끼를 들고 짐승을 뒤쫓던 석기시대 사냥꾼이 생물학적으로는 똑같다는 뜻이다. 인간은 자연선택을 통한 진화의 과정에서 획득한 본능의 지배를 받는다. '역사의 시간'에서 단연 압도적인 위력을 보인 것은 '부족본능'이었다. 인간은 100명이 넘지 않는 규모의 혈연공동체에서 20만 년 역사의 대부분을 살면서 낯선 것을 경계하고 외부 집단을 적대시하는 본능을 발전시켰다.

인류가 지적 재능을 발휘해 더 높은 수준의 과학기술을 성취할수록 부족본능의 파괴력은 더 커졌다. 20세기에 벌어진 두 차례의 세계전쟁은 그 양상을 극단까지 드러냈다. 부족본능은 '피아(彼我)'를 구분해 세상을 '우리'와 '그들'로 갈라놓는다. 피아 구분의 기준은 그때그때 다르다. 피부색·언어·종교·이념·정치체제 등 무엇이든 상관없다. '우리'와 '그들'을 나눌 수만 있으면 된다. 인류는 과학혁명으로 생산력을 크게 발전시켰을 뿐만 아니라 지구 생태계를 수십 번 절멸할 만한 양의 핵폭탄을 비축했고, 지구 대기의 화학적 구성에 영향을 주어 기후변화를 일으켰으며, 자연에 없는 화학물질을 생산하고 배출해 토양과 해양 생태계를 위기로 몰아넣었다. 그러나 부족본능은 그대로다. 표현형식만 달라졌다.

20세기 지구촌의 대세가 된 부족본능의 표현형식은 '국민국가(nation state)'다. 국민국가는 영토·헌법·국군·국어·국적(國籍)·국기(國旗)·국가(國歌)·국사(國史) 등으로 '우리'의 지리적·정치적·법률적·문화적 경계와 정체성을 형성해 '그들'과 구별한다. 국민의 삶에 큰 영향을 주는 모든 문제에 '주권'을 행사한다. 호모사피엔스는 핵무기와 기후변화 등 '지구적 위기'를 만들 정도로 지적 재능이 뛰어나지만 부족본능 때문에 문제를 해결하지 못한다. 화석연료에서 나오는 이산화탄소와 사육 가축이 내뿜는 메탄은 어느 나라에서 배출하든 상관없이 똑같은 온실효과를 낸다. 핵무기를 보유한 두 나라가 전면 핵전쟁을 벌이면 두 나라 국민뿐만 아니라 인류 전체가 이 땅에서 사라질 수 있다. 지구 표면이 프라이팬처럼 뜨거워지거나 핵겨울이 오는 사태를 예방하려면 인류가 공동행동을 해야 한다. 그것을 몰라서가 아니라 알면서도 하지 못하는 게 인간이다. 핵주권과 환경주권은 국민국가에 있는데, 모든 국민국가는 다른 국민국가를 불신하고 경계한다. 모든 국민국가의 다수 국민은 정부가 인류의 이익보다 자국의 이익을 우선 살피기를 요구한다.

'역사의 시간'에는 부족본능을 없앨 수 없다. 그러나 지적 재능을 최대한 발휘하면 어느 정도라도 관리하고 통제할 수 있다. 오늘의 시점에서는 지적 재능보다 부족본능의 힘이 더 센 듯해 전망이 밝지는 않다. 그러나 유럽연합의 사례를 보면 희망이 아주 없다고 할 수도 없다. 1993년 유럽연합 창설은 20세기의 마지막 중대사건이었다. 열두 나라로 출범해 회원국을 27개로 늘린 유럽연합은 영국이 탈퇴했지만 크게 흔들리지 않았다. 나는 유럽연합이 부족본능에 대한 성찰의 산물이라고 생각한다.

유럽인은 두 번의 세계전쟁을 겪으면서 민족주의와 국민국가 체제가 세상을 멸망시킬지 모른다는 두려움을 느꼈다. 그래서 반세기 동안 끈질기게 노력해 유럽연합을 창설했다. 회원국들은 국민국가의 주권 일부를 포기했다. 유럽을 하나의 시장으로 통합하려고 관세 징수권을 없앴다. 자국 화폐를 폐기하고 화폐발행권을 유럽중앙은행에 넘겼다. 자유로운 통행을 보장하기 위해 국경 통제권을 포기했다. 유럽연합 의회와 집행위원회를 설치해 경제·무역·보건·외교·안보정책을 조율한다. 중요한 정책은 만장일치로 결정하게 함으로써 회원국에 거부권을 부여했지만, 국민국가 체제를 넘어선 초국가 조직이 활동한다는 것 자체는 중대한 진전이다.

다른 지역을 보면 앞이 캄캄하다. 냉전이 끝난 뒤 무력분쟁의 발화점은 '문명 단층선'■으로 옮아갔다. 특히 종교가 부족본능을 부추겼고 권력욕에 사로잡힌 정치가들이 불을 질렀다. 발칸반도의 보스니아-헤르체고비나와 코소보에서 벌어진 '인종청소'가 대표적이다. 냉전 해체기에 유고슬라비아 사회주의연방공화국은 협상과 타협을 거쳐 여러 국민국가로 갈라졌다. 슬로베니아·크로아티아·북마케도니아 등은 압도적으로 우세한 민족집단이 있어서 큰 문제가 없었다. 그러나 오스만제국 시대에 종교가 서로 다른 민족들이 뒤섞였던 지역은 그렇지 않았다.

보스니아-헤르체고비나에는 무슬림계 주민과 가톨릭계 크로아티아인, 정교를 믿는 세르비아인이 고르게 분포해 우열을 가리기 어려웠다. 1992년 1월 세르비아계가 자기네 공화국 수립을 선포하자 무슬림과 크로아티아계가 반격해 무력 충돌이 벌어졌다. 인접한 세르비아공화국 대통령 슬로보단 밀로셰비치의 지원을 받은 세르비아계 무장 민병대가 사라예보를 공격하면서 전쟁이 터졌다. 미군과 나토군이 무력으로 개입한 끝에 1995년 12월 전쟁을 끝내고 보스니아-헤르체고비나 공화국을 세웠다. 전쟁을 벌이는 동안 보스니아 세 민족·종교집단의 무장 민병대는 저마다 다른 집단의 민간인을 고문·강간·학살했다. 20만 명 넘는 민간인이 목숨을 빼앗기고 400만 주민의 절반이 집과 고향을 잃었다. 1999년 코소보에서도 밀로셰비치가 세르비아 군대를 동원해 독립을 선언한 알바니아계 무장단체를 공격하고 민간인을 조직

■　새뮤얼 헌팅턴 지음, 이희재 옮김, 『문명의 충돌』, 김영사, 2016, 418~422쪽.

적으로 학살했다. 나토 공군의 공습을 받고 철수한 그는 부정선거를 자행하다 민중봉기에 쫓겨났으며 헤이그 국제사법재판소의 전범재판을 받던 중 사망했다.

2001년에는 오사마 빈 라덴이 이끄는 알카에다가 '9·11테러'를 일으켜 뉴욕 도심을 폐허로 만들고 3천 명이 넘는 시민을 죽였다. 미국 국민은 남북전쟁 이후 처음으로 미국 본토에서 벌어진 군사적 파괴행위를 경험했다. 미군은 빈 라덴이 은거한 아프가니스탄의 수도 카불을 점령해 탈레반 정권을 축출하고 친미 정부를 세웠지만 알카에다와 탈레반은 저항을 포기하지 않았다. 2014년 주력부대가 철수할 때까지 미군 2,300여 명이 전사했고 아프가니스탄 민간인 2만 명이 목숨을 잃었다. 2021년 8월 탈레반은 카불을 탈환했고 남아 있던 미군 병력은 아프가니스탄을 완전히 떠났다.

그게 다가 아니었다. 2003년 3월 미군은 이라크를 침공해 바그다드를 점령하고 사담 후세인 정부를 무너뜨렸다. 부시 대통령의 주장과 달리 미군은 이라크에서 대량살상무기나 테러 지원 증거를 찾지 못했다. 혼돈에 빠진 이라크에서 미군은 7년 반 동안 5천 명 가까운 전사자와 3만 명 넘는 부상자를 내면서 '테러와의 전쟁'을 치렀다. 2011년 5월 파키스탄에서 미군 특수부대가 빈 라덴을 사살했지만 사태는 더 커졌다. 알카에다 이라크 지부장 아부 바크르 알바그다디가 후세인 정권의 수니파 장교들을 영입해 무장단체 이슬람국가(IS)를 세웠다. IS는 2013년 시아파인 아사드 정권의 독재에 맞서 싸우던 시리아의 수니파를 규합해 이라크와 시리아의 대도시를 점령하고 국가 창설을 선포했다. 그들은 미군이 이라크 정부군에 준 탱크·차량·기관총·대포를 입수해 싱

당한 화력을 갖췄으며 점령지 유전의 원유를 밀수출한 돈으로 조직을 운영했다.

　IS는 미군과 민간인을 공개적으로 참수하고 시리아의 소수 종파를 학살했으며 여자와 어린이를 납치했다. 2014년 9월 오바마 대통령은 60여 개국의 협력을 받아 이라크와 시리아의 IS 본거지를 공습했고 이라크 정부군과 쿠르드 민병대가 협공했다. IS는 공습에 동참한 터키·러시아·프랑스에서 총기를 난사하고 자살폭탄 테러를 저질렀다. 2017년 쿠르드 민병대가 이라크와 시리아의 거점도시를 탈환했고, 2019년 10월에는 미군의 공격으로 알바그다디가 사망했다. IS의 위세는 수그러들었다. 그러나 미국을 적으로 여기는 이슬람 극단주의 무장 세력은 사라지지 않았다.

　팔레스타인의 비극도 여전히 진행 중이다. 2021년 봄 하마스의 미사일 공격에 대한 보복으로 이스라엘군이 가자 지구를 폭격해 하마스 전사뿐만 아니라 수백 명의 민간인을 죽였다. 몇십 년을 반복한, 전혀 새로울 것 없는 테러와 보복폭격의 악순환이었다. 팔레스타인 문제는 해결될 기미가 전혀 보이지 않는다. 미국의 인종주의는 트럼프 대통령 집권기에 수면 위로 다시 올라왔다.

　세계 곳곳에서 내전 때문에 난민이 발생하고 있다. 유엔난민기구의 「2020년 연례동향보고서」에 따르면, 2019년 말 기준 세계의 강제 실향민은 8천만 명으로 역사상 최대 규모를 기록했다. 4,570만 명은 국내 실향민이었고 2,960만 명은 나라 밖으로 쫓겨나거나 피신했다. 그중 420만 명이 다른 나라에 난민 신청을 했다. 콩고·예멘·시리아 등의 내전 지역에서 신규 난민이 대규모로 발생했다. 인간은 이성의 힘으로 부족본능과 싸우지만, 그 싸움의 전망은 밝지 않다.

본문에서 다루지 못한 20세기 막바지의 몇몇 사건을 간략히 살펴봤다. 마치 먼 옛날의 일을 돌아본 듯하다. 20세기가 끝난 지 겨우 20여 년이 지났을 뿐인데 그런 느낌이 드는 이유는 최근 너무나 많은 것이 너무나 빠르게 변하기 때문일 것이다. 나는 종종 꿈이 아닌지 놀라곤 한다. 앞으로 어떤 변화를 더 보게 될지, 기대보다 두려움이 크다. 나는 아날로그 세상에서 디지털 시대로 건너왔다. 스무 살의 나는 인공지능·유전자공학·가상현실·사물인터넷 같은 것을 상상조차 못했다. 인간이 '역사의 시간'에 무엇을 얼마나 더 이룰 수 있을지, 이제는 상상으로도 말하지 못할 것 같다.

앨런 튜링

앞에서 20세기의 가장 큰 '정치적 사건'은 볼셰비키혁명이었고 가장 중대한 '기술적 사건'은 핵폭탄 개발이라고 했다. 그렇다면 20세기의 가장 큰 '혁명적 사건'은 무엇이었을까? 여기서 '혁명적'이라는 말은 인간의 물질적 생산 활동과 사회적 관계의 성격과 구조를 크게 바꾸는 것을 뜻한다. 나는 범용 디지털 컴퓨터의 발명이 지난 세기의 가장 혁명적인 사건이었다고 생각한다. 우리는 아직 그 혁명이 가져올 변화의 일부밖에 만나지 않았다. 누가 그 혁명을 일으켰는가? 어느 한 사람을 들기는 어렵다. 그렇지만 시작한 사람이 누구인지는 비교적 확실하게 말할 수 있다.

그 사람은 1954년 영국 맨체스터시 남쪽 체셔 교외의 자택에서 마흔한 살 나이로 혼자 시구 행싱을 띠났다. 지녁밥을 치려

주려고 온 가사 도우미가 침대에 누운 시신을 발견했다. 침대 옆에는 몇 입 베어 먹은 사과가 놓여 있었다. 검시관은 그가 청산가리 중독으로 전날인 6월 7일 밤 사망했다고 결론지었다. 경찰은 집 안에서 청산가리 용액이 든 병을 발견했다. 베어 먹은 사과에 청산가리가 들었는지 여부는 조사하지 않았다.■ 남자의 이름은 앨런 튜링(Alan Turing), 직업은 맨체스터대학 연구원이었다. 튜링은 흔한 연구원이 아니었다. 당대 최고 수준의 수학자·통계학자·생물학자·철학자였고 컴퓨터를 창조한 엔지니어였으며 인공지능 제작 방안을 제시한 '혁명가'였다.

튜링의 자살은 사회적으로 큰 관심을 끌지 않았다. 동성애 혐의로 유죄선고를 받은 대학의 연구원이 자살한 사건에 지나지 않았다. 장관도 국회의원도 언론인도, 그가 어떤 사람이고 무슨 일을 했으며 무엇을 하려 했는지 몰랐다. 수학·과학·기계공학 분야의 극소수 연구자들만 튜링이 세상을 바꿀 어떤 것을 설계했다는 사실을 알았다. 대중은 50년이 지난 뒤에야 그를 만났다. 2009년 고든 브라운 영국 총리는 튜링을 박해한 정부의 행위를 공식 사과했다. 2011년 오바마 대통령은 영국 의회 연설에서 그를 뉴턴·다윈과 함께 영국을 대표하는 과학자로 거명했다. 2013년 엘리자베스 여왕은 튜링을 사면했고, 영국 정부는 2021년 새로 발행한 50파운드 지폐에 튜링의 초상을 넣었다.

튜링은 그럴 만한 일을 했다. 제2차 세계대전 때 독일군의 암호 시스템 '에니그마'를 해독하는 데 결정적으로 기여함으로

■ 앤드루 호지스 지음, 김희주·한지원 옮김, 『앨런 튜링의 이미테이션 게임』, 2015, 동아시아, 31·744쪽.

써 연합군의 승리를 앞당기고 수많은 생명을 구했다. 그 일을 하려고 전기로 작동하는 기계식 컴퓨터를 제작했다. 전후에는 다목적 디지털 컴퓨터로 발전하게 될 '만능기계'를 고안했으며 인공지능을 만드는 방법을 제안했다. 그런데도 영국 정부는 튜링이 동성애 혐의로 유죄선고를 받고 여성호르몬을 강제로 주입당한 후 스스로 목숨을 끊을 때까지 사태를 수수방관했다. 그를 죽인 것은 청산가리가 아니라 20세기 문명의 독성이었다. 튜링은 1948년 영국 국립물리학연구소에 제출한 보고서 「지능을 가진 기계(Intelligent Machinery)」에 이렇게 썼다.** 기계가 인간을 대체할 수 없다는 고정관념을 파괴한 '혁명선언'이었다.

생각하는 기계를 만들 수 있다고 믿는 확실한 이유는 사람의 어떤 부위에 대해서든 흉내 내는 기계를 만들 수 있다는 사실 때문이다. 우리의 주 관심사는 신경계다. 전자 계산 기계에 쓰는 전기 회로는 신경의 본질적 속성을 가진 듯하다. 전기 회로는 정보를 전송하고 저장할 수 있다. 신경은 매우 작고 닳지 않으며 에너지 소비량이 매우 적다. 전자 회로가 내세울 수 있는 유일한 매력은 속도인데, 그 이점이 하도 커서 신경의 이점을 덮고도 남을 것이다. 생각하는 기계를 만들기 위해 '뇌'로 무엇을 할 수 있는지 탐구할 것을 제안한다. 기계가 능력을 발휘하기에 알맞은 분야로는 체스와 포커 같은 게임, 언어 학습, 언어 번역, 암호학, 수학 등이 유망하다.

1950년의 논문 「계산기계와 지능」에서 튜링은 기계가 사람

■■ 앨런 튜링 지음, 노승영 옮김, 『앨런 튜링, 지능에 관하여』, HB PRESS, 2019, 42~44쪽.

흉내를 내고 그것이 기계인지 사람인지 알아맞히는 '흉내 게임(Imitation Game)'을 새로운 형식으로 제안했으며,[■] 1951년 맨체스터대학 강연에서는 한 걸음 더 전진했다.[■■]

나는 약 50년 안에 10의 9제곱 저장 용량을 가진 컴퓨터를 프로그래밍해 흉내 게임에서 평범한 질문자가 5분 동안 질문한 뒤에 사람인지 기계인지 정체를 알아맞힐 확률이 70%를 넘지 않도록 할 수 있다고 믿는다. 20세기 말이 되면 언어의 용법과 여론이 달라져 기계가 생각한다는 말에 거부감이 없어질 것이라 믿는다. 나아가 이 믿음을 숨겨봐야 이로울 것이 전혀 없다고 믿는다.

어떤 기계를 두뇌라고 할 수 있는 경우, 디지털 컴퓨터가 그 기계를 모방하도록 프로그래밍할 수 있다면 그 또한 두뇌라고 할 것이다. 인간의 뇌가 일종의 기계임을 받아들인다면 우리의 디지털 컴퓨터가 적절한 프로그래밍 하에서 두뇌처럼 행동하리라는 결론을 내릴 수 있다. 20세기 말이 되면 어떤 질문에 사람이 대답하는지 기계가 대답하는지 알아맞히기가 매우 힘들도록 기계를 프로그래밍 하는 것이 가능해지리라 생각한다.

■　앨런 튜링, 앞의 책, 82쪽.
■■　같은 책, 127·129쪽.

튜링은 예언하지 않았다. 이론과 증거에 근거를 두고 추론했다. 그는 떠났지만 다른 사람들이 그의 아이디어를 이어받아 컴퓨터 혁명을 일으켰다.■■■ 튜링이 사망한 바로 그 시기에 미국 기업 IBM이 컴퓨터를 출시했고 1956년 대통령 선거 방송에서 CBS가 그 컴퓨터를 사용했다. IBM은 1967년 은행·기업·연구소·국방부 등 모든 형태의 조직이 쓸 수 있는 범용 컴퓨터 시스템을 내놓았다. 그러나 아직 혁명이 일어난 건 아니었다. 그때까지 컴퓨터는 거대 조직의 업무 관리용 기계장치에 지나지 않았다.

스티브 워즈니악(Steve Wozniak)과 함께 애플컴퓨터를 창업한 스티브 잡스(Steve Jobs)가 최초의 개인용 컴퓨터를 선보인 1976년, 컴퓨터혁명의 막이 올랐다. 대기업들이 개인용 컴퓨터 시장에 뛰어들었고 반도체 기술이 발달해 컴퓨터 하드웨어의 성능이 급발전했다. 소프트웨어혁명의 주역은 빌 게이츠(Bill Gates)였다. 마이크로소프트는 1985년 첫 버전을 낸 윈도를 신속하게 개량했고, 1989년에는 워드·엑셀·파워포인트를 묶은 MS오피스를 출시했다. 소련·동유럽 사회주의체제가 그 무렵에 무너진 것이 순전한 우연은 아니었다.

컴퓨터혁명은 네트워크혁명으로 이어졌다. 1969년 UCLA 과학자들이 컴퓨터에서 다른 컴퓨터로 데이터를 전송하는 데 성공했다. 그들이 정부의 차세대 네트워크 프로젝트에 참여해 창조

■■■ 컴퓨터혁명의 전개과정은 정지훈 지음, 『거의 모든 IT의 역사』(메디치, 2020)를 참고해 서술했다.

한 최초의 컴퓨터 연결망을 이용해서 미국 국방부는 국내외의 군사기지를 연결하는 인터넷을 구축했다. 눈이 밝은 전문가들은 새로운 시대를 예감했다. 앨빈 토플러(Alvin Toffler)는 1970년에 발간한 『미래쇼크』에서 혁명의 징후를 이야기했으며, 1980년에 펴낸 『제3의 물결』에서는 새로운 문명이 이미 출현했다고 주장했다.

전두환의 신군부가 5·18광주민주화운동을 압살한 때였다. 내게 토플러는 다른 세상 사람 같았고 그의 책은 언제 올지 모를 미래를 다룬 듯했다. 하지만 그렇지 않았다. 한국 사회가 군사정권의 총칼에 숨죽이고 있던 그때 미국과 유럽은 벌써 디지털혁명의 물결 위를 항해하고 있었다. 토플러는 꿈이 아니라 현실을 이야기했고, 나는 그것이 현실에 관한 이야기임을 인식하지 못했다. 첫 번째 물결인 농업혁명과 두 번째 물결인 산업혁명이 그랬던 것처럼 세 번째 물결도 사회를 밑바닥부터 변혁하리라고 주장한 토플러는 닥쳐온 혁명의 양상을 이렇게 묘사했다.■

> 서로 연관된 네 개의 산업이 제3의 물결 시대의 중추가 되고 이 산업의 성장에 따라 경제적·사회적·정치적 제휴관계에 큰 변동이 일어날 것이다. 첫째는 말할 것도 없이 컴퓨터 산업과 전자공학이다. 컴퓨터는 곧 가정의 표준설비가 될 것이다. 가정용 컴퓨터가 은행·상점·관청·이웃집·직장과 연결되면 제조업에서 소매업까지 모든 단계의 기업 형태가 바뀌고 노동의 질과 가족구조도 변혁이 일어날 것이다. 전자산업도 폭발적으로 성장했다. 소형 계산기, 전자시계, 텔레비전 스크린 게임은 시작에 불과하다. 저렴한 소형 기후

■　앨빈 토플러 지음, 원창엽 옮김, 『제3의 물결』, 홍신문화사, 2006, 202~204쪽.

감지기나 극소형 부착 의료기기 같은 전자공학 응용 상품이 수없이 나올 것이다. 에너지 위기는 생산 공정과 제품의 에너지 소비량이 적은 제3의 물결 산업을 촉진한다. 전자공학은 국가경제를 근본적으로 바꿀 것이다. 새로운 전자공학 기기가 출현할 때마다 허구가 현실로 바뀐다.

토플러는 컴퓨터혁명이 산업의 변화뿐만 아니라 미디어혁명, 정보화혁명, 다품종 소량생산, 재택근무, 가족의 다양화, 거대조직의 종말, 생산과 소비의 융합, 글로벌 기업 체제, 국민국가의 약화, 윤리와 도덕의 급진적 변화 등 상상할 수 없었던 일을 현실로 만들 것이라고 전망했다.

디지털혁명의 속도와 충격은 토플러의 예측을 뛰어넘었다. 넷스케이프가 웹브라우저 '내비게이터'를 출시한 1994년, 인터넷은 미국 국방부의 울타리를 벗어나 세상 한복판으로 나왔다. 제프 베이조스(Jeff Bezos)가 인터넷 서점 아마존을 설립해 온라인 유통 시대를 열었고 구글을 비롯한 기업들이 검색엔진과 페이스북·유튜브 등 SNS 서비스를 제공했다. 2007년 애플의 아이폰 출시는 혁명을 더욱 진전시켰다. 만인이 저마다 컴퓨터를 하나씩 들고 다니면서 언제 어디서나 세상과 이어질 수 있게 됐다. 2010년에는 전화·문자·전자우편·메신저·SNS 등의 의사소통 수단을 하나로 통합한 '소셜 웹' 시대가 열렸다.

혁명의 최전선은 결국 튜링의 '생각하는 기계'로 이동했다. 인공지능의 활동 범위와 능력은 하루가 다르게 넓어지고 높아졌다. 구글 '딥마인드'의 스스로 학습하는 인공지능은 경우의 수가 무한에 가깝기 때문에 기계가 인간을 이길 수 없다던 바둑계의 고정관념을 간단하게 깨뜨려버렸다. 지금 인공지능은 교통신호와 주변 상황을 살피며 자동차를 운행한다. 홀로 사는 노인의 말벗이 되어주고 택시를 대신 호출하며 위급상황에는 응급센터에 전화를 건다. 인공지능이 인간의 일을 어디까지 대신할 수 있을지 경계를 긋기는 어렵다. 튜링의 생각이 옳다면, 인간이 할 수 있는 일은 인공지능도 할 수 있다. 그냥 할 수 있는 정도가 아니라 인간보다 더 잘할 수 있다.

인공지능은 새로운 산업 분야를 창출하고 전통 산업을 혁신하며 생산방식과 경제의 구조를 바꾼다. 누가 어디에서 무엇을 혁신하는지 아무도 조망하지 못하는 가운데 모든 것이 달라지고 있다. 최근의 기술 발달은 '4차 산업혁명'이라는 이름을 얻었는데, 그 양상은 다음과 같다.■

1차 산업혁명은 18세기 중반 영국의 섬유산업에서 시작해 공작기계, 증기기관, 철도, 통신, 선박운송 등의 산업을 혁신하고 제국주의와 환경 파괴를 낳으며 세계를 부유하게 만들었다. 1870년경 찾아든 2차 산업혁명은 라디오, 전화기, 텔레비전, 전기, 가전, 자동차, 도로, 항공기, 플라스틱, 비료, 보건 등의 산업을 창출해 현대적인 세계를 만들었다. 1950년대에 출발한 3차 산업혁명은 정보기술과 디지털 컴퓨팅을 통해 경제 사회 시스템과 일상의 삶을 극적으로 바꿨다. 막 시작된 4차 산업혁명은 인공지능, 생명공학, 첨단 소재, 양자컴퓨터 등의 기술이 융합해 기존의 생산, 유통, 소통, 협력 시스템을 파괴적으로 바꾸는 기술혁명이다. 일상의 삶과 사회

■ 클라우스 슈바프 지음, 김민주·이엽 옮김, 『더 넥스트』, 새로운현재, 2018, 12~13·26~29쪽.

적 규범이 조정을 겪게 될 것이다. 세상은 초연결사회, 초지능사회로 진전한다. 사물인터넷과 클라우드 등 정보통신기술이 인간과 인간, 사물과 사물, 인간과 사물을 연결하며 빅 데이터와 인공지능이 세상을 주도하게 된다.

클라우스 슈바프(Klaus Schwab)는 물리학(무인운송수단, 3D프린팅, 첨단 로봇공학, 신소재)·디지털(사물인터넷·블록체인·공유경제)·생물학(유전공학, 합성생물학, 바이오프린팅)을 4차 산업혁명의 선도 기술로 지목하고 가상현실과 증강현실, 에너지 생산·저장·전송, 지구공학과 우주기술 등을 덧붙였다. 4차 산업혁명이 3차 산업혁명의 확대판일지 또 다른 혁명일지는 아직 분명하지 않다. 그러나 로봇이 단순 노동을 대체하고 인공지능이 데이터 분석을 담당하면서 사람이 일할 자리가 없어지는 동시에 보유 기술의 수준과 특성에 따른 보상 격차가 커지는 현상은 이미 뚜렷이 나타난다. 국가 사이의 격차도 커질 것이다. 전문가들은 개인·기업·정부가 새로운 기술의 개발과 사용에 대해 올바른 전략적 결정을 내리고 사회적 가치를 실현하기 위한 협력체계를 구축하라고 권하지만, 과연 그럴 수 있을지 여부는 알 수 없다.

100년 후

4차 산업혁명이 불러올 세상의 변화를 살피다가 마르크스를 떠올렸다. 21세기에 19세기 공산주의자라니! 생뚱맞다고 할지 모르겠지만 과학기술, 물질적 생산력, 법과 정치, 관념과 사상, 그 모든 것의 관계를 마르크스만큼 명료하게 설명한 사람을 나는 아직 만나지 못했다. 그는 다음과 같이 주장했다.[■]

> 사람들은 생산활동에 참여할 때 자신의 의사와 무관하게 물질적 생산력의 일정한 발전단계에 조응(照應)하는 생산관계에 편입된다. 이 생산관계의 총체가 사회의 경제적 토대를 이루고 그 위에 법적·정치적 상부구조가 조성되며, 또 거기에 여러 형태의 사회적 의식이 만들어진다. 물질적 생활의 생산양식이 사회적·정치적·정신적 생활과정 전반을 제약한다.

자본주의체제가 내부 모순으로 무너지고 공산주의사회가 오리라고 한 마르크스의 주장은 오류로 드러났다. 그러나 생산력 발전이 사회조직과 사상과 문화의 변화를 가져오는 동력이라는 견해는 하나의 이론으로 존재할 자격이 충분하다. 우리가 지금 그런 현상을 목격하고 있지 않은가. 자본주의는 사회주의혁명이 아니라 과학혁명이 일으키는 물질적 생산력의 발전을 통해 다른 체제로 이행할 것이다.

인공지능을 탑재한 로봇이 인간의 육체노동을 완전하게 대체한다면, 인공지능 컴퓨터가 정보를 모으고 분류하고 해석하고 유통하는 정신노동을 인간보다 더 정확하게 수행한다면, 그런 세상에서 사람은 무엇을 하며 살 것인가? 기업 조직의 형태와 작동 방식은 어떻게 변할까? 노동의 가치를 존중하고 불로소득을 비

■ 칼 마르크스 지음, 김호균 옮김, 『정치경제학 비판 요강 1』, 그린비, 2007, 「서문」과 브리태니커 백과사전 '역사적 유물론' 항목 참조.

판하는 가치관은 여전히 유효할까? 생명공학 기술로 유전자를 선택하고 영생을 추구하는 소수의 부유층과 주어진 유전자를 운명으로 여기며 살아가는 다수로 이루어진 사회에서 자유와 평등이라는 헌법의 가치는 어떤 의미를 지닐 수 있는가? 마르크스의 이론은 이런 질문에 대한 답을 찾을 때 참고가 된다.

인류 역사에서 한 방향으로 발전한 것은 과학기술뿐이었다. 농업혁명에서 18세기 유럽의 산업혁명을 거쳐 컴퓨터혁명과 4차 산업혁명까지 역사를 추동한 힘은 과학기술의 발달에 따른 물질적 생산력의 발전이었다. 마르크스는 바로 그 이야기를 했다. 4차 산업혁명은 생산력을 한 차원 높이고 그에 '조응하는' 생산관계를 만들어낸다. 그리고 그 '경제적 토대' 위에 일찍이 없었던 국가·법률·사상·문화의 '상부구조'가 들어선다. 모든 혁명은 설렘과 두려움을 일으키고 희망과 불안을 동반한다. 4차 산업혁명도 그렇다. 통계학은 내가 특별히 운이 좋거나 나쁘지 않다면 앞으로 20년쯤 더 살 것이라고 말한다. 과학기술의 발달은 가속적이라 하니, 최소한 지난 20년 동안 목격한 것보다는 더 큰 변화를 보게 될 것이다. 솔직히 말하면, 설레기보다는 겁이 난다.

100년 후를 생각해본다. 누가 21세기 문명사를 쓸 것인가? 쓴다면 어떤 사람과 사건을 중심에 둘까? 경우의 수는 셋 정도 된다. 첫째, 핵전쟁으로 지구 생태계가 절멸해 인간이 한 명도 남지 않은 경우. 말 그대로 역사의 종말이다. 쓸 사람도 없고 쓸 필요도 없다. 둘째, 기후위기 이론이 옳고 인류가 온난화를 막지 못해 남극과 북극 일부를 빼고는 인간이 살 수 없게 된 경우. 누가 쓰건 기후위기가 파국으로 치달은 경위를 중심에 두고 역사를 정리할 수밖에 없을 것이다. 셋째, 인류가 핵과 기후위기를 포함한 절멸의 위험을 모두 극복하고 과학혁명의 혜택으로 자유롭고 풍요로운 삶을 누리는 경우. 20세기와 크게 다른 유형의 인물을 중심에 두고 21세기 문명사를 정리할 수밖에 없을 것이다. 레닌·히틀러·마오쩌둥·루스벨트·호찌민·고르바초프 스타일이 아니라 튜링·잡스·게이츠 스타일, 혁명가나 정치인이 아니라 과학자·엔지니어·기업인을 역사의 주역으로 평가할 것이다. 나는 인류가 세번째 길을 가기를 바라지만, 그렇게 되리라는 확신은 없다.

역사학자 유발 하라리(Yuval Harari)는 지구의 주인이자 생태계 파괴자인 호모사피엔스가 신이 되려고 한다면서, 힘은 세지만 책임의식은 없는 신이 가장 위험하다고 지적했다.■ 인간이 당장 신이 된다면 틀림없이 그런 신이 될 것이다. 그러나 나는 인간이 신이 되리라고 보지 않는다. 인류가 유전자를 조작해 생명을 창조하고 파괴하는 능력을 확보할 때까지 살아남을 확률이 핵전쟁이나 기후변화로 그 이전에 절멸할 확률보다 높다는 보장이 없다. 만약 절멸의 운명을 피하는 데 성공할 만큼 인류가 현명해진다면 어느 정도 책임의식을 지닌 신이 될 수도 있을 것이다. 이렇게 말하고 보니 예상치 못한 결론에 이르렀다. 어떤 경우든 우리가 아는 '역사의 시간'은 머지않아 끝난다. 논리적으로는!

■   유발 하라리 지음, 조현욱 옮김, 『사피엔스』, 김영사, 2015, 587~588쪽.

참고문헌

가산 카나파니, 민영·김종철 옮김,『태양 속의 사람들』, 창작과비평사, 1982.

게일 시히 지음, 이병호 옮김,『고르바초프』, 백상, 1991.

고경태 지음,『1968년 2월 12일』, 한겨레출판, 2015.

구준모,「1980년대 유럽 평화운동: 최초의 핵무기 감축을 이끈 퍼싱-2 반대 운동」,『오늘보다』제15호, 2016. 4.

김균량 지음,『단숨에 읽는 중동전쟁』, 북랩, 2019(개정판 2021).

김재명 지음,『눈물의 땅, 팔레스타인』, 미지북스, 2019.

김정규 지음,『미국의 인종과 민족』, 에듀컨텐츠휴피아, 2016.

김학준 지음.『러시아 혁명사』, 문학과지성사, 1999.

나창주 지음,『새로 쓰는 중국혁명사 1911~1945』, 들녘, 2019.

니홀라스 할라스 지음, 황의방 옮김,『나는 고발한다』, 한길사, 2015.

다다 쇼 지음, 이지호 옮김,『원자핵에서 핵무기까지』, 한스미디어, 2019.

데이비드 핼버스탬 지음, 송정은·황지현 옮김,『최고의 인재들』, 글항아리, 2014.

데틀레프 포이케르트 지음, 김학이 옮김,『나치 시대의 일상사』, 개마고원, 2003.

레온 트로츠키 지음, 볼셰비키그룹 옮김,『러시아 혁명사』, 아고라, 2017.

로버트 S. 스위트리치 지음, 송충기 옮김,『히틀러와 홀로코스트』, 을유문화사, 2004.

리영희 지음,『베트남전쟁』, 두레, 1985.

──────,『전환시대의 논리』, 한길사, 2006.

리처드 로즈 지음, 정병선 옮김,『수소폭탄 만들기』, 사이언스북스, 2016.

리처즈 휴 지음, 김성준 옮김,『전함 포템킨』, 서해문집, 2005.

리하르트 폰 바이츠제커 지음, 탁재택 옮김,『우리는 이렇게 통일했다』, 창비, 2012.

마셜 프래디 지음, 정초능 옮김,『마틴 루터 킹』, 푸른숲, 2004.

마오쩌둥 지음, 이등연 옮김,『마오쩌둥 주요 문선』, 학고방, 2018.

마이클 매클리어 지음, 유경찬 옮김,『베트남 10,000일의 전쟁』, 을유문화사, 2002.

매튜 휴즈·크리스 만 지음, 박수민 옮김,『히틀러가 바꾼 세계』, 플래닛미디어, 2011.

미하일 고르바초프 지음, 이기동 옮김,『선택』, 프리뷰, 2013.

_____, 이봉철 옮김,『페레스트로이카』, 중원문화, 1988.

박노자 지음,『러시아 혁명사 강의』, 나무연필, 2018.

박상섭 지음,『1차 세계대전의 기원』, 아카넷, 2014.

박홍규 지음,『아돌프 히틀러』, 인물과사상사, 2019.

배리 파커 지음, 김은영 옮김,『전쟁의 물리학』, 북로드, 2015.

베르너 바이덴펠트·칼-루돌프 코르테 엮음, 임종헌 외 옮김,『독일 통일 백서』, 한겨레출판, 1998.

보응웬지압 지음, 강범두 옮김,『디엔비엔푸』, 길찾기, 2019.

블라디미르 일리치 레닌 지음, 이정인 옮김,『제국주의』, 아고라, 2017.

새뮤얼 헌팅턴 지음, 이희재 옮김,『문명의 충돌』, 김영사, 2016.

서정훈 지음,『바르게 본 홉슨의 제국주의론』, 울산대학교출판부, 2005.

소련공산당 중앙위원회 프로그레스출판사 편, 김정민 옮김,『페레스트로이카의 기본전략』, 이성과현실, 1990.

송승엽 지음,『미래 중국 인사이트』, KMAC, 2015.

신의항·신택진·임민·정지욱 지음,「미국의 2000년 인구총조사에 관련된 쟁점」, 한국조사연구학회, 2001.

실번 S. 슈위버 지음, 김영배 옮김, 『아인슈타인과 오펜하이머』, 시대의창, 2019.

아돌프 히틀러 지음, 황성모 옮김, 『나의 투쟁』, 동서문화사, 2014.

아르망 이스라엘 지음, 이은진 옮김, 『다시 읽는 드레퓌스 사건』, 자인, 2002.

알렉산더 판초프·스티븐 레빈 지음, 심규호 옮김, 『마오쩌둥 평전』, 민음사, 2017.

알렉스 헤일리 지음, 김종철·이종욱·정연주 옮김, 『말콤 엑스 (하)』, 창작과비평사, 1978.

앤드루 호지스 지음, 김희주·한지원 옮김, 『앨런 튜링의 이미테이션 게임』, 동아시아, 2015

앤드류 레더바로우 지음, 안혜림 옮김, 『체르노빌』 브레인스토어, 2020.

앨런 튜링 지음, 노승영 옮김, 『앨런 튜링, 지능에 관하여』, HB PRESS, 2019.

앨런 하트 지음, 윤강원 옮김, 『아라파트』, 동양문화사, 1992.

앨빈 토플러 지음, 원창엽 옮김, 『제3의 물결』, 홍신문화사, 2006.

양창석 지음, 『브란덴부르크 비망록』, 늘품플러스, 2020.

어니스트 볼크먼 지음, 석기용 옮김, 『전쟁과 과학, 그 야합의 역사』, 이마고, 2003.

에드거 스노 지음, 홍수원·안양노·신홍범 옮김, 『중국의 붉은 별』, 두레, 2013.

에드먼드 윌슨 지음, 김정민·정승진 옮김, 『핀란드역까지』, 실천문학사, 1987.

에밀 졸라 지음, 박명숙 편역, 『전진하는 진실』, 은행나무, 2014.

─────────, 유기환 옮김, 『나는 고발한다』, 책세상, 2005.

오인석 편, 『바이마르공화국』, 삼지원, 2002.

올랜도 파이지스 지음, 조준래 옮김, 『혁명의 러시아 1891~1991』, 어크로스, 2017.

요시 클라인 할레비 지음, 유강은 옮김, 『나의 팔레스타인 이웃에게 보내는 편지』, 경당, 2020.

요아힘 페스트 지음, 안인희 옮김, 『히틀러 최후의 14일』, 교양인, 2005.

우스키 아키라 지음, 김윤정 옮김, 『세계사 속 팔레스타인 문제』, 글항아리, 2015.

월터 딘 마이어스 지음, 이윤선 옮김, 『더 그레이티스트』, 돌베개, 2017.

윌리엄 J. 듀이커 지음, 정영목 옮김, 『호치민 평전』, 푸른숲, 2003.

유발 하라리 지음, 조현욱 옮김, 『사피엔스』, 김영사, 2015.

유지열 편역, 『베트남 민족해방 운동사』, 이성과현실사, 1986.

이수훈 편, 『핵의 국제정치』, 경남대학교극동문제연구소, 2012.

이준구 지음, 『대장정』, 청아출판사, 2012.

일란 파페 지음, 유강은 옮김, 『팔레스타인 비극사』, 열린책들, 2017.

_____, 『팔레스타인 현대사』, 후마니타스, 2009.

정상환 지음, 『검은 혁명』, 지식의숲, 2010.

정욱식 지음, 『핵과 인간』 서해문집, 2018.

정지훈 지음, 『거의 모든 IT의 역사』, 메디치, 2020.

제바스티안 하프너 지음, 안인희 옮김, 『히틀러에 붙이는 주석』, 돌베개, 2014.

제이스 H. 콘 지음, 정철수 옮김, 『맬컴X vs. 마틴 루터 킹』, 갑인공방, 2005.

조너선 닐 지음, 정병선 옮김, 『미국의 베트남 전쟁』, 책갈피, 2004.

조지프 푸어먼 지음, 양병찬 옮김, 『라스푸틴』, 생각의힘, 2017.

존 메이너드 케인스 지음, 조순 옮김, 『고용, 이자와 화폐의 일반 이론』, 비봉출판사, 1985.

존 리드 지음, 장영덕 옮김, 『세계를 뒤흔든 10일』, 두레, 1986.

존 케네스 갤브레이스 지음, 장상환 옮김, 『갤브레이스가 들려 주는 경제학의 역사』, 책벌레, 2002.

존 허시 지음, 장상영 옮김, 『다큐멘터리 히로시마』, 산다슬, 2004.

징게 니이켈 허랄드 벤치 기음, 김태희 옮김, 『나치의 병사들』, 민음사, 2015

진 스마일리 지음, 유왕진 옮김, 『세계대공황』, 지상사, 2008.

진구섭 지음, 『누가 백인가?』, 푸른역사, 2020.

찰스 P. 킨들버거 지음, 박명섭 옮김, 『대공황의 세계』, 부키, 1998.

칼 마르크스 지음, 김호균 옮김, 『정치경제학 비판 요강 1』, 그린비, 2007.

크리스 월리스·미치 와이스 지음, 이재황 옮김, 『카운트다운 1945』 책과함께, 2020.

클라우스 슈바프 지음, 김민주·이엽 옮김, 『더 넥스트』, 새로운현재, 2018.

클레이본 카슨 엮음, 이순희 옮김, 『나에게는 꿈이 있습니다』, 바다출판사, 2018.

타임라이프 북스 지음, 김훈 옮김, 『제국의 종말』, 가람기획, 2005.

테다 스코치폴 지음, 한창수·김현택 옮김, 『국가와 사회혁명』, 까치, 1981.

테오도르 헤르츨 지음, 이신철 옮김, 『유대 국가』, 도서출판b, 2012

티머디 가턴 애쉬 지음, 최정호·정지영 옮김, 『인민은 우리다』, 나남출판, 1994.

파스칼 오리, 장-프랑수아 시리넬리 지음, 한택수 옮김, 『지식인의 탄생』, 당대, 2005.

폴 크루그먼 지음, 김이수·오승훈 옮김, 『폴 크루그먼의 경제학의 향연』, 부키, 1997.

프레더릭 루이스 앨런 지음, 신범수 옮김, 『1929, 미국 대공황』, 고려원, 1992.

피터 심킨스 외 지음, 강민수 옮김, 『제1차 세계대전』, 플래닛미디어, 2008.

피터 테민 지음, 이헌대 옮김, 『세계 대공황의 교훈』, 해남, 2001.

필립 쇼트 지음, 양현수 옮김, 『마오쩌둥 2』, 교양인, 2019.

하타무라 요타로 외 지음, 김해창 외 옮김, 『안전신화의 붕괴』, 미세움, 2015.

한나 아렌트 지음, 김선욱 옮김, 『예루살렘의 아이히만』, 한길사, 2006.

한정숙 외 지음, 『세계 속의 러시아혁명』, 한울아카데미, 2019.

해리슨 E. 솔즈베리 지음, 정성호 옮김, 『대장정』, 범우사, 1999.

헨리크 레르 지음, 오숙은 옮김, 『가브릴로 프린치프』, 문학동네, 2014.

호치민 지음, 윌든 벨로 엮음, 배기현 옮김,『호치민』, 프레시안북, 2009.

A. J. P. 테일러 지음, 유영수 옮김,『지도와 사진으로 보는 제1차 세계대전』, 페이퍼로드, 2020.

E. H. 카 지음, 유강은 옮김,『러시아혁명』, 이데아, 2017.

R. J. 오버리 지음, 이헌대 옮김,『대공황과 나치의 경제회복』, 해남, 1998.

찾아보기